淮南子

传承与译介研究

On Transmission & Translation
of *Huainanzi*

丁立福 著

商务印书馆
创于1897
The Commercial Press

本书为安徽省哲学社会科学规划后期资助项目
"《淮南子》传承与译介研究"
（批准号：AHSKHQ2019D006）最终研究成果

丁教授新作之所以重要且有意义，原因如下：首先，新作在根本上清楚地阐明了《淮南子》乃是中国古代最重要的哲学著作之一。其次，新作重视文本研究，为学者们全面地梳理了简洁且实用的《淮南子》版本演绎史，还批判地审视了《淮南子》相关研究。此外，新作还给中国读者引入并阐述了西方学术的优良传统，尤其是学术翻译，在现今中国仍少有人知。丁教授基于热奈特倡导的"副文本"概念开展分析研究，不仅向中国学者阐释了这一重要批评工具，而且展示了如何用其来丰富文学研究……本书出版恰逢其时：正如丁教授所指出的那样，促进国际学术交流与合作和中国当前的"走出去"政策相得益彰。每一位对《淮南子》有兴趣的读者，都该拥有丁教授的这部一流新作。

——美国著名汉学家兼翻译家马绛教授

这些年来丁立福教授一直在关注和研究《淮南子》，不仅率先开辟了《淮南子》译介新领域，率先对比研究国内外两个全译本，率先把研究视角转向出版接受乃至相关的典籍翻译问题，而且还整合了译介研究和传承研究。作者每深入一步，都处在研究前沿，业已成长为《淮南子》翻译研究领域屈指可数的专家。

——香港翻译学会前任会长陈德鸿教授

细读新著《〈淮南子〉传承与译介研究》，有四点深刻感受：一是全。著作时间上涵盖《淮南子》诞生迄今为止的所有重要文献，空间上包括国内外所有相关重要研究。二是新。新著不仅进一步拓展了作者开创的《淮南子》翻译研究新领域，还创新性地将国内传承与国外译介综合起来研究。三是深。著作在全与新的基础上有重点地深入论述，既有国内传承侧重于改革开放后的深入探讨，又有国外译介侧重于《淮南子》孪生译本的深入对比。四是范。著作历经数年增删完善，经由数人阅览指正，初具"文章不写半句空"的范儿，体现出作者治学严谨的精神风貌。

——深圳大学陈东成教授

《〈淮南子〉传承与译介研究》站在前人的肩头，体现了作者学术研究较为扎实的基本功。为了达到数据准确、科学严谨，作者除了查阅文献，还开展田野调查研究，访谈当事人，获得了可靠的第一手材料。全书文献信息翔实、论述过程严谨、结论富有启发意义。这是一本集学术性、技术性、工具性为一体的学术专著。

——安徽省《淮南子》研究会会长方川教授

本专著梳理了以往文本考据和义理阐释的研究成果，辅之以作者本人的精当评论，以大量翔实的数据呈现出《淮南子》两个全译本在英语世界传播接受的全貌，为《淮南子》研究者提供了一份不可多得的研究资料。即便是不做学术研究而只是对《淮南子》感兴趣的读者，也能从本专著中读到自己想要的内容。

——合肥工业大学韩江洪教授

丁立福教授是国内外首位系统研究《淮南子》外译的学者，通过多年的潜心研究，取得了丰硕的成果，已成为《淮南子》英译乃至中国典籍外译的权威。其著《〈淮南子〉传承与译介研究》首次对《淮南子》国内传承与国外翻译进行综合研究，进而涉及包括《淮南子》在内的典籍译介与传播。全书结构合理，资料翔实，分析论证严密合理，能够自圆其说，很有说服力，学术价值显著，是一部相当有分量的典籍外译研究专著。

——上海外国语大学韩子满教授

《淮南子》是淮南地方文化乃至淮河区域文化的一颗璀璨明珠。从跨文化视角来看，地方文化要与外部尤其是外部异质性文化进行交流，互学互鉴，才能真正适应外部环境，增强在异域与外部文化融合、共同发展的生命力。丁立福所著《〈淮南子〉传承与译介研究》既是对《淮南子》国内传承和国外译介的一次深入综合研究，也是对主动向外宣扬《淮南子》及其相关地方文化的一次有益尝试，对推动地方文化"走出去"无疑具有引领和示范意义。

——国际生态翻译学研究会会长胡庚申教授

　　丁立福在项目研究成果的基础上深入拓展成新著《〈淮南子〉传承与译介研究》，成为综合研究《淮南子》传承兼译介的首部专著。其创新性尤其体现在两个方面：一是研究分析 2010 年同时出版的中国学者翟江月、牟爱鹏英译的 *Huai Nan Zi* 和美国汉学家马绛领衔翻译的 *The Huainanzi*；二是研究与此孪生译本有关的既包括封面、致谢、注释等在内的内文本，又包括回忆录、访谈、报道等在内的外文本。这表明改革开放后，《淮南子》研究业已从政治、哲学和文学等传统层面，拓宽至伦理学、生态学、民俗学、心理学乃至养生学等广泛层面，丁教授更是通过副文本展开了对该书的相关义理研究，独具开创性。

——北京大学胡壮麟教授

　　丁立福教授集多年研究，奉献了《淮南子》译介研究的开拓性专著——《〈淮南子〉传承与译介研究》。总体来说，这部力作有如下三种鲜明特色：其一，通过系统的知识考古，着眼于《淮南子》国内传承和国外译介的综合研究，揭示了《淮南子》自古至今、自中而外的全景式传播，触及了尚无专门涉猎的研究领域，填补了国内外《淮南子》译介研究的学术空白；其二，史料的深入发掘、系统整理和归纳分析，尤其是译本的底本研究和副文本探讨，在以往的翻译研究中往往是不多见的（或者说不太受重视的），足见作者厚实的学术功底和严谨的治学态度；其三，以《淮南子》英译为例，提出了中华优秀文化输出的有效路径，彰显了中国文化传承和"走出去"的时代强音，与此同时，亦与安徽省全力打造文化强省的思路举措相呼应，极具理论价值和现实意义。

——翻译文化研究会副会长黄焰结教授

《淮南子》博采百家之言，欲穷天地之理，论涉王道人事，堪称中国古代思想之宝库。19世纪，《淮南子》部分篇章就有了英译；20世纪，有了法译、日译、俄译等；进入21世纪，全译本陆续问世。但《淮南子》外译研究，鲜有人问津，遑论系统论述。丁教授的《〈淮南子〉传承与译介研究》是世界上第一部系统研究《淮南子》外译的专著，涉及中、英、美、法、日、苏俄、马来西亚等国的译介。全书立意高远，资料翔实；说事论理，中允可信；文笔清雅，可圈可点。该著填补了中国典籍外译研究的一项空白，是近年来难得的一部个案研究佳作。

——澳门译联监事长蒋骁华教授

《〈淮南子〉传承与译介研究》正是典籍译介领域极为独特的一枚硕果。说其独特，其因有三：一是《淮南子》虽可归为道家，但体系庞杂，内容丰富，大有融先秦诸子智慧自成一家之宏大抱负，然而其并未像先秦诸子典籍一样较为广泛地流传开来。二是《淮南子》虽可列为传统典籍，乃至被誉为"绝代奇书"，但其对外译介尤其是在英语世界的译介远远不及《老子》《论语》《孟子》等典籍。三是《淮南子》国内外首部英语全译本均诞生于2010年，译者分属国内外两个阵营，使得这两个孪生译本极为特别，深入对比研究也就更有意义，尤其是对传统典籍的有效对外译介或许更有启迪。整体而言，《〈淮南子〉传承与译介研究》具有明显的开创性，立论新，框架好，论述全面而且重点突出，所依文献较为丰富，是作者多年跟踪研究《淮南子》尤其是其译介的最新成果，堪称《淮南子》译介领域的首部代表性作品。

—— 中国典籍英译专业委员会会长李正栓教授

丁立福新著《〈淮南子〉传承与译介研究》可谓正当其时，意义非同凡响。细读新作，有四点感受可与读者朋友分享：首先，新作既论《淮南子》传承，更及《淮南子》译介，研究的创新性在于跨域融合。其次，《淮南子》探讨从古到今，论证由中至外，重点落在中国典籍有效对外译介的思考上，论述可谓周详，而且极富实践价值和学术启示。再次，研究思路清晰且严谨，引用文献丰富全面，而且有多条近年才发的代表性文献，使得其成果具有前沿代表性。最后，也是难能可贵的，作者在论述《淮南子》国内传承研究时特意专辟章节探讨中国台湾和中国香港的传承及译介情况。总之，《〈淮南子〉传承与译介研究》既是跨域融合研究《淮南子》的前沿性创新成果，也是《淮南子》译介研究的里程碑式专著，可为相关学者及读者提供最新的研究参考和启示。

—— 台湾翻译学学会原执行长曾泰元博士

丁立福教授关注和研究《淮南子》译介已持续十余年，先后主持过三个关于《淮南子》译介的省部级课题，还以《中、外英译〈淮南子〉副文本风格对比研究》为题完成了国内《淮南子》翻译研究的第一篇博士学位论文。其专著《〈淮南子〉传承与译介研究》是国内外第一部同时聚焦《淮南子》国内传承研究和国外译介研究的著作，也是国内第一部对比研究《淮南子》两个英语全译本的著作。

—— 华东师范大学张春柏教授

胡适说:"道家集古代思想的大成,而淮南书又集道家的大成。"丁教授所著《〈淮南子〉传承与译介研究》则是淮南书译介研究之大端。细读新著,感叹有三:一者以史为本。从国内传承至域外译介,丁教授对《淮南子》相关研究细致梳理,大胆求索,小心求证,其述面之广、剖析之深,令人叹服。二者以文为根。丁教授深入研究《淮南子》孪生译本及其出版与接受,广纳副文本,突破研究视角,对译本底本追根溯源,足见丁教授的学养之深、学风之实。三者以"淮"为镜。《淮南子·说林训》:"临河而羡鱼,不如归家织网。"中国文化走出去以坚定文化自信为前提,文化自信又当以文化自觉为要务。鉴于《淮南子》作为"中国传统文化名片"的重要意义,丁教授谨慎精当地评价《淮南子》海外译本在翻译、副文本及出版等方面的利弊功过,利于国人及国际汉学爱好者们更好地传承与发扬淮南书。故要而论之,淮南书当口诵心惟,丁者书应专精覃思。

——安徽省翻译教学指导委员会主任张德让教授

目　录

序一　一流新作：《淮南子》传承与译介研究 / 马　绛 …………… i

序二　译介之路漫漫其修远兮 / 韩子满 …………… xix

序三　文明因传承互鉴而倍加精彩 / 方　川 …………… xxvi

前言 …………… 1

第一章　《淮南子》国内传承研究

第一节　传统考据研究之贡献 …………… 8

第二节　现代义理研究之发展 …………… 17

　　一、义理研究发展伴有传统考据 …………… 17

　　二、现代义理研究由拓展到绽放 …………… 20

第三节　港台之别样译介传承 …………… 31

　　一、香港《淮南子》之译介 …………… 31

　　二、台湾《淮南子》之传承 …………… 35

第四节　近四十三年文献计量分析 …………… 38

　　一、文献发表趋势 …………… 38

　　二、文献资源类型 …………… 40

　　三、文献来源分布 …………… 42

四、文献学科分布 …………………………………………… 45

五、文献作者分布 …………………………………………… 54

六、基金项目分布 …………………………………………… 58

七、主要主题分布 …………………………………………… 65

第二章 淮南国 淮南王 《淮南子》

第一节 淮南国与淮南王 ……………………………………… 75

第二节 刘安与《淮南子》 …………………………………… 80

第三节 《淮南子》书名嬗变 ………………………………… 94

一、弃《鸿烈》改称《淮南》 …………………………… 94

二、承《淮南》启用《淮南子》 ………………………… 97

第四节 《淮南子》版本演绎 ………………………………… 99

一、二十一卷本体系 ……………………………………… 99

二、二十八卷本体系 ……………………………………… 104

第三章 《淮南子》传承精髓：由"天人合一"至"道法自然"

第一节 传统哲学思想之"天人合一" ……………………… 108

一、"哲学"译名溯源 …………………………………… 108

二、中西哲学对照 ………………………………………… 111

三、传统哲学思想 ………………………………………… 112

四、"天人合一"详论 …………………………………… 119

第二节 《淮南子》之"道法自然" ………………………… 128

一、《淮南子》哲学 ……………………………………… 128

二、《淮南子》之"道" ………………………………… 132

三、"道法自然"精要 …………………………………… 136

第四章　《淮南子》国外译介研究

第一节　东方近邻《淮南子》译介 …………………… 141

　　一、国外译介研究之必要 …………………… 141

　　二、日本《淮南子》译介 …………………… 143

　　三、苏俄《淮南子》译介 …………………… 146

　　四、马来西亚《淮南子》译介 …………………… 148

第二节　欧美远邦《淮南子》译介 …………………… 149

　　一、英语世界《淮南子》译介 …………………… 149

　　二、法语世界《淮南子》译介 …………………… 154

第五章　《淮南子》孪生译本出版与接受研究

第一节　孪生译本出版发行策略 …………………… 160

第二节　两译本学术界接受实情 …………………… 165

第三节　两译本读者圈接受真相 …………………… 172

第六章　《淮南子》孪生译本所属典籍译介研究

第一节　基于"大中华文库"的典籍译介现状 …………………… 187

　　一、典籍对外译介溯源 …………………… 187

　　二、典籍对外译介现状 …………………… 194

第二节　基于《淮南子》英译的典籍译介问题 …………………… 199

　　一、翻译正文质量难保 …………………… 199

　　二、副文本厚度待增加 …………………… 203

　　三、出版推介缺乏策略 …………………… 206

　　四、实际译介效果堪忧 …………………… 208

第七章 由《淮南子》英译本悟典籍译介之"门"

第一节 "门槛"于典籍译介之启示 …………………… 210
第二节 典籍译介出去众妙之"门" …………………… 214

图表目录 ……………………………………………… 227
参考文献 ……………………………………………… 228
跋 …………………………………………………… 255

序一

一流新作:《淮南子》传承与译介研究

为了充分鉴赏丁立福教授的一流新作《〈淮南子〉传承与译介研究》,有必要先行简明介绍《淮南子》,并考察该书一个多世纪以来是如何译成西方语言的。丁教授坚信,这些西方译本应该为专门研究《淮南子》的中国学者所熟知,对此我深表赞同。中、西方学者进一步了解彼此的研究,均能从中受益。

《淮南子》是西汉王朝最重要的政治哲学著作之一,由淮南王刘安率领一众门客编撰而成。刘安总揽编撰工作,并有可能亲自撰写了书中部分内容。公元前139年,刘安将这部杀青之作呈献给年轻的侄子汉武帝,无疑是希望凭借这本著作一跃成为皇帝的首席顾问之一。刘安也可能是想向这位年轻的皇帝再表忠心,明示自己无意染指皇位。献书时,刘安将之说成"刘氏杰作",是皇帝成功安邦所需的完备指南。

如果《淮南子》真是作者为赢得皇帝心腹谋臣的高位而作,其目的注定实现不了。刘安由京城返回封国淮南后,汉武帝压根儿就没放心上。公元前122年,刘安被人告发密谋篡位,为免遭逮捕与起诉而自杀身亡。其包括《淮南子》在内的大量藏书,都被查抄并收入皇家图书馆。然而,刘安的一些作品,包括关于炼丹术及深奥艺术的论述以及关于楚辞《离骚》的评论都已散佚,唯有《淮南子》幸存至今。

尽管《淮南子》为我们提供了一扇珍贵而极富价值的窗口,借以洞察汉代知识分子的生活,但在过去的数百年里,它从未吸引学者给予应有的关注。部分原因可能是它在影响深远的《汉书·艺文志》里被列为杂家作品,从而降低了其声望。它从未达到"经"的高度,也没能引起应得的更多学术兴趣。还有一种可能是,刘安背负谋反嫌疑的不良名声,使得一些学者不愿去研究其著《淮南子》。《淮南子》确实启发了两位早期的评论家高诱和许慎,后来也被收入《道藏》,但在整个汉帝国时代,这部巨著几乎停留在了学术兴趣的边缘地带。

然而,学术界对《淮南子》的关注从未消失殆尽。清代学者王念孙和俞樾撰写了大量评论,而陶方琦更是编校出一个具有重要价值的新版本。五四运动萌生的"新学术"鼓励着知识分子更加关注儒家传统以外的作品,这其中就包括了《淮南子》。《淮南鸿烈集解》是由刘文典编校而成的重要版本,激励并促进了对原文本的新研究。即便如此,中国著名哲学史家冯友兰却认为"《淮南鸿烈》为淮南王刘安宾客所共著之书。杂取各家之言,无中心思想"[1],这可能表达了多数学者的观点。抛开这个综合评论,冯友兰还指出《淮南子》是中国早期宇宙论的重要来源,并在其著《中国哲学史》的宇宙学章节中大量引用《淮南子》。冯友兰关于中国早期宇宙论的解释清晰易懂,对研究《淮南子》原文及其西方语言译本产生了显著影响。20 世纪对《淮南子》研究做出重大贡献的众多中国学者中,就有王叔岷、于大成以及郑良树。刘殿爵编辑出版《淮南子逐字索引》[2],也对《淮南子》研究做出了极其重要的贡献,而张双棣所编重要版本《淮南子校释》[3]则为文本的准确性和注释的完整性树立了新的标杆。

包括金谷治(Kanaya Osamu)和楠山春树(Kusuyama Haruki)在内的众多现代日本学者,都对《淮南子》研究做出了重要贡献。

---

① 详见冯友兰:《中国哲学史》,上海:商务印书馆,1934 年,第 477 页。
② 刘殿爵:《淮南子逐字索引》,香港:商务印书馆,1992 年。
③ 张双棣:《淮南子校释》,北京:北京大学出版社,1997 年。

西方研究《淮南子》，始于 19 世纪福斐礼（Frederick H. Balfour）将《淮南子》第 1 卷（《原道训》）译成英文（1884），随后何可思（Eduard Erkes，又名叶乃度）将《淮南子》第 4 卷（《地形训》）译成德文（1916）。莫安仁（Evan Morgan）《大道鸿烈》（*Tao, the Great Luminant*）将《淮南子》八卷译成英文，可谓皇皇巨著；该书 1933 年出版，可谓雄心勃勃，但遗憾的是其质量堪忧。德克·卜德（Derk Bodde）将冯友兰《中国哲学史》①编译成英译本，对西方研究中国哲学思想起到了显著促进作用。许多西方学者先前对《淮南子》知之甚少乃至一无所知，而《中国哲学史》英译本引起了他们的注意，并激发了部分学者去研究《淮南子》。

20 世纪 50 年代开始，一些学者将《淮南子》单卷或单卷组合译成西方语言。其中，包括伊娃·克拉夫特（Eva Kraft）将第 1 卷和第 2 卷译成德文（《原道训》和《俶真训》，1957—1958）；华立克（Benjamin Wallacker）将第 11 卷译成英文（《齐俗训》，1962）；顾从义（Claude Larre）将第 7 卷译成法文（《精神训》，1982），顾从义、贺碧来（Isabel Robinet）和伊丽莎白·罗彻特·瓦勒（Elisabeth Rochat de la Vallée）将第 1、7、11、13 和 18 卷合译成法文（《原道训》《精神训》《齐俗训》《氾论训》和《人间训》，1993）；安乐哲（Roger Ames）将第 9 卷译成英文（《主术训》，1983），安乐哲和刘殿爵将第 1 卷合译成英文（《原道训》，1998）；白光华（Charles Le Blanc）将第 6 卷译成英文（《览冥训》，1985）；以及笔者（John S. Major）将第 3 卷、第 4 卷和第 5 卷译成英文（《天文训》《地形训》和《时则训》，1993）。除了这些译文外，《淮南子》的长篇大论还包括罗浩（Harold D. Roth）的《淮南子版本史》（*A Textual History of the Huainanzi*, 1992）和方丽特（Griet Vankeerberghen）的《〈淮南子〉与刘安

---

① 冯友兰：《中国哲学史》（2 卷），德克·卜德译，普林斯顿大学出版社，1952 年，1953 年。

的道德倡导》(*The Huainanzi and Liu An's Claim to Moral Authority*, 2001)。包括白光华、罗浩、金鹏程(Paul Goldin)、齐思敏(Mark Csikszentmihalyi)、桂思卓(Sarah Queen)、普鸣(Michael Puett)和笔者在内的众多西方学者，也都在学术期刊上发表了《淮南子》相关学术论文。

　　21 世纪伊始，仍未出现《淮南子》英文全译本。然而，随着法语全译本和英语全译本的出版，这一不足很快就得以弥补。法语译本《〈淮南子〉：文本翻译、介绍与注释》(*Huainan zi: Texte traduit, présenté, et annoté*, 2003)，由学者白光华和雷米·马修(Rémi Mathieu)合作编译；英文本《〈淮南子〉：中国汉代早期统治理论与实践指南》(*The Huainanzi: A Guide to the Theory and Practice of Government in Early Han China*, 2010)由笔者和同事桂思卓、麦安迪(Andrew Seth Meyer)、罗浩合译完成。这两个全译本使得西方读者比以往任何时候都更容易接近《淮南子》。巧合的是，另一部《淮南子》英语全译本也于 2010 年在中国出版，作者是翟江月和牟爱鹏，是基于翟江月早期的现代汉语译文完成的。该译本作为 "大中华文库" 丛书之一，在西方鲜为人知，但丁教授新作对此进行了全面的探讨。

　　虽然，近几十年来美国、加拿大和欧洲的学者们对《淮南子》进行了大量的研究，但令人遗憾的是，中国学术界对此知之甚少。造成这种状况的原因，可能来自多个方面。首先，西方图书和学术期刊定价高，无论对中国学者个人还是大学图书馆来说，其成本都高得难以承受。因此，中国学者要查阅西方著作并非信手就能拈来，反而可能会困难重重。相比之下，西方学者可以轻而易举地获得与《淮南子》相关的图书和期刊文章，而且我们的大学图书馆也着实在努力与中国出版保持同步。然而，翟江月和牟爱鹏合译的英文本在 2010 年出版后，几乎不为西方人所知。这表明，西方学者也需要进一步了解中国的学术著作。

　　我想，西方关于《淮南子》(当然，还有许多中国思想史的论题)的著作在中国鲜为人知的一个重要原因——也许是最重要的原因——是许多中国学者觉得没有太多东西需要向西方学术研究学习，翻译尤其如此。毕竟，中国学者阅读原文几乎甚或完全没有困难，译成外语不就是多此一举了吗？但是，这种观点实是误解了翻译的潜能。好的翻译——至少高质量的学术翻译——远不止是将一种语言中的字词换成另一种语言中的等效字词。好的学术翻译也会深入窥探原文本所表达的思想，继而用译入语将其意尽可能清晰且准确地传译过去。它涵盖了对同一时期或更早时期其他文本相应语篇的广泛研究，以期深入理解文本思想的起源与发展。同时它还注重文本的文学体裁，例如散文、骈文或诗歌，并观察文体是如何影响意义表达的。

以《淮南子》译本为例，严谨的学术翻译工作带来一个重要的发现，即文本远非从其他作品挪用一些混杂材料堆砌的无序汇编，而是有着非常清晰且衔接一致的篇章结构。正如白光华（1985）首先发现的那样，《淮南子》所有篇章分为"本"和"末"两部，其中"本"部（1—8卷）阐述基本原理，"末"部阐释这些原理的实际应用。笔者和同事的译本中进一步拓展了这一见解，证明文本篇章标题的押韵方式在第8卷和第9卷之间发生了变化，而这正是文本从"本"部转向"末"部的地方。并进一步指明，第21卷有别于第1—20卷，采用骈散相结合的汉赋形式对文本进行总结和褒扬；毫无疑问，该卷是刘安在向汉武帝献书时为口颂而写的。研究《淮南子》的中国学者对此见解理应乐此不疲才对，但如果仅仅将西方《淮南子》研究视为纯粹翻译，自然就会毫无趣味，也就无法进入中国学者的视野。

丁立福教授十分重视西方对《淮南子》的研究和译介，因而做出了重要的贡献。其著共计七章，每章包含几个小节，布局清晰且到位。第一章属于宽泛的国内研究综述，涵盖了中国现代对《淮南子》的研究（还特别梳理了香港和台湾地区的相关学术研究）。本章包含许多有用图表，涉及 1934—1978 年《淮南子》研究文献和 1979—2021 年《淮南子》研究文献（前 40）的多维统计。所涉众多文献分别从多个维度剖析，如作者、出版刊物和研究领域（文学或哲学等）。使用图表整理大量数据是本书的优点之一。本章全面地探讨了中国所有主要学者研究《淮南子》的成果文献，还简要提及了 2010 年翟江月和牟爱鹏的英译本，此译本的详细论述见于本书第五至七章。

第二章考察了汉代淮南国、淮南王、《淮南子》及其作者，以及千年来《淮南子》的流传演变。丁教授特别关注到文本的早期演变，其中有个问题很有趣：两个主要版本体系，即基于道藏本的二十八卷本体系和北宋本的二十一卷本体系，是如何演绎而成的。（两个版本体系的内容基本相同；道藏本只是把一些卷篇分成了两部分。）现代主流版本遵循二十一卷本体系规范，但兼而借鉴了这两个版本体系。

第三章探讨了《淮南子》传承精髓：从"天人合一"至"道法自然"。丁教授认为，《淮南子》之精髓在于其思想、观点和方法，它们共同构成了《淮南子》独特的思想文化体系，进而影响着中国传统的思想文化观念。从哲学视角看，《淮南子》传承的核心内容是"道法自然"，其源于中国传统的"天人合一"思想，又是对"天人合一"思想的升华。此外，丁教授不仅结合"哲学"译名溯源和中国传统哲学发展，详细探讨了"天人合一"的基本内涵和人文内涵，还联系《淮南子》原文，较为详细地论述了"道法自然"的内容精要。

第四章对中国以外的《淮南子》研究成果（包括翻译）进行了详细的梳理，涉及日本、俄罗斯、马来西亚、北美以及欧洲的法语和英语国家。本章讨论了前面提到的所有西方语言作品，重点是笔者与同事于2010 年出版的《淮南子》全译本。丁教授也对其他翻译和研究成果进行了陈述、分析和批判，从而全面地考察了西方学界的《淮南子》研究。

第五章对两个孪生全译本的出版历史和受众接受情况进行了比较。

翟江月是一位勤奋的中国典籍翻译家，先是将《淮南子》典籍译成现代汉语，继而译成英语，最终的译本也被收入"大中华文库"丛书。翟氏多产，但其译本鲜为西方学者所知，甚至收录该译本的"大中华文库"系列在西方也是鲜为人知。相比之下，哥伦比亚大学出版社之"中国经典译丛"（Translations from the Chinese Classics）系列在西方学术界却是广为人知，此系列麾下的图书也得到广泛宣传，畅销多年。翟江月和牟爱鹏的译本在国内并没有得到广泛宣传，销量也不高，而笔者与同事的译本在学术期刊上则被多次参引，在亚马逊的商业网站上也是有口皆碑。此译本供不应求，已经多次重印。丁教授多次从中引用，足以说明该译本的受欢迎程度。

丁博士大作第六章回顾了面向非中国读者的典籍译介，考量了译本成功的标准，还比较了《淮南子》孪生译本分属的两个系列，从而充实了两个孪生译本所属的典籍译介研究。

在最后一章即第七章里，丁教授探讨了围绕翻译实践本身的理论问题。他引入法国文学理论家热拉尔·热奈特（Gérard Genette）倡导的"副文本"概念来考察著作的各种特征，如引言、致谢、脚注、附录等，进而比较翟江月、牟爱鹏的《淮南子》译本和笔者与同事的译本。此外，他还进一步引入热奈特批判评价翻译学术所用之概念"门槛"。翟江月、牟爱鹏的译本，确如丁博士所指出的那样，就是几乎没有配置副文本，甚至也没提供索引。这极大地限制了该译本的作用。根据这些标准，笔者与同事的译文因为其众多且优质的副文本而更为可取；中国学者应以此为榜样，从中得到启迪。至此，丁教授结笔成书。

丁教授新作之所以重要且有意义，原因如下：首先，新作在根本上清楚地阐明了《淮南子》乃是中国古代最重要的哲学著作之一。其次，新作重视文本研究，为学者们全面地梳理了简洁且实用的《淮南子》版本演绎史，还批判地审视了《淮南子》相关研究。此外，新作还给中国读者引入并阐述了西方学术的优良传统，尤其是学术翻译，在现今中国仍少有人知。丁教授基于热奈特倡导的"副文本"概念开展分析研究，不仅向中国学者阐释了这一重要批评工具，而且展示了如何用其来丰富文学研究。

在这部极具价值和创新性的著作中，丁立福教授淋漓尽致地展示了研究《淮南子》的中国学者将受益于进一步了解西方的相关学术研究，而西方学者也须努力跟上中国学术的步伐。同于 2010 年出版的两个《淮南子》英语全译本就体现了这个道理：翟江月和牟爱鹏的译本在西方鲜为人知，而笔者与同事的译本在中国的境遇也是如出一辙。无论是研究《淮南子》的中国人还是西方人，尽可能广泛地分享各自的研究成果，于每个人都是有益的。就这点而言，本书出版恰逢其时：正如丁教授所指出的那样，促进国际学术交流与合作和中国当前的"走出去"政策相得益彰。每一位对《淮南子》有兴趣的读者，都该拥有丁教授的这部一流新作。

马绛

2023 年 3 月 6 日

附: 序一英文版

An Excellent New Book: *Research on Transmission and Translation of Huainanzi*

by John S. Major

In order to appreciate fully Prof. Ding Lifu's excellent new book, *Research on Transmission and Translation of Huainanzi*, it is necessary to briefly describe the *Huainanzi* and to survey the many ways in which the text has been translated into Western languages over a period of more than a century. Prof. Ding argues forcefully that these translations deserve to be better known by Chinese scholars who specialize in the *Huainanzi*. With this I strongly agree. Chinese and Western scholars could all benefit from being more familiar with one another's work.

The *Huainanzi* is one of the most important works of political philosophy of the Western Han Dynasty. It was compiled by a team of scholars at the court of Liu An, King of Huainan, who served as the project's editor-in-chief and who probably personally wrote some of the book's content. He was well known as a scholar and writer. The completed work was presented by Liu An to his young nephew, Emperor Wu, in 139 BCE. Liu An undoubtedly hoped that his book would earn him a position as one of the emperor's chief advisors. He also probably wanted to reassure the young emperor of his loyalty, making clear that he had no intention of trying to usurp the throne for himself. In presenting the book to the emperor, Liu An described it as "a great work of the Liu clan", a complete guide to everything the emperor needed to know to successfully govern his realm.

If the *Huainanzi* was indeed written to earn its author a high position as a trusted advisor to the throne, it failed in its objective. Emperor Wu paid little attention to Liu An, who returned from the capital to his kingdom of Huainan. In 122 BCE he was accused of plotting against the throne, and committed suicide to avoid arrest and prosecution. His extensive library, including the *Huainanzi*, was confiscated and added to the imperial library. Some works by Liu An, including a text about alchemy and other esoteric arts, and a commentary on the Chu poem "Li sao" (《離騷》) have been lost, but the *Huainanzi* survived down to the present time.

But although the *Huainanzi* gives us a rare and extremely valuable window into the intellectual life of the Han Dynasty, over the course of many centuries it never attracted the amount of scholarly attention that one might expect. This is probably partly because it was listed in the influential "Treatise on Bibliography" of the *History of the [Former] Han Dynasty* (《漢書 · 藝文志》) as a "miscellaneous (雜)" work, which detracted from its prestige. It never achieved the status of a "classic (經)", which would have attracted more scholarly interest. It is also possible that Liu An's reputation as a would-be usurper may have discouraged some scholars from studying the text. While the *Huainanzi* did inspire two early commentaries, by Gao You and Xu Shen, and later was added to the *Daoist Patrology* (《道藏》), it mostly stayed on the periphery of scholarly interest throughout the imperial era.

Yet scholarly attention to the *Huainanzi* never entirely disappeared. Two Qing Dynasty scholars, Wang Niansun (王念孫) and Yu Yue (俞樾) wrote extensive commentaries on the text, while Tao Fangqi (陶方琦) edited an important new edition. The "new scholarship" that emerged from the May Fourth Movement encouraged many intellectuals to pay more attention to works outside the Confucian tradition, including the *Huainanzi*. The important new edition edited by Liu Wendian (劉文典), entitled *Huainan honglie jijie* (《淮南鴻烈

集解》), encouraged and facilitated new scholarship on the text. Even so, the prominent historian of Chinese philosophy Feng Youlan (馮友蘭) probably expressed the opinion of many scholars when he wrote that "The *Huainanzi* was written collectively by guests of Liu An, king of Huainan. It is a miscellaneous work drawn from the teachings of various schools, and lacks a central point of view[①]." Despite that overall judgment, Feng Youlan pointed out that the *Huainanzi* is an important source of information on early Chinese cosmology, and he relied heavily on the *Huainanzi* in the chapters on cosmology in his *A History of Chinese Philosophy*. Feng's clear and accessible explanations of early Chinese cosmology had a significant influence on studies of the *Huainanzi*, both in Chinese and in Western languages. Among the many twentieth-century Chinese scholars who made significant contributions to *Huainanzi* studies were Wang Shumin (王叔岷), Yu Dacheng (于大成), and Zheng Liangshu (鄭良樹). D. C. Lau (劉殿爵) made a very important contribution to *Huainanzi* research by compiling the *Huainanzi zhuzi suoyin*[②], while the *Huainanzi jiaoshi*[③], a critical edition edited by Zhang Shuangdi (張雙棣), set a new standard for textual accuracy and commentarial completeness.

A number of modern Japanese scholars, including Kanaya Osamu (金谷治) and Kusuyama Haruki (楠山春樹), have made important contributions to *Huainanzi* studies.

Western scholarship on the *Huainanzi* began in the 19th century with Frederick H. Balfour's translation into English of chapter 1 (原道，1884), and continued with Eduard Erkes' translation into German of chapter 4 (墜形，1916). Evan Morgan's *Tao, the Great Luminant*, a book-length English translation

---

① 原文為 "淮南鴻烈為淮南王劉安賓客所共著之書。雜取各家之言，無中心思想"，詳見馮友蘭著《中國哲學史》，上海商務印書館，1934 年，第 477 頁。
② 劉殿爵：《淮南子逐字索引》，香港商務印書館，1992 年。
③ 張雙棣：《淮南子校釋》，北京大學出版社，1997 年。

of eight *Huainanzi* chapters, published in 1933, was an ambitious effort, but unfortunately its quality was rather low. The English translation of Feng Youlan's *A History of Chinese Philosophy*[①] by Derk Bodde had an important impact on Western studies of Chinese thought. It drew the attention of numerous Western scholars who previously had little or no awareness of the *Huainanzi*, and inspired some of them to study the text.

Beginning in the 1950s, a number of scholars translated single chapters or groups of chapters into Western languages. These included translations of chapters 1 and 2 into German by Eva Kraft (原道 and 俶真, 1957–1958); a translation into English of chapter 11 by Benjamin Wallacker (齊俗, 1962); a translation into French of chapter 7 by Claude Larre (精神, 1982), and translations into French of chapters 1, 7, 11, 13, and 18 by Claude Larre, Isabel Robinet, and Elizabeth Rochat de la Vallée (原道, 精神, 齊俗, 氾論, and 人間, 1993); a translation into English of chapter 9 by Roger Ames (主術, 1983) and a translation into English of chapter 1 by Roger Ames and D. C. Lau (原道, 1998); a translation into English of chapter 6 by Charles Le Blanc (覽冥, 1985); and my own translation into English of chapters 3, 4, and 5 (John S. Major, 天文, 墬形, and 時則, 1993). In addition to these translations, book-length studies of the *Huainanzi* include Harold D. Roth's *A Textual History of the Huainanzi* (1992), and Griet Vankeerberghen's *The Huainanzi and Liu An's Claim to Moral Authority* (2001). A number of Western scholars including Le Blanc, Roth, Paul Goldin, Mark Csikszentmihalyi, Sarah Queen, Michael Puett, and myself, among many others, also published articles relating to the *Huainanzi* in academic journals.

At the beginning of the 21st century, there was still no complete Western-

---

① Fung Yu-Lan. *A History of Chinese Philosophy* (2 Volumes). Translated by Derk Bodde. Princeton: Princeton University Press, 1952–1953.

language translation of the entire *Huainanzi*. That lack was soon filled, however, with the publication of complete translations into French and English. The French translation was the work of several scholars, edited by Charles Le Blanc and Rémi Mathieu, *Huainan zi: Texte traduit, présenté, et annoté* (2003). The English version was the work of myself and a team of colleagues: John S. Major, Sarah A. Queen, Andrew Seth Meyer, and Harold D. Roth, *The Huainanzi: A Guide to the Theory and Practice of Government in Early Han China* (2010). These complete translations make the *Huainanzi* more accessible to Western audiences than ever before. By coincidence, another complete translation of the *Huainanzi* into English was published in China in 2010 by Zhai Jiangyue (翟江 月) and Mou Aipeng (牟愛鵬) based on Zhai's earlier translation of the text into modern Chinese. Part of the Library of Chinese Classics series, this translation is largely unknown in the West but is extensively discussed in this book.

Although, as this brief survey has shown, there has been a great deal of work on the *Huainanzi* by American, Canadian, and European scholars in recent decades, unfortunately this work is not very well known in the Chinese academic world. Probably many reasons contribute to this state of affairs. To begin with, Western books and scholarly journals are expensive, and their high cost is burdensome both to individual scholars and to university libraries in China. Thus it may be difficult for Chinese scholars to consult Western works that are simply not available to them. In contrast, Western scholars have fairly easy access to books and journal articles about the *Huainanzi*, and university libraries make a real effort to keep up-to-date with Chinese publications. Yet the virtual invisibility in the West of Zhai and Mou's 2010 translation shows that Western scholars also need to improve their knowledge of Chinese scholarly work.

I suspect that one important reason—maybe the most important reason— why Western publications on the *Huainanzi* (and, of course, on many other topics on Chinese intellectual history) are not well known in China is that many Chinese scholars feel that they do not have much to learn from Western scholarship. This is especially true of translations; after all, Chinese scholars have little or no difficulty reading the original text; so why would they need a translation into a foreign language? But that viewpoint is based on a misunderstanding of what a translation accomplishes. A good translation—at least, a high-quality scholarly translation—does far more than merely replace a word in one language with an equivalent word in another language. A good scholarly translation also looks deeply into the ideas expressed in the text, to convey that meaning as clearly and accurately as possible in the target language. It involves extensive research into parallel passages in other texts of the same period or earlier, in order to understand the origin and development of the text's ideas. It involves paying careful attention to the literary form of the text—for example, prose, parallel prose, or verse—and observing how form affects the expression of meaning.

In the case of the *Huainanzi*, the rigorous work of producing a scholarly translation led to the important observation that the text, far from being an unstructured compilation of miscellaneous material borrowed from other works, has a very clear and consistent organizational structure. As Charles Le Blanc (1985) first observed, the *Huainanzi*'s chapters are divided into "roots (本)" and "branches (末)", with the "root" chapters (1–8) expressing fundamental principles, while the "branch" chapters deal with real-world applications of those principles. That insight was further developed by Major *et al.* (2010), who demonstrated that the rhyme-scheme of the text's chapter titles changes between chapters 8 and 9, precisely where the text shifts from "root" to "branch" chapters. Major *et al.* further showed that chapter 21 stands apart from chapters 1–20, and takes the form of a *fu* (賦) rhyme-prose composition summarizing and praising the text; it undoubtedly was written to be recited orally when the text was presented by Liu An to Emperor Wu. Insights of this kind should be of great interest to Chinese scholars of the *Huainanzi*, but they will not reach a Chinese scholarly audience if Western scholarship on the *Huainanzi* is dismissed as *mere* translation, and thus of little interest.

Prof. Ding Lifu therefore makes an important contribution by taking seriously Western research on and translation of the *Huainanzi*. His book comprises seven chapters, each of which contains several sections. The organization of the book is clear and comprehensive. Chapter One is broadly bibliographical, covering modern Chinese studies of the *Huainanzi* (with special sections on scholarship in Hong Kong and Taiwan). This chapter contains useful tables of Chinese scholarly work on the *Huainanzi* in the period 1934–1978 and of the "top 40" *Huainanzi*-related publications of 1979–2021. The various works listed are analyzed in several dimensions, such as authorship, publication, and field of study (such as literature or philosophy). The use of graphic materials such as tables and charts to organize large amounts of data is one of the strengths of this book. This chapter includes discussions of works by all of the important Chinese scholars of the *Huainanzi*. It briefly mentions the 2010 English translation of Zhai Jiangyue and Mou Aipeng; that translation is discussed in detail in Chapter Five through Seven below.

Chapter Two surveys the Han Kingdom of Huainan, the kings of Huainan, the *Huainanzi* and its authorship, and the names by which the text has been known over the course of centuries. Prof. Ding pays particular attention to the early evolution of the text, including the interesting question of how there came to be two main lineages, the Daoist Patrology text in twenty-eight chapters, and the Northern Song text in twenty-one chapters. (The content of the two lineages is basically the same; the Daoist Patrology version simply divides some chapters into two.) Modern critical editions follow the twenty-one-chapter format but draw on both the Northern Song and the Daoist Patrology textual lineages.

Chapter Three explores the essence of the *Huainanzi*'s inheritance:

from "Human Integrating with Heaven" to "Nature followed by Dao". Prof. Ding argues that the quintessence of the *Huainanzi* lies in its ideas, views and methods, which together construct its special ideological and cultural system and whereafter affect the traditional Chinese ideological and cultural outlook. From a philosophical point of view, the core content of the *Huainanzi*'s inheritance is "Nature followed by Dao", while it both has its origin in and also sublimates the traditional Chinese idea of "Human Integrating with Heaven". Furthermore, Prof. Ding not only in detail probes into the basic connotation and humanistic connotation of "Human Integrating with Heaven" on the basis of combing the translated name of "philosophy" and the development of Chinese traditional philosophy, but also at length inquires into the essence of "Nature followed by Dao" in combination with the original text of the *Huainanzi*.

Chapter Four presents a meticulously detailed study of publications on the *Huainanzi* (including translations) produced outside China, including Japan, the Soviet Union and Russia, Malaysia, North America, and Francophone and Anglophone Europe. All of the Western-language works mentioned earlier in this Foreword are discussed, but the focus is on the complete *Huainanzi* translation that I published, along with my colleagues Sarah Queen, Andrew Meyer, and Harold Roth, in 2010. But Prof. Ding describes, analyzes, and critiques other translations and studies as well, thus producing a broad survey of Western scholarship on the *Huainanzi*.

Chapter Five provides a close comparison of the publication history and audience reception of the two twin translations. Zhai Jiangyue is an energetic translator of Chinese classics into modern Chinese and thence into English, with the resultant works forming part of the Library of Chinese Classics ("大中華文庫"). Despite her prolific output, her work is not well known to Western scholars, nor is the Library of Chinese Classics series in which it appears. In contrast, Columbia University Press's "Translations from the Chinese Classics" series is well known in the Western scholarly world. The books in that series are well publicized and kept in print for many years. Zhai and Mou's translation was not widely publicized within China, and achieved fairly modest sales, whereas Major *et al.*'s translation was extensively reviewed in academic journals and received many reader reviews in the commercial web site of Amazon.com. It has been reprinted several times to meet continuing demand. Prof. Ding quotes extensively from these reviews in showing how they affected the book's acceptance in the Western world.

Chapter Six of Dr. Ding's book enlarges the context of the two translations by reviewing the history of translations aimed at non-Chinese audiences, examining the criteria for successful translations, and comparing the two series in which these translations of the *Huainanzi* appear.

In the seventh and final chapter, Prof. Ding engages with theoretical issues surrounding the practice of translation itself. He introduces the concept of "paratext", developed by the French literary theorist Gérard Genette, to examine the various features of a book—such as an Introduction, Acknowledgements, Footnotes, Appendices, and the like—to compare the published translations of the *Huainanzi* by Zhai and Mou and Major *et al.* Furthermore, he further introduces Genette's concept of a "threshold" for evaluating progress in translation scholarship. It is true, as what Dr. Ding points out, the translation by Zhai and Mou is almost completely devoid of paratext, lacking even an index. This seriously limits the work's usefulness. By these criteria, the translation by Major *et al.* is preferable for its extensive and superior paratext; Chinese scholarship should learn from this example. With this, his book concludes.

This new book by Prof. Ding is important and significant for several reasons. At the most basic level, it shows clearly that the *Huainanzi* is one of the most important philosophical works of early China. Secondly, in keeping with the importance of the text, it provides scholars with a comprehensive but concise and convenient textual history of the *Huainanzi* and a critical overview of *Huainanzi* studies. Moreover, it introduces and describes for a Chinese audience the rich tradition of Western scholarship, and especially scholarly translations, that up to the present time has not been well known in China. And by grounding part of his analysis in Genettto's concept of the paratext, Prof. Ding introduces this important critical tool to a Chinese scholarly audience and demonstrates how it can be used to enrich literary studies.

In this valuable and innovative book, Prof. Ding Lifu vividly demonstrates that Chinese scholars of the *Huainanzi* would benefit from becoming more familiar with Western scholarly work on the text, while Western scholars must continue to stay abreast of Chinese scholarship. The example of two English translations of the *Huainanzi*, both published in 2010, shows why this is so: the translation by Zhai and Mou is little known in the West, while that of Major *et al.* is not widely known in China. It is to the advantage of everyone in the *Huainanzi* research community, Chinese and Western alike, to share the results of their work as widely as possible. In this regard, this book is published at a very opportune time; as Prof. Ding points out, the promotion of international scholarly communication and cooperation accords very well with China's current policy of "stepping out (走出去)". Everyone who is interested in the *Huainanzi* should own a copy of this book, an excellent new book by Prof. Ding.

John S. Major

March 6th, 2023

序二

译介之路漫漫其修远兮

　　1934 年鲁迅先生给青年木刻家陈烟桥回信，主张木刻宜杂入静物、风景、各地风俗及街头风景等，以引起大众的注意，从而获得发展木刻的活力和动力。回信还以文学为例，强调"现在的文学也一样，有地方色彩的，倒容易成为世界的，即为别国所注意。打出世界上去，即于中国之活动有利"[①]。先生的精彩评论后被演绎成论述文学乃至文化的经典名句，"只有民族的，才是世界的"或"越是民族的，越是世界的"。先生所论深刻哲理暂不展开，只及一点地方文化、民族文化和世界文化的关系：地方文化当彰显自身特色，从而成为中华民族文化大家庭的亮丽风景。同理，中华民族文化与世界文化的关系也应如此：民族文化当彰显自身特色，从而成为世界文化大花园的独特风景；民族文化发展好了，世界文化大花园才能欣欣向荣。

　　淮南文化堪称地方文化的优秀代表，对安徽文化乃至中华民族文化都产生了较为深远的影响。若探究起来，淮南隶属于淮河流域，附近留有舜、禹、皋陶等人文始祖的诸多活动遗迹，如淮南市内的舜耕山、涂山脚下的禹会村、六安市内的皋陶墓等。但有关"淮南"的明确文字记载最早见于辞书之祖《尔雅·释丘》"淮南有州黎丘"，"'州黎'乃'州来'之音误"[②]，州来是西周分封的诸侯国之一，都城就在今淮南境内的

---

①　鲁迅：《鲁迅全集》（第 13 卷），北京：人民文学出版社，2005 年，第 81 页。

②　王传旭、方川：《"淮南"与"淮南文化"》，《淮南师范学院学报》2006 年 6 期。

凤台县，也就是说淮南至少可以追溯至西周时期，可谓历史悠久。地理空间上先说淮河，其素有"华夏风水河"之美誉，在古代与长江、黄河、济水一样都是独流入海，一同并称四渎"江、河、淮、济"；再说寿春，其位于中国南北交汇之处，是春秋时蔡国、战国时楚国和西汉时淮南国的都城，至隋朝被改为寿州，民国改为寿县，1982 年同北京、南京、洛阳等二十四座城市一同入选第一批国家历史文化名城；最后说淮南，原本宽泛地指涉淮河以南的大片地区，至汉高祖封淮南王、建淮南国时开始指涉有确定边界的行政区划了，之后曹魏改设淮南郡、唐朝先后改设淮南道和淮南方镇、宋置淮南路，新中国成立一年后即 1950 年设立淮南市。综观历史地理，淮南地区相继出现过三大发展高峰，"一是尧舜之际的政治中心，二是汉代淮南国时的文化中心，三是唐宋之时的经济中心"[①]，其间孕育出独特的淮南文化，并得以持续发展。简言之，淮南文化诞生的历史地理空间是古代淮水之滨的寿春，其底蕴是"蔡楚文化"，其巅峰之作当首推《淮南子》。

　　无论是鉴于地方文化、中华民族文化乃至世界文化相互促进发展的内在关联，还是考虑深挖并发展独特的淮南文化，我们都要研究好淮南文化的巅峰之作《淮南子》。《淮南子》这部典籍由淮南王刘安以道家思想为基础、扬诸子百家之长编撰而成，着实堪称集大成者，然而其成书明显晚于《老子》《韩非子》《孙子兵法》等先秦典籍，而且未等流传开来就因汉武帝加强中央集权、独尊儒术之需被束之高阁了，之后整个封建社会历史时期都遭到了不同程度的埋没。进而言之，《淮南子》未等流行即遭尘封，其应有的思想及学术价值尚未得到充分关注和挖掘。至于其对海外的译介传播，如本书作者所说，要较其他诸子典籍滞后，晚至 2003 年西方世界才出版了第一部法语全译本，第一部英语全译本更是晚至 2010 年，其译介研究进展亦是同样的滞后。当然，无论是《淮南

---

① 王传旭、方川:《"淮南"与"淮南文化"》,《淮南师范学院学报》2006 年 6 期。

子》作为淮南文化的巅峰之作，还是《淮南子》连同其所属淮南文化作为安徽文化的优秀代表，我们安徽人都要首当其冲地肩负起传承和译介《淮南子》的重任，在当下显得尤其迫切和重要。就《淮南子》传承及其研究而言，安徽省社科联指导下的省级学会"《淮南子》研究会"付出了诸多努力，其中现任名誉会长陈广忠、会长方川、副会长高旭、秘书长金妤、副秘书长应克荣和丁立福等都开展了一定程度的研究，也取得了一些成绩。就其译介及研究而言，囿于外语翻译及典籍研究的双重要求，一般学者较难涉猎，有外语专业背景的学者未必对《淮南子》感兴趣，热衷于《淮南子》研究的学者也未必能够进行相关译介研究。这也是《淮南子》译介相对滞后的另一原因吧。

《〈淮南子〉传承与译介研究》就是在研究这部典籍之传承与译介尤显迫切和重要的大背景下撰写与交付，我也就欣然接受丁立福教授的邀请为之作序。作为一名翻译学者，我成长于故乡安徽，常常对安徽地方文史津津乐道，也一度非常关注《淮南子》这部优秀典籍的传承情况，这次趁作序之机还进一步了解了《淮南子》的翻译和对外传播情况。细读《〈淮南子〉传承与译介研究》，有以下四大鲜明特征愿与诸位读者朋友分享：

一是创新性。《〈淮南子〉传承与译介研究》是作者多年来一系列创新性研究成果的汇集，甚至可以说从源头上就根植了其研究成果的创新性，主要表现在第四章对《淮南子》译介研究新领域的开拓、第五章对国内外两译本对比研究的深入、第六至七章对典籍翻译研究视角的新突破，还表现在敢为天下先地把自己擅长的《淮南子》译介研究和有所涉猎的《淮南子》传承研究有机地综合在一起加以深入探讨，能给国内外研究《淮南子》的专家和学者提供较新的国际视野。因此，本书于学术研究而言是增量的，无论在《淮南子》研究界还是翻译研究界都是独辟蹊径，能让读者耳目一新，见识见长。

二是前沿性。一般而言，唯有作者长期关注和持续投入研究，才能确保其著作的前沿性。本书作者当是国内最早关注和研究《淮南子》译介的学者，十多年来一直不断投入。著作第四章是作者早年所主持省社科规划项目"《淮南子》对外传播暨翻译研究"的前沿性成果，当时在国内是无人涉猎的。这在某种程度上等于开辟出了《淮南子》译介研究新领域，当然处于研究前沿。随后，作者率先对比研究国内外全译本，进而拓展至译本的出版和接受研究，还以两译本副文本风格对比为研究主题完成了国内第一篇有关《淮南子》翻译研究的博士学位论文。应该说，作者每一步拓展和深入，都确保了其成果始终处于研究前沿。纵览全书，基本涵盖了除其博士学位论文之外的上述前沿性成果，当然还含有研究《淮南子》国内传承的最新成果，如对"天人合一"至"道法自然"的前沿性探讨。

三是整合性。淮南是《淮南子》诞生之地，以安徽省《淮南子》研究会为核心聚焦了一批有影响力的学者，所出成果大都限于《淮南子》的校注、传承和义理研究等。然而，本书作者出身外语专业，独树一帜地长期关注和研究《淮南子》译介，近年又有意识地涉足《淮南子》传承研究。其著《〈淮南子〉传承与译介研究》是国内第一部涉猎《淮南子》翻译研究的专著，也是首次整合国内传承与国外译介研究的专著。其整合性还体现为，国内传承研究涉及《淮南子》诞生至今的所有历史时期，国外译介研究涉及代表性译介成果产出的各主要国家地区。于读者而言，可谓一书在手便可尽知古今中外《淮南子》研究的整体概貌。

四是权威性。本书作者本科是英语，硕士专攻翻译，博士专攻《淮南子》翻译研究，现于淮南王故乡从事外语教学与翻译工作，可以说具备从事《淮南子》传承与译介研究的最优资质。现实中，出于文化传承之担当，他很早就开始关注和研究《淮南子》译介，不断开拓至今，先后完成了国内第一个有关《淮南子》译介研究的省部级项目和国内第一篇有关《淮南子》翻译研究的博士学位论文，现正着手创建世界上第一个《淮南子》英汉双语平行语料库——届时，有望大大推进《淮南子》英译研究。作者关注《淮南子》译介研究时还是高校"青椒"一枚，时至今日已成长为有一定影响力的大学教授，现任安徽省《淮南子》研究会常务理事兼副秘书长、安徽省翻译协会常务理事兼副秘书长。进而言之，作者业已从当年《淮南子》译介研究的开拓者成长为现今《淮南子》翻译研究的权威代表。此外，作者还与翻译 The Huainanzi 的马绛等国外汉学家保持密切联系，能够交流并探讨最新研究成果，也在一定程度上确保了本书的权威性。

历史行进至西汉初期，淮南无疑发展成为江淮大地之上的思想文化中心。淮南王刘安为纪纲道德、经纬人事而汇聚俊伟之士，集众人智慧"上考之天，下揆之地，中通诸理"①，最终编著《淮南子》而流誉天下，亦将淮南文化推向一个新的高潮。现如今，淮南国、淮南王早已淹没于历史的尘埃，唯有《淮南子》正待当今学者逐步拭去尘埃而闪现其应有的光芒，从而有力助推地方文化乃至中国文化"走出去"。丁立福教授自觉担当，明知前路困难重重，仍旧一路马不停蹄，先是开辟《淮南子》译介研究新领域，继而深入对比国内外孪生译本，再而转用副文本视角，现正着手创建英汉平行语料库……这些研究无疑都具有开创性，也因此必须有板凳甘坐十年冷的坚守。由此，丁教授多年来自觉探索《淮南子》译介的漫漫长路可见一斑。

《淮南子》与其他典籍一同是中华民族文化内涵和精神风貌的集中体现，同时也是世界了解中华民族的重要窗口。仅以中国典籍对欧美的译介而论，"第一次被翻译为欧洲语言是在 1592 年"②，即传教士高母羡

①　陈广忠译注：《〈淮南子〉译注》，上海：上海古籍出版社，2016 年，第 1095 页。

②　张西平、孙健主编：《中国古代文化在世界：以 20 世纪为中心》，郑州：大象出版社，2017 年，第 3 页。

（Juan Cobo，1546—1592）所译西班牙语译本《明心宝鉴》。自此至 19 世纪欧美传教士一直是译介中国典籍的主体，可是这个译者主体阵营基本是以传教为宗旨、普遍持有文化优越心态，对译介中国典籍往往是各取所需，而且存在不同程度的误解乃至故意曲解。进入 20 世纪，从辜鸿铭、林语堂、熊式一到杨宪益、汪榕培、许渊冲、刘殿爵、王宏印等越来越多的中国学者，开始主动并自觉地加入译介中国典籍的队伍，使得漫漫译介长路上有了中国人的身影和声音。

随着改革开放进程的不断深入，当下中国正以前所未有的速度发生着翻天覆地的变化，一方面中国需要以中华文化为窗口向世人展示中华民族从源头上就是一个勤劳、勇敢且爱好和平的民族，以期为中国发展赢得一个相对和平和友好的外部环境；另一方面，中华文化"走出去"也是中国增强话语主导权进而维护国家利益的重要条件，确如习近平总书记所论"一个国家、一个民族的强盛，总是以文化兴盛为支撑的，中华民族伟大复兴需要以中华文化发展繁荣为条件"[①]。两相结合必然指向中华文化的正面宣传和对外译介，其重要组成部分便是中国优秀典籍的对外译介。然而，据不完全统计，"约 3.5 万种中国典籍中，已译成外文的却只有 0.2%"[②]，似可进一步断言典籍对外译介实际进展不容乐观，与其所应具有的战略地位极不相称。

放眼未来，中国典籍对外译介这条路并非一马平川，相反却是道阻且长，其因大致有二：一是典籍往往言简意丰，其独特的思想内容、思维方式、审美体验及表达习惯让普通译者望而却步，更遑论用译本去吸引广大预期读者了。二是中国历史悠久，漫长的社会历史发展结晶出浩如烟海的经典，然而对外译介的典籍数量却相当有限，而且大都集中于

---

① 中共中央文献研究室编：《习近平关于社会主义文化建设论述摘编》，北京：中央文献出版社，2017 年，第 3—4 页。
② 李慧君：《中国典籍译介逆差的平衡研究》，《黄河科技大学学报》2015 年 4 期。

少数流行甚广的典籍。但是，处于中华民族伟大复兴之际我们别无选择，唯有迎难而上；至于典籍译介这条路我们亦是无可回避，只能砥砺前行，而且必需有更多中国学者自觉参与，进而联手国外一些正直且有人类命运共同体情怀的同仁，方能出现中华民族文化与世界文化相得益彰、相互促进的良性循环局面。从这个层面上看，丁立福教授自觉担当，身体力行地开拓《淮南子》译介研究具有较强的示范作用和较大的现实意义；我们有理由期待，其著《〈淮南子〉传承与译介研究》的出版将引领当前《淮南子》传播及译介研究的进程，也将以个案的形式丰富中国典籍的对外译介及研究。念及多达三万五千种的中国典籍仅有百分之零点二已译成外文，换而言之，已经译成外文的典籍不足千种，尚有三万四千余种待译，对此感兴趣的合格译者少之又少，而且欲使典籍译本被目标语读者广泛接受亦需长年累月地百般努力。这真可谓译介之路"漫漫其修远兮"，吾辈"将上下而求索"。是为序，既是嘱托，更是期盼！

上海外国语大学博士生导师

韩子满

2022 年 6 月 16 日　初稿

2023 年 7 月 1 日　定稿

序三

文明因传承互鉴而倍加精彩

《淮南子》，又名《淮南鸿烈》《淮南》《淮南记》《刘安子》《淮南王书》等，是西汉初年第三任淮南国国王刘安率领他的门客编撰而成。在全书序言《要略》篇："《泰族》者，横八极，致高崇，上明三光，下和水土，经古今之道，治伦理之序，总万方之指，而归之一本，以经纬治道，纪纲王事……故德形于内，治之大本。此《鸿烈》之《泰族》也。"可知刘安最早给《淮南子》起名为《鸿烈》。东汉高诱在《淮南子注·序》评价说："其义也著，其文也富，物事之类，无所不载，然其大较归之于道，号曰《鸿烈》。鸿，大也；烈，明也，以为大明道之言也。"据刘歆著《西京杂记》卷三记载："淮南王安，著《鸿烈》二十一篇，鸿，大也；烈，明也。言大明礼教，号为《淮南子》，一曰《刘安子》。"其后，《淮南子》《淮南鸿烈》之名，就渐渐叫开了。概《淮南子》从读音语感上较为顺畅，与先秦"诸子"存续接力；"鸿烈"二字，凸显出此典籍的"高大上"。

公元前 139 年，当刘安把《内篇》（《淮南子》又一种叫法）献给汉武帝时，"初，安入朝，献所作《内篇》，新出，上爱秘之"（《汉书·淮南衡山济北王传》），标志着该书公开面世，流传至今，已有 2160 余年的历史。《淮南子》博大精深，是一部百科全书式的作品。唐代史学家刘知几在《史通·自序》里说，《淮南子》"其书牢笼天地，博及古今，上自太公，下至商鞅。其错综经纬，自谓兼于数家，无遗力矣"。极力称赞其著述视野开阔，历史跨度大，涉猎领域浩繁博大，而又博采诸子百家之长，"上知天文，下知地理"；其言说的道理从远古到当今，甚至面向未来，都有不可忽视、穿越时空的价值。所以，南宋史学家高似孙在所著《子略》里又称赞撰著《淮南子》的刘安为"淮南，天下奇才也"！"《淮南》之奇，出于《离骚》；《淮南》之放，得于《庄》《列》；《淮南》之议论，错于不韦之流；其精好者，又如《玉杯》《繁露》之书。"胡适为刘文典《淮南鸿烈集解》作序时称赞《淮南子》是"绝代奇书"，为《淮南子》的学术地位和杰出贡献下了定论：《淮南子》前无古人，后人也很难企及。

《淮南子》共二十一卷，最后一卷的《要略》为全书自序。其余二十卷分别为《原道训》《俶真训》《天文训》《地形训》《时则训》《览冥训》《精神训》《本经训》《主术训》《缪称训》《齐俗训》《道应训》《氾论训》《诠言训》《兵略训》《说山训》《说林训》《人间训》《修务训》和《泰族训》。初读此书以为各章独立成篇，细读以后，你会发现这些篇什之间，并不是碎片化的一盘散沙，而是一个系统的整体。《要略》云："凡属书者，所以窥道开塞，庶后世使知举错取舍之宜适，外与物接而不眩，内有以处神养气，宴炀至和，而己自乐所受乎天地者也。故言道而不明终始，则不知所仿依……"从《原道》到《俶真》环环相连，一直描述到《泰族》，最后得出结论："故著书二十篇，则天地之理究矣，人间之事接矣，帝王之道备矣。其言有小有巨，有微有粗，指奏卷异，各有为语。"

所以，梁启超评价《淮南子》说："《淮南鸿烈》为西汉道家言之渊府，其书博大而有条贯，汉人著述中第一流也。"淮南王刘安去世后，《淮南子》作为人类丰厚的文化遗产被保留了下来，吸引后人不断去诂、注、传、考、辨、笺、校，开展研究，从而产生了不少对它笺注和研究的著作，形成了《淮南子》纵向传播接受的历史，绵绵不绝，推衍发展。

当今《淮南子》研究的成果，如地下泉涌，汩汩滔滔，遍涉哲学、宗教、政治、军事、美学、历史、民俗、语言、文学、音乐、天文、地理、历法、科技、管理、教育等多个学科领域，对相关学术问题的深入探讨和现实问题的解决都具有启迪作用。新时期以来，以《淮南子》为研究对象的国家社科基金项目不在少数，以《淮南子》为研究对象的硕博士学位论文尤其是相关的学术研究专著更是层出不穷。《淮南子》已被列为国家《子藏》编撰工程项目。

安徽省《淮南子》研究会于 2004 年 12 月正式成立，在更大的空间和平台上推动了《淮南子》研究，发挥了《淮南子》研究领头示范作用。研究会自从 2005 年起（2014—2016 年除外）每年都召开一次全国或全省性学术研讨会，确定主题、征集论文，开展大会主旨演讲、学术交流研讨，同时举办专家讲座、专题研究、书画创作、学术评奖、文化考察、文旅产品开发等活动。张双棣、陈来、陈丽桂、陈广忠、吕书宝等专家学者，先后受邀到淮南师范学院开设《淮南子》学术讲座，向大学生传播《淮南子》等中华典籍，就传统文化继承与发展"开讲"交流，形成了"《淮南子》研究进校园"品牌活动；一批《淮南子》专家应邀做客淮南电视台的"沟通"节目，提振"沟通"节目的精气神，造就了"《淮南子》研究专家电视访谈"的金牌。除了上述专家学者，研究会还多次邀请到来自中国台湾（陈丽桂、李显龙等）、中国香港（何志华、梁德华等），以及韩国（朴文铉、闵惠兰等）的《淮南子》研究专家参加学术研讨交流，发表论文。

2006 年在安徽省《淮南子》研究会全国学术研讨会上，我以《"淮南"与"淮南文化"》研究为基础，向会议提交了题为《〈淮南子〉与"淮南学"》的论文，受到与会著名学者陈来等先生的高度赞赏。我在文章里说："所谓'淮南学'，顾名思义就是研究淮南地区的政治、经济、历史、文化而形成的一门学问。淮南学应有广义和狭义之分。狭义的'淮南学'是以'牢笼天地，博极古今'的《淮南子》及'淮南国'发展历史为研究对象而产生的一门学问。"随后，我又发表了《淮南学与徽州学》《〈梦溪笔谈〉所见的淮南文化》《五彩淮南与淮南学》等文章，对"淮南学"产生了一定的辐射影响。越来越多的《淮南子》研究成果，丰富了"淮南学"的内涵，扩大了"淮南学"的外延。《〈淮南子〉传承与译介研究》就是"淮南学"研究开拓的最好证明。

《淮南子》研究会成立十几年来，在黄山书社出版了《淮南子研究》六卷。组织研究、资助出版或印刷《淮南子》研究著作，如《〈淮南子〉法治思想研究》《〈淮南子〉廉政文化研究》《〈淮南子〉与二十四节气》《〈淮南子〉故事》《问道〈淮南子〉》《〈淮南子〉普及读本》《〈淮南子〉成语赏析》等十余种。但是，这些成果中涉猎《淮南子》对外宣传和译介研究领域的比较少见，即便有也是零星的散论。

鉴于此，2016年《淮南子》研究会换届之时，研究会秘书处经过反复研究、报批，最后有意地吸纳英语专业科班出身，有翻译学学科背景，以《淮南子》对外翻译为研究对象的淮南师范学院外国语学院副院长丁立福教授，出任《淮南子》研究会常务理事兼副秘书长。

丁教授怀揣一颗视安徽地方文化译介及宣传为己任的拳拳之心，自工作以后就关注《淮南子》研究动态，2010年开始集中发力《淮南子》译介问题研究，至今已走过10多个年头。他不负众望，在繁重的教学和行政管理工作之余，开始攻读博士学位。读博期间，孜孜不倦地致力于《淮南子》对外译介研究的空间开拓与内涵延展，而且做得有条不紊，持续地产出了一系列成果。先后在《中国翻译》《北京社会科学》等学术期刊上发表了《〈淮南子〉对外译介传播研究》《国外首部〈淮南子〉英语全译本研究》《中国文化走出去大背景下典籍顺译范例：〈淮南子〉翻译研究》《问题导向·知行并举·综观整合·对外传播》《论中国典籍译介之"门槛"——以〈淮南子〉英译为例》《国内外〈淮南子〉英译出版及学界接受对比研究——以国内全译本 *Huai Nan Zi* 和国外全译本 *The*

Huainanzi 为例》《论〈淮南子〉译介研究新成果及其汉英平行语料库研制》等十余篇《淮南子》翻译和传播的学术论文，产生了不凡的影响。"苦心人天不负"，在这些研究成果基础上，2019 年丁立福在上海外国语大学完成了博士学位论文《中、外英译〈淮南子〉副文本风格对比研究》，并顺利通过答辩，取得了博士学位。

　　《淮南子》作为一部久负盛名的中华文化典籍，远在古代就产生了跨文化的传播与影响，"日本发现的唐抄本《淮南鸿烈兵略间诂》残卷，说明唐代《淮南子》已传入日本"①。不过，这个抄本是汉语文本。那么，日本最早开始《淮南子》文本翻译的是哪个确切年份呢？华南师范大学戴黍在《国外的〈淮南子〉研究》中的"日本的《淮南子》研究"部分指出："《淮南子》传入日本很早，今存的版本也较多。据藤原佐世（891年）编纂的《日本国见在书目》中所载，约在我国唐代时，日本就有：《淮南子》21 卷，汉淮南王刘安撰，高诱注；《淮南子》21 卷，许慎注；《淮南略》一卷。日本还发现唐抄本《淮南鸿烈兵略间诂》第廿残卷，与今本颇多出入，具有很高的学术价值。《淮南子》的日语译文，可见于服部宇之吉《汉文大系》、后藤朝太郎《国译汉文大成》及楠山春树《新释汉文大系》等著作中，但大都是节译、选译；金谷治和户川义雄等则提出了较精审的日文译本。"②《淮南子》在唐代就传入日本与陈广忠先生的看法和依据是一致的。那么，《淮南子》的日语译文，最早出现在哪一年呢？检索陈广忠教授《淮南子研究书目》，在该书"日本作者""服部宇之吉"名下有："《淮南子》，在《有朋堂汉文丛书》内，日本明治十四年，东京有朋堂排印本。1911 年。校订眉评《淮南子》，二十一卷，1914 年。"③至于后藤朝太郎、楠山春树、金谷治等《淮南子》译介，从

---

① 陈广忠主编：《〈淮南子〉研究书目》，合肥：黄山书社，2011 年，第 28 页。
② 戴黍：《国外的〈淮南子〉研究》，《哲学动态》2003 年 4 期。
③ 陈广忠主编：《〈淮南子〉研究书目》，合肥：黄山书社，2011 年，第 54 页。

该"书目"所列，则要晚很多。可以得出一个时间上的基本结论：日本最早的《淮南子》日语译文应该是这本明治十四年东京有朋堂的"排印本"。笔者发现按照明治元年为公元 1868 年计，《淮南子》日语译文最早诞生于明治十四年的 1881 年。至于后面的 1911 年，要么是 1881 年之误，要么是原本佚失，1911 年再刻。或者是前面明治四十四年之误，因为明治纪年共 45 年，1912 年废止，明治四十四年恰好是 1911 年。个人直感"明治四十四年之误"的可能性比较大。这样一来，《淮南子》最早的日语译本，应该是 1910 年田冈佐代治所为。"田冈佐代治，《和译淮南子》，一卷，1910 年。在《和译汉文丛书》内。日本明治四十三年，东京玄黄社排印本。"① 丁立福认为，《淮南子》在日本的翻译传播"又可分为节译本和全译本，节译本有楠山春树《淮南子》（1971，中国古典新书）和池田知久《淮南子——知之百科》（1989）等。全译本相对较多，主要有田冈岭云《和译淮南子》（1910，和译汉文丛书）、服部宇之吉《淮南子》（1911，汉文丛书）、菊池三九郎《淮南子国字解（上、下）》（1913，汉籍国字解全书）、后藤朝太郎《国译淮南子》（1920，国译汉文大系）、小野机太郎《现代语译淮南子》（1925）、户川芳郎等《淮南子》（1974，中国古典文学大系）、楠山春树《淮南子（上、中、下）》（1979—1988，新释汉文大系）等。其中，'新释汉文大系'提供注训点原文、带假名日文，并配备注释和今译；'汉文丛书''国译汉文大系''汉籍国字解全书'提供注训点原文、带假名日文，并配备注释。这几个属于系列丛书的译本规模大，影响相对要广一些"（详见本书第四章第一节）。

　　《淮南子》在欧美的译介传播状况如何呢？丁教授做了准确的考证，"《淮南子》在欧美国家的最早译文应该是其零星篇章的节译，迄今有据可查的最早英译文应是 *China Review* 第九卷刊发的 *The Principle*

---

① 陈广忠主编：《〈淮南子〉研究书目》，合肥：黄山书社，2011 年，第 50 页。

of Nature: A Chapter from 'the History of Great Light', by Huai-Nan-Tsze, Prince of Kiang-Ling,由英国人福斐礼于 1881 年所译"(见本书第四章第二节)。也就是说《淮南子》最早被介绍到欧美国家是 1881 年,当时译者是英国人福斐礼,其《鸿烈传卷一:原道训》英译本,发表在《中国评论》上。顺着这个翻译基础,到 2003 年《淮南子》有了全译的法语版;2010 年出版了英语的全译本。

但是,笔者发现,西南交通大学外国语学院陈云会在《〈淮南子〉在英语世界的译介》一文中认为:"自 1884 年英国巴尔福(Frederic H. Balfour, 1846—1909)翻译《淮南子》第一篇《原道训》以来,英文节译本不断出现,至 2010 年约翰·梅杰(John S. Major)领衔翻译的《淮南子》第一个英文全译本问世,《淮南子》在英语世界的译介历史已逾百年。"① 戴黍在《国外的〈淮南子〉研究》中也认为:"英国的巴尔福于 1884 年出版了《道家伦理性、政治性和思想性的文本》,并附有《淮南子》卷一的英语译文,这是我们所见最早的英译。"② 为何会有三年的差距呢?丁立福在书中说,"1884 年,他(福斐礼)将这些译文连同刚译出的《道德经》汇集成译著 *Taoist Texts: Ethical, Political and Speculative*(《道书:伦理、政治及思辨》),共涉 10 部道家典籍"(见本书第四章第二节)。原来,《淮南子》卷一翻译后 1881 年发表在《中国评论》,1884 年再与《道德经》等 10 种道家典籍合在一起出版。就好比专家学者先把自己的研究成果发表于期刊,三年后再汇编为作品集出版。由此可见,本书作者著述的严谨和准确。

《〈淮南子〉传承与译介研究》一书是丁立福承担的安徽省哲学社会科学规划后期资助项目"《淮南子》传承与译介研究"的最终研究成果。

---

① 陈云会:《〈淮南子〉在英语世界的译介》,《华西语文学刊》2016 年 1 期。
② 戴黍:《国外的〈淮南子〉研究》,《哲学动态》2003 年 4 期。

大作出版在即，嘱我写几句话，依我之研习《淮南子》的水平，实在难以胜任。几番推托不过，考虑能有机会先睹其研究大作，甚感欣喜，读完全书，感觉该著作体现了以下几个特色。

一、孜孜以求，咬定青山不放松。《〈淮南子〉传承与译介研究》是丁立福经过多年持续不断研究积累，而水到渠成的研究成果。作为一所地方应用型高校，开展学术研究，基础条件要比那些985、211大学艰难很多。丁立福却不惧条件简陋，迎难而上，孜孜以求，克服种种困境，先从校级课题做起，2014年申报到省社科规划一般项目，再做到2019年省社科规划后期资助项目。从一般学术论文写作再冲击博士学位论文，再到今日之专著出版，终于结出了研究的丰硕成果。我作为同路学人和《淮南子》研究的同好，倍感高兴，表示热烈祝贺和由衷敬佩。

二、筚路蓝缕，领异标新二月花。《〈淮南子〉传承与译介研究》不仅是国内首部研究《淮南子》译介的专著，更是首部综合国内传承与国外译介的研究性专著，对《淮南子》研究领域开拓，无疑具有里程碑意义。作者从纵向传承和横向传播两个维度为我们揭开《淮南子》接受研究的历史，条分缕析、纲举目张。在传承部分，着眼于《淮南子》创作及书名的变迁和版本的多样性展开。对其思想内容的传承不是面面俱到，而是抓住《淮南子》精髓的"天人合一"和"道法自然"两个核心命题，从内涵要义到辐射影响展开论述，窥一斑而见全豹，突出研究的创新创造。

三、水滴石穿，千锤万凿出深山。《〈淮南子〉传承与译介研究》站在前人的肩头，体现了作者学术研究较为扎实的基本功。为了达到数据准确、科学严谨，除了查阅文献，还开展田野调查研究，访谈当事人，获得可靠的第一手材料。第一章"近四十三年文献计量分析"一节，在占有大量《淮南子》研究资料之后，爬梳整理，进行研究成果大数据计量分析，入乎其内、出乎其外，千锤万凿，发现《淮南子》的研究规律和可资后续研究的线索。对国内《淮南子》传承研究，虽然时间跨度特别大，全书几乎涵盖了该领域所有纵向的研究成果。对国外译介成果的研究，地理空间广阔，作者抓住了代表性国家和地区研究成果，运用比较文学手段对两部英语全译本进行了全面的比较研究。全书文献信息翔实、论述过程严谨、结论富有启发意义。这是一本集学术性、技术性、工具性为一体的学术专著。

让我由衷高兴的是，丁立福在《淮南子》译介研究领域产生的系列研究成果，还影响和引领了一批学者纷纷加入《淮南子》跨文化传播研究的行列。相信随着时代发展，《淮南子》研究成果的不断丰硕，《淮南子》的社会影响力会不断提升，不仅《淮南子》文本会被翻译传播到世界其他国家，相关的专题研究成果，比如，"《淮南子》与二十四节气""《淮南子》文艺美学思想""《淮南子》成语典故""《淮南子》法治思想""《淮南子》廉政思想"等也会源源不断地被翻译和传播到国外。这样就会形成"文明因多样而交流，因交流而互鉴，因互鉴而发展"的局面，从而达到"未来之中国，必将以更加开放的姿态拥抱世界、以更有活力的文明成就贡献世界"①。

习近平在哲学社会科学座谈会讲话中指出"中国古代大量鸿篇巨制中包含丰富的哲学社会科学内容"，需要进行"创造性转化、创新性发展"。《淮南子》作为中华"鸿篇巨制"之一，只要不断挖掘其哲学意蕴、历史意义、科学价值，不断创新创造，《淮南子》研究就一定会结出更加丰硕的成果。

我相信，随着《淮南子》学术研究队伍的不断壮大，学术研究梯队的科学培育，学术研究领域不断开拓延展，学术视野不断精深与超越，

---

① 《习近平谈治国理政》第三卷，北京：外文出版社，2020年，第468、471页。

"淮南学"的内涵会越来越丰富越来越精彩，从而成为一门独特的地方性的显学，焕发夺目的光华。

安徽省《淮南子》研究会会长、淮河文化研究中心执行主任

方　川

2022 年 6 月 21 日　初稿

2023 年 6 月 30 日　修订

2023 年 7 月 16 日　定稿

前言

　　中华大地经春秋战国近五百年纷争，后由秦始皇扫六国而结束诸侯分裂割据之局面，建立起中国封建历史上第一个中央集权制国家，旋即陷入农民起义和楚汉之争的战火，至公元前 202 年刘邦击败项羽，定都长安，复建大一统王朝。为顺应渴望和平之民心并汲取秦朝暴亡之教训，汉高祖及汉初几位帝王均豁免徭役、休养生息、励精图治，统治秩序渐趋稳定，社会经济蒸蒸日上，思想文化方面"出现了当时中国第二个文化学术中心"[①]——淮南。以淮南王刘安为首的大批思想文化精英云集于此，探讨天地之理、人间之事、帝王之道等，终成《淮南子》而流誉天下。

　　刘安曾被南宋史学家高似孙赞为"天下奇才"，其编《淮南子》亦被现代学者胡适叹为长期"沉埋不显"的"绝代奇书"[②]。说其"沉埋不显"主要是指汉武帝推行"罢黜百家，独尊儒术"后，具有道家底蕴兼及杂家色彩的《淮南子》被束之高阁了，其传承险遭不测，更遑论广泛流传了；相应地，《淮南子》向国外尤其是向欧美诸国译介，要较《论语》《道德经》《孙子兵法》等典籍滞后。在强调文化自信、推动中华文化"走出去"、提高国家软实力的当下，进一步挖掘传统文化，尤其是像《淮南子》这样传承薄弱且有良好文化精髓的优秀典籍，其重要性不言而喻。另一方面，中国知识分子素有"为天地立心，为生民立命，为往圣

---

① 陈广忠主编：《淮南子研究书目》，合肥：黄山书社，2011 年，第 1 页。
② 胡适：《胡序》第 2 页，载刘文典：《淮南鸿烈集解》（上册），上海：上海科学技术文献出版社，2015 年，第 1—7 页。

继绝学，为万世开太平"的情怀和传统，作为在刘安故乡从事外语教学及翻译研究的高等教育工作者，笔者自然也就视传承和译介《淮南子》为己命，对淮南这方热土浇灌出的"绝代奇书"充满了译介及传播的极大热情。

自 2000 年起笔者就开始关注和研究《淮南子》的传承和译介情况，最早关注和追踪《淮南子》英语全译进程。2010 年国内外相继出版了首部《淮南子》英语全译本，即中国学者翟江月携手牟爱鹏合译的 *Huai Nan Zi* 和美国汉学家马绛领衔翻译的 *The Huainanzi*。2014 年笔者基于前期关注和研究《淮南子》译介的心得，成功申请到安徽省哲学社会科学规划项目"《淮南子》对外传播暨翻译研究"，对《淮南子》在全世界尤其是英语世界的译介进行了较为全面的梳理和研究，对国外英语全译本以及相关翻译准则和翻译特色进行了初步探讨。2018 年，笔者获得安徽省高校学科（专业）拔尖人才项目重点资助，对国内外《淮南子》英译本进行了初步的对比研究，同时开始关注两译本的副文本特征研究。2019 年，笔者以《中、外英译〈淮南子〉副文本风格对比研究》为题，完成了国内第一篇有关《淮南子》翻译研究的博士学位论文，较为深入地对比探讨了中外全译本的副文本风格；同年，笔者以"《淮南子》传承与译介研究"为题，成功申请到安徽省哲学社会科学规划后期资助项目，在前期博士学位论文的基础上另辟蹊径，将国内传承与国外译介结合起来，以期给学界展示《淮南子》传承与译介的最新全景。另需说明的是，为推动《淮南子》传承和译介研究，笔者曾到上海外国语大学、北京外国语大学、台湾长荣大学和俄罗斯下诺夫哥罗德国立师范大学进行学术交流，在一定程度上及时更新和完善了相关研究成果。

由上可见，本书既是安徽省哲社科项目"《淮南子》传承与译介研究"的最终成果，又是基于既往项目成果及博士学位论文，继续开拓和深入研究的最新成果，其中不乏创新之处，主要表现在：（一）《淮南子》传承研究与译介研究的初步整合。客观而言,《淮南子》注疏校勘始于东汉,其义理研究起步于改革开放之后,其第一部西文全译本①诞生于 2003 年,第一部英语全译本诞生于 2010 年,其后的译介研究尤其是英译研究方才实质性地开展起来。迄今《淮南子》译介研究学者寥寥无几,也使得笔者有了初步整合《淮南子》传承与译介研究的机遇和殊荣;另一方面,笔者出身于外国语言文学,酷爱翻译,自视肩负传承与译介《淮南子》及其文化的使命和担当,亦为笔者初步整合《淮南子》传承与译介研究提供了客观条件和主观心理准备。(二)《淮南子》翻译研究新领域的进一步深入。国内《淮南子》翻译研究成果基本都是对美国学者马绛领衔所译 The Huainanzi 的研究,却无人关注国内学者翟江月、牟爱鹏合译 Huai Nan Zi。笔者把国内外的这两个译本视为孪生译本,继而深入对比研究这对孪生译本及其出版与接受,于笔者研究而言是一次挑战,于《淮南子》翻译研究新领域而言则是极富意义的进一步深入。(三)《淮南子》翻译研究视角的崭新突破。对比研究国内外两个《淮南子》英语全译本,首当其冲的应是两个译本的翻译正文。然而于典籍译本而言,英语读者尤其需要借助其序言、导读、注释、附录、插图等来辅助阅读,进而及时有效地理解翻译正文;另一方面,进入读者视野的译本具体形态在很大程度上取决于序言、导读、注释、附录、插图乃至装帧等。进而言之,包括序言、导读、注释、附录、插图及装帧等在内的副文本对典籍译介的影响是双重的,既影响译语读者的实际阅读效果,又影响典籍译本的实际存在形态乃至实际接受效果,故从副文本视角深入探讨包括《淮南子》在内的典籍译介无疑是研究视角的崭新突破。

　　本书是笔者从事翻译理论、《淮南子》传承及其译介研究多年之结

---

① 即由法国学者查尔斯·白光华和雷米·马修合译的 *Philosophes taoïstes II: Huainan zi*;本书第四章第二节相关"法语世界《淮南子》译介"部分将详细论及。

晶，主要观点有：（一）《淮南子》国内传承一度遇险，现需加强。《淮南子》集诸子之大成，却因汉武帝推行董仲舒建议"罢黜百家、独尊儒术"以及刘安涉嫌谋反自杀等而散佚，幸有许慎、高诱等校勘本流传下来，才使其得以最大限度地复原，但在整个封建社会历史时期，其思想内容并没有得到很好的挖掘。另一方面，相较于先秦诸子典籍而言，《淮南子》成书稍晚，其国内传承及传播相对薄弱，现需下大力气加强。（二）《淮南子》国内研究日益兴盛，有望结出硕果。自西汉至晚清，国内学者大多止于对《淮南子》的注疏、校勘等传统考据研究，以许慎《鸿烈间诂》、高诱《淮南子注》和王夫之《淮南子注》等为代表。聚焦于《淮南子》内在思想的义理研究，开启于民国、盛行于改革开放之后，成果数量上突飞猛进，质量上步步高升，而且研究范围开始迅速突破政治、哲学和文学等传统层面，进而拓宽至伦理学、生态学、民俗学、心理学乃至养生学等各个层面，有望诞生集大成之作。（三）《淮南子》牵涉到中华思想文化精髓，"道法自然"观宜科学传承。《淮南子》同其他诸子典籍一样，其精髓在于所构建的思想体系，进而在一定程度上影响了其后的传统思想文化之面貌；另一方面，《淮南子》本身就是独特的思想文化，与其他诸子文化等一起浩浩荡荡地汇聚成具有鲜明特色的中国优秀传统文化。进而言之，《淮南子》关系着中华思想文化精髓，其"道法自然"观与传统的"天人合一"观既一脉相承又有所升华，而且对当下国人树立唯物辩证观和从事社会主义建设颇有裨益，理应科学传承进而惠及后人。（四）《淮南子》译介研究相对滞后，亟须赶上。相较于《论语》《道德经》《孙子兵法》等诸子经典而言，《淮南子》译本在国外尤其是欧美的出现要晚得多，直到 21 世纪初才出现全译本，使得《淮南子》译介研究相对滞后。这也从侧面凸显出《淮南子》译介研究的重要性和迫切性，亟须努力加强。（五）《淮南子》国内外全译本有所不同，对比研究更富启示。国内全译本和国外全译本同年出版，但译者团队分属于国内学者和国外学者阵营，而且分别面向国内和国外读者群，所以在翻译策略、翻译方法、译本编辑、出版策划乃至接受效果等方面各有特点，相关对比研究对于中国典籍有效译介出去非常有启示。（六）副文本是《淮南子》等典籍有效译介出去的重要"门槛"，作用极大。仔细对比国内译本和国外译本，会发现其最大不同在于各自副文本层面的诸多差异，而且副文本层面的不同直接影响到英语读者的实际接受及文本的域外传播。经研究发现，国内策划出版典籍译本时需要采他者所长，尽可能地提供种类较为齐全、篇幅较为适度、内容较为适当的副文本，从而为译语读者构建阅读中国传统典籍所必须具备但常常缺乏的相关社会历史文化语境，以促进中国优秀传统文化"走出去"，进而提升中国软实力。

本书计七章，内容上涵盖国内传承和国外译介两大部分。前者包括第一至三章，涉及《淮南子》诞生至今传承的方方面面，尤以改革开放迄今的成果梳理和《淮南子》传承思想精髓的深入探讨为要；后者包括第四至七章，涉及《淮南子》在世界范围内的译介成果，尤以2010年国内外英语全译本的对比研究以及典籍译介相关问题的深入研究为要。进而言之，著作时间上横跨国内传承的两千多年，空间上涉及译介成果产出的主要国家和地区。所跨时间之长，所涉国家之多，使得笔者每每如履薄冰，初稿虽一再校对与完善，仍生恐有所遗漏或不妥，故而拿着一再完善的书稿先后书面请教了国内外的众多学者：国内学者（按姓氏音序）主要有香港岭南大学陈德鸿教授、深圳大学陈东成教授、安徽省《淮南子》研究会会长方川教授、安徽理工大学高旭教授、合肥工业大学韩江洪教授、上海外国语大学韩子满教授、清华大学胡庚申教授、北京大学胡壮麟教授、西安外国语大学黄焰结教授、澳门理工学院蒋骁华教授、河北师范大学李正栓教授、台湾东吴大学曾泰元副教授、华东师范大学张春柏教授、安徽师范大学张德让教授、安徽大学朱玉彬教授等；国外学者有英译本 The Huainanzi 的主要译者，分别是美国知名汉学家马绛教授、康涅狄格学院桂思卓教授、纽约城市大学麦安迪教授和布朗大学罗浩教授。在此一并向他们致以最诚挚的谢意，同时将从这些专家学者的指导中节选一些代表性评论，集中起来置于扉页后，以飨读者。

时光荏苒，弹指间已过二十余载。笔者关注和研究《淮南子》译介时还是高校"青椒"一枚，当时《淮南子》译介尤其是全译本研究鲜有人问津。笔者本着热爱翻译的初衷和"为往圣继绝学"的知识分子情怀，不惧披荆斩棘，一路上虽鞍马劳顿，亦时常感到收获带来的惊喜。前些年笔者顺利晋升教授，并兼任安徽省《淮南子》研究会常务理事兼副秘书长和安徽省翻译协会常务理事兼副秘书长，皆因研究《淮南子》译介的些许成就。言及"些许"，是想表达这些年来研究《淮南子》译介之成就并无惊天动地之效，实有筚路蓝缕之功。

付梓之际，笔者一再完善，力求完美，却仍然感到有几点不足，需明说如下：（一）《淮南子》传承与译介研究结合得不够紧密。本质上《淮南子》传承研究和译介研究分属截然不同的两个课题，乃至分属两个不同的专业和学科，加上笔者才疏学浅，难以驾驭，使得相关传承与译介研究最终结合得不够紧密。这一方面说明了本书论述的难度，另一方面恰能说明本书所涉整合研究的创新性和价值之所在。（二）国内外英译《淮南子》在国外的接受与受欢迎程度，有待进一步调查分析和深入论证。本书基于同行评价对两译本在学术界接受和受欢迎程度做了初步的调查分析，还从评论数量、评论人员和评论内容等三个方面重点分析了国外英译本在学术界接受和受欢迎程度。当然，较为理想的研究途径应是进行相关问卷调研，但目前来看，如皇皇巨著般的《淮南子》英译本，其实际的英语读者规模过小，难以进行有效的跟踪和问卷调研。（三）国内外《淮南子》两译本的翻译正文没有展开深入对比研究，尚待将来继续推进。限于本书的篇幅及其研究主题"传承与译介"，两译本的翻译正文几乎没有深入展开对比；另一方面，笔者正在创建《淮南子》英汉平行语料库，接下来就会基于有待建成的语料库进行深入的译文对比、翻译风格等探讨。笔者毫无遮掩地交代不足，初衷是期望能够坦诚地与读者交流，期望能够批判地自我审视，更期望能够明晰将来可以继续深入下去的学术研究之路。

第一章　《淮南子》国内传承研究

第一节　传统考据研究之贡献

据《汉书》记载，西汉初年淮南王刘安"招致宾客方术之士数千人，作为《内书》二十一篇，《外书》甚众，又有《中篇》八卷，言神仙黄白之术，亦二十余万言"（班固，2005：1652）。所涉《外书》及《中篇》因诸多原因早已散佚，空留千古遗憾；所涉《内书》，其作者在最后一篇《要略》中自述"此《鸿烈》之《泰族》也"，故后人推测《内书》时名为《鸿烈》，遂称之为《淮南鸿烈》，即传于后世之《淮南子》。刘彻即位后，采纳儒生董仲舒"罢黜百家，独尊儒术"的建议，以加强中央集权，作为道家经典的《淮南子》也就被束之高阁。随后，封建大一统王朝继续向前发展，即使改朝换代，儒家思想仍是一统江山，其对诸家思想学派的压制和排斥之影响非常明显。就《淮南子》传承和发展而言，自西汉经东汉、隋唐至明朝近两千年漫长的历史，相关研究仅限于少数学者对《淮南子》的注疏、校勘等传统考据研究，虽有许慎《鸿烈间诂》、高诱《淮南子注》、苏颂《校淮南子题序》、王夫之《淮南子注》等标志性成果出现，也只能说明《淮南子》经少数学者的注疏和校勘得以延续，差点就湮灭于统治者的漠视和历史的洗刷，几无发展可言。

到了清朝入主中原后，文字狱渐成风气，广大知识分子稍谈思想自由便有可能失去人身自由，真可谓朝野上下都是"万马齐喑究可哀"的局面。大批饱学之士，只能四处搜集落满尘埃的典籍进行辑佚、考证与校勘——这些典籍年代越久越佳，至少不会涉及明清两代，更遑论当世之思想和时代之主题。在此基础上逐渐形成了一个较有影响的学术派别，即乾嘉学派，堪称清代学术研究的代表。乾嘉学派的历史功过较为复杂，主要功绩有：（1）集历代考据之大成，把中国传统考据学推向高峰；（2）对历朝重要典籍均有辑佚、辨伪、考证、训诂和笺释，使得传统文化遗产得以保存；（3）在治学态度和方法上强调严谨和求实，在某种意义上呼唤并开启了现代研究的实证风气。但是乾嘉学派最初是回避文字狱而被迫为之，从根本上决定了其研究内容严重脱离时代现实、研究方法过度拘泥于"厚古薄今"、研究目的也不得违抗封建统治乃至于要服务于封建文化。这已然涉及另外一个话题，暂且涉而不论。仅就《淮南子》研究而言，清代的学者大多沿袭了之前考据学的传统，仍继续专注于《淮南子》的辑佚、辨伪、校勘、考证、训诂和笺释等——这方面还真有许多待做工作和重大意义，因为《淮南子》原本已经散佚，即便许慎《鸿烈间诂》和高诱《淮南子注》也都已散佚，当世所藏各版本"淮南子注"往往是许注和高注相互夹杂，使得世人只知有《淮南子》，却不得一睹其真实面貌，具体详情可参见第二章对《淮南子》原文和版本的梳理。就清代《淮南子》考据的代表性成果来说，陈昌齐《淮南子正误》、易顺鼎《淮南许注钩沉》、孙冯翼《许慎淮南子注》、谭献《淮南许注举正》、陶方琦《淮南许注异同诂》和《淮南说文补诂叙》等有较大影响。

民国后至改革开放前，《淮南子》考据研究处于式微阶段，但也有一些有重要影响的著作问世，如吴承仕《淮南旧注校理》（1924）、刘家立《淮南内篇集证》（1924）、胡怀琛《淮南集解补正》（1934）、杨树达《淮南子证闻》（1936①）和郑良树《淮南子斠理》（1969）等。其中，刘文典著作最为有名也最具影响，主要有《淮南鸿烈集解》（1923）、《三余札记（1—2卷）》（1928）中的《淮南子校补》、《三余札记（3—4卷）》（1938）中的《淮南子校录拾遗》等名篇。另一方面，这种"山重水复疑无路"般的式微直接开启了其现代意义上的义理研究，如胡适著《淮南王书》②（1931）就是较有影响的代表作，此是后话。

　　《淮南子》凭借其广博知识和深邃思想，与道家学说一起深深地影响了一代又一代中国人。然而，《淮南子》成书后不久就被汉武帝束之高阁以至于原著失传，甚至为之作注的早期许慎注本和高诱注本也都散佚。然而，后世考据大家，尤其是清代王念孙、钱塘、陶方琦等学者，持续专注于《淮南子》辑佚、辨伪、校勘、考证、训诂和笺释等考据工作，终于大致辨清众多流行注本中的许慎注文和高诱注文，并在此基础上大致恢复《淮南子》的原貌，在某种意义上终于使得刘安所编《淮南子》重见天日，于传承优秀典籍文化而言真是功莫大焉。可以说，《淮南子》失不可得，却终而复现，不能不归功于这一批批考据学者的长期坚守和努力，也是传统考据研究之贡献的一个完美脚注。

　　另须说明一点，把《淮南子》传统考据研究叙述的下限划至当代中国改革开放前，主要原因有三点：（1）清代乾嘉学派堪称中国传统考据学的巅峰，按理其后应有一个下坡或式微阶段，也即民国至当代中国改革开放前。实际上，中国大陆的杨树达、台湾的于大成、香港的刘殿爵乃至日本的铃木隆一和马来西亚的郑良树都可归为其代表性人物，也都是以考据类的著作而知名，将在后文有所涉及。（2）就《淮南子》研究

---

① 杨树达于1924年开始研究《淮南子》，1936年初步完成书稿《淮南子证闻》，抗日战争时期陆续多次修改，新中国成立后反复修订。从出版情况看，《淮南子证闻》1953年初版（中国科学院），1985年出版校订本（上海古籍出版社），2006年再版（上海古籍出版社）。

② 胡适《中国中古思想史长编》（1930）第五章，后于1931年由上海新月书店单独发行，是现代《淮南子》思想研究的奠基性作品。

而言，因历史和社会发展等诸多原因，真正有影响的相关现代义理研究是在改革开放奠定较为宽松的学术研究氛围之后出现的。（3）从中国知网《淮南子》文献数量上看，改革开放前相关《淮南子》思想和义理研究的论文数量基本可以忽略。仅以利用中国知网数据库进行检索①为例，1934—1978 年间只刊发了 57 篇②，手工检验剔除王振铎《司南指南针与罗经盘——中国古代有关静磁学知识之发现及发明——（上）》③、刘云友《中国天文史上的一个重要发现——马王堆汉墓帛书中的〈五星占〉》④、刘致中《斥所谓秦始皇"缓刑罚薄赋敛"的谬论》⑤3 篇与主题《淮南子》无甚关联的文献，共得有效文献 54 篇，为进一步分析，现简列如下（见表 1-1）：

表 1-1　1934—1978 年《淮南子》研究文献统计

序号	题名	作者	来源	发表时间	数据库	被引	下载
1	"闾左"辨疑	卢南乔	历史研究	1978/11/15	期刊	8	315
2	西汉汝阴侯墓出土的占盘和天文仪器	殷涤非	考古	1978/9/25	期刊	42	708
3	中国逻辑思想史稿（连载之二）	周文英	江西师院学报	1978/6/30	期刊		77

① 这是最近的一次更新，之前于 2019-02-17、2019-06-06、2020-10-16、2021-04-22 分别系统地检索过；笔者希望能够反映最新情形，又因书稿要交付，只能更新至检索当日，即 2022-10-02。

② 用主题"淮南子"进行精确检索，以最早一篇文献的刊发年度为时间起点。实际上，中国期刊全文数据库收录文献自 1915 年至今、中国博士学位论文全文数据库收录文献自 1984 年至今、中国优秀硕士学位论文全文数据库收录文献自 1983 年至今、中国重要会议论文全文数据库收录文献自 1953 年至今、中国重要报纸全文数据库收录文献自 2000 年至今、中国学术辑刊全文数据库收录文献自 1979 年至今，也就是说 1915—1933 年没有多少文献。

③ 详见《考古学报》1948 年 3 期。

④ 详见《文物》1974 年 11 期。

⑤ 详见《开封师院学报》（社会科学版）1978 年 5 期。

序号	题名	作者	来源	发表时间	数据库	被引	下载
4	辞书涉议两题	蒋礼鸿	杭州大学学报（哲）	1978/6/30	期刊		60
5	商君书札记	彭铎	西北师大学报（社）	1978/6/10	期刊	1	93
6	《孙膑兵法·官一》试解	张震泽	辽宁大学学报（哲）	1978/3/2	期刊	2	83
7	马王堆出土《老子》乙本前古佚书探原	龙晦	考古学报	1975/10/15	期刊	42	522
8	是《墨子》引《老子》还是《淮南子》引《老子》？	田宜超 黄长巩	文物	1975/9/28	期刊	3	116
9	道家与西汉儒法斗争	澜思	历史研究	1975/6/15	期刊	2	219
10	马王堆出土《老子》乙本卷前古佚书的研究——兼论其与汉初儒法斗争的关系	唐兰	考古学报	1975/4/15	期刊	218	1977
11	《齐民要术·序》节译	吉林大学师生	吉林大学学报（自）	1974/10/1	期刊		47
12	长沙新发现的西汉帛画试探	安志敏	考古	1973/1/15	期刊	85	861
13	汉简年历表叙	陈梦家	考古学报	1965/12/15	期刊	26	789
14	芍陂水利的历史研究	钮仲勋	史学月刊	1965/3/22	期刊	10	232
15	论声母分合（续）——《扬雄方言音辨》问题之一	黄绮	河北大学学报（哲）	1964/4/1	期刊	2	196

续表

序号	题名	作者	来源	发表时间	数据库	被引	下载
16	战国秦汉时代纺织业技术的进步	孙毓棠	历史研究	1963/6/15	期刊	24	550
17	论声母分合（续）——《扬雄方言音辨》问题之一	黄绮	河北大学学报（哲）	1963/4/2	期刊	1	152
18	汉代的农业经济循环论	胡寄窗	江汉学报	1963/3/22	期刊	2	175
19	评高邮王氏四种	裴学海	河北大学学报（哲）	1962/12/31	期刊	30	685
20	女娲传说史实探源	吴泽	学术月刊	1962/5/1	期刊	4	244
21	"淮南子·天文训"述略	席泽宗	科学通报	1962/4/1	期刊	13	352
22	居延汉简札记	邵友诚	考古	1962/1/14	期刊	2	205
23	新序校证	赵仲邑	中山大学学报（社）	1961/8/29	期刊	2	154
24	阳燧非透镜辨——与王燮山、杨宽二位教授商榷	洪震寰	物理通报	1960/7/29	期刊	3	57
25	渔业史话	为群	中国水产	1960/7/15	期刊		31
26	陈着《中国古代天文学简史》的质疑	岑仲勉	中山大学学报（社）	1960/6/29	期刊		152
27	论《淮南子书》的思想	周辅成	安徽史学	1960/4/30	期刊	4	130
28	《淮南子》在天文学上的贡献	吕子方	安徽史学	1960/3/1	期刊	7	156

序号	题名	作者	来源	发表时间	数据库	被引	下载
29	我国古代的球面镜及其他	洪震寰	杭州大学学报	1960/3/1	期刊	1	35
30	关于"汉代生产工具——舀"一文的补充	于豪亮	考古	1960/1/10	期刊	1	160
31	先秦道家哲学主要名词通释	冯友兰	北京大学学报（人文）	1959/8/29	期刊	29	1667
32	我国古代的物候观测	陆仁寿	华东师范大学学报（自）	1959/8/29	期刊	1	136
33	中国古代的朴素唯物论与祖国医学的发展	张从辛	兰州医学院学报	1959/7/2	期刊		72
34	汉代石刻冶铁鼓风炉图	叶照涵	文物	1959/1/31	期刊	9	179
35	曾国藩的政治思想批判	景珩	学术月刊	1958/12/27	期刊	1	231
36	跋六壬式盘	严敦杰	文物参考资料	1958/7/30	期刊	22	485
37	关于秦汉间的系词"是"	周光午	武汉大学人文科学学报	1958/5/15	期刊		37
38	西汉以前几种动物分类法的疏证（摘要）	邹树文	动物学杂志	1958/1/31	期刊	2	93
39	对陈遵妫先生"中国古代天文学简史"中关于盖天说的几个问题的商榷	唐如川	天文学报	1957/7/2	期刊		118

序号	题名	作者	来源	发表时间	数据库	被引	下载
40	汉代哲学思想中关于原始物质的理论	王明	哲学研究	1957/6/30	期刊	4	118
41	瑕丘江公作"穀梁传"的推测	金建德	人文杂志	1957/6/30	期刊	16	82
42	郭沫若先生"管子集校叙录"之商榷	王欣夫	学术月刊	1957/6/30	期刊	6	1137
43	论在古代汉语中为不能作语气词	张志明	西北大学学报（哲）	1957/4/2	期刊		40
44	中国古典哲学中若干基本概念的起源与演变	张岱年	哲学研究	1957/3/2	期刊	33	914
45	论西周时代的农业生产	杨宽	学术月刊	1957/3/2	期刊	11	267
46	如何通过神话认识中国原始时代人们与自然的斗争	万九河	东北师大学报（自）	1956/3/1	期刊	1	102
47	如何通过神话认识中国原始时代人们与自然的斗争	万九河	东北师范大学科学集刊	1956/3/1	期刊		48
48	释殷代求年于四方和四方风的祭祀	胡厚宣	复旦学报（人文）	1956/1/31	期刊	186	1971
49	月令考	杨宽	齐鲁学报	1941/5/1	期刊	29	878
50	伯益考	杨宽	齐鲁学报	1941/3/2	期刊	3	292
51	二十四气与七十二候考（续）——Ⅲ七十二候研究	宛敏渭	气象杂志	1935/3/15	期刊	5	324

续表

序号	题名	作者	来源	发表时间	数据库	被引	下载
52	二十四气与七十二候考	宛敏渭	气象杂志	1935/1/15	期刊	5	339
53	天问释天	闻一多	清华大学学报（自）	1934/8/29	期刊	9	596
54	赵王迁订误		河南大学学报	1934/6/30	期刊		49

客观而言，这 54 篇文献中兼有考据论证类和义理研究类，前者如《论〈淮南子书〉的思想》（1960），后者如《赵王迁订误》（1934），这倒也符合本书所界定的过渡阶段特征。稍加分析文献数量就能看到，所涉 54 篇文献历时 45 年（1934—1978），年均 1.2 篇，相较于后文检索到的 3613 篇[①]，历时近 43 年（1979—2021），年均多达 86.58 篇[②]，相关研究论文数量确实严重不足。另外，所涉 54 篇文献中题目含有"《淮南子》"的仅有 5 篇；作者当中虽然不乏闻一多、冯友兰、张岱年等大家，但专门研究《淮南子》或以研究《淮南子》而出名的大家着实是少之又少。

---

① 本书最近一次检索更新的时间为 2021-05-02，其中 2021 年实发文献 15 篇，也就是说 1979-01-01 至 2021-05-02 实发 3613 篇《淮南子》研究文献，参见第一章第四节"近四十三年文献计量分析"。

② 用 1979-01-01 至 2021-05-02 实发《淮南子》研究文献 3613 篇来计算 43 年（1979-01-01 至 2021-12-31）《淮南子》研究文献总数或年均文献数都是不科学的。为体现最新研究成果，我们希望统计及分析能够囊括最近一年（2021-01-01 至 2021-12-31）文献最新情况；另一方面 2021 年《淮南子》研究文献数量绝不是 2021-01-01 至 2021-05-02 实发的 15 篇，可能与 2021-01-01 至 2021-12-31 中国知网预测要发的 125 篇更为接近。进而言之，1979-01-01 至 2021-12-31 《淮南子》研究文献总数不应是 1979-01-01 至 2021-05-02 实发的 3613 篇，而应是 1979-01-01 至 2021-12-31 的预测总数 3723 篇，因此最近 43 年（1979—2021）《淮南子》研究文献总计为 3723 篇，平均每年发表约 86.58 篇，参见第一章第四节"近四十三年文献计量分析"。

概而言之，本书将传统考据研究时期和现代义理研究时期的分界点定在十一届三中全会召开的1978年。如此划分，既与研究文献的内容及数量一致，又与改革开放营造出较为宽松的学术氛围的历史时期大致吻合，显得相对合理科学。

第二节　现代义理研究之发展

一、义理研究发展伴有传统考据

上文将1978年作为传统考据研究时期和现代义理研究时期的分界点，但需要说明的是，这只是一个大致的阶段划分，初衷之一是为了便于深入地探讨学术，但实际上这两个阶段各自都存在考据研究和义理研究，并各有相应的研究成果，只是在研究侧重点、研究成果及其数量等方面表现出较为明显的差异。因此，在探讨现代义理研究阶段时，既需要关注传统考据研究阶段的相关义理研究，以期较为完整地展现《淮南子》义理研究的历史脉络；同时也要关注现代义理研究阶段的相关考据研究，方可较为全面地展现《淮南子》义理研究阶段的整体面貌。

这就需要先从考据研究式微的民国说起，以刘文典和胡适等为代表的一批大师和学者研究《淮南子》，而且颇有建树。其中，刘文典及其相关作品前文已有涉及，其考据性质的《淮南鸿烈集解》（1923）堪称《淮南子》校勘集大成者，将在论述《淮南子》版本时再进一步重点展开。胡适（1891—1962），新文化运动的领导者之一，学术研究遍及文学、史学、哲学、教育学、考据学以及红学等众多领域。胡适对《淮南子》

研究的主要成果体现在 1930 年写就的《中国中古思想史长编》，翌年上海新月书店将其第五章抽出单独发行，是为《淮南王书》（1931）。1932年，胡适将此书郑重其事地专呈蒋介石以请"参考"；1962 年，台湾商务印书馆出版其影印本之际，胡先生欣然作序，可是数易其稿仍觉不满，直到撒手人寰，终成憾事，足以证明胡先生对《淮南王书》的重视与珍爱。《淮南王书》共有六个章节，依次是"淮南王和他的著作""论'道'""无为与有为""政治思想""出世的思想""阴阳感应的宗教"，深入地探讨了《淮南子》学说流派、政治思想和"出世"思想，开启了现代意义上的《淮南子》义理研究，堪称"《淮南子》思想研究的首创者"（谢昭新，2011：149）。

《淮南子》现代义理研究发轫于民国，但进展缓慢，胡适著《淮南王书》之后的近半个世纪几无可圈可点的研究成果，无论在内容上还是数量上都不足以成为一个崭新的开端。再往后考察，《淮南子》研究就迎来了一个百花齐放的阶段，义理类研究代表性著作有牟钟鉴《〈吕氏春秋〉与〈淮南子〉思想研究》（1987，2013）、戴黍《〈淮南子〉治道思想研究》（2005）、孙纪文《淮南子研究》（2005）、陈静《自由与秩序的困惑——〈淮南子〉研究》（2004）、马庆洲《淮南子考论》（2009）、陈广忠《淮南子科技思想（增订本）》（2017）、高旭《道论天下：〈淮南子〉思想史论（全二册）》（2018b）、高旭《大道鸿烈——〈淮南子〉汉代黄老新"道治"思想研究》（2020e）等；同时，亦不乏有影响的考据类著作，如陈一平《淮南子校注译》（1994）、张双棣《淮南子校释》（1997，2013）、何宁《淮南子集释》（1998）、赵宗乙《淮南子译注》（2003）、陈广忠《淮南子译注（全二册）》（2016）等。

这一论断也可用中国知网数据库检索相关文献加以佐证，只是知网数据库文献所含图书类著作甚不全面，尚不足以说明代表性成就。为与后文统一，检索文献包括学术期刊、学位论文、会议（国内会议、国际会议）、报纸、图书①、学术辑刊、特色期刊七类文献，但基本能说明问题。其中，1934—1978 年间共发文献 54 篇②，年均 1.2 篇；1979—2021 年间共发文献 3723 篇③，年均近 86.58 篇。也就是说 1979—2021 年期间，平均每年刊发的论文数量超过了 1934—1978 年发表总数的 1.60 倍，绝对是一个阶段性飞跃。有关 1979—2021 年 3723 篇④ 文献之统计、分析和综述，留待第四节"近四十三年文献计量分析"专题深入探讨。

　　要而言之，现代义理研究可指与传统考据研究相对应的一类重视思想内容及其学术性的研究，其发轫于民国，兴盛于改革开放之后。现代义理研究亦可视为一个历史阶段⑤，当然其显著性特征是义理研究，时间起点当是新中国改革开放；另外，前文已经把《淮南子》传统考据研究叙述至改革开放前，其现代义理研究之崭新阶段自然地也就应该从改革开放之后计起。当然，现代义理研究阶段的研究兼涉考据和义理，以义理为重。下文综述现代义理研究阶段的《淮南子》研究文献，即先宜分为传统考据类研究和现代义理类研究，再分别按各自突出的主题内容分门别类地依次陈述。

---

① 中国知网提供的图书类文献不够全面，数量少。为补此憾，在前文梳理"义理类研究代表性著作"和后文综述"《淮南子》的普及译、注本"时，我们特意选列了重要的代表性图书类著作；另一方面，所谓"义理类研究代表性著作"和"《淮南子》的普及译、注本"绝大多数都是重要的代表性图书类著作，这也在一定程度上体现出本书探讨研究的合理性。

② 具体统计过程详见本章第一节"传统考据研究之贡献"相关陈述。

③ 具体统计过程详见第二节相关陈述。

④ 为与前文一致，此处同样采用中国知网预测值来计算文献总数（3723 篇）和年均文献数（86.58 篇）。另一方面，第一章第四节"近四十三年文献计量分析"在统计和分析与文献相关的来源、学科、作者、基金、主题等分布情况时又只能依据实际检索并甄别出的实发有效文献，也即 3613 篇，特此说明。

⑤ 将现代义理研究视为一个历史阶段，逻辑上更精准的措辞应是"现代义理研究阶段"。然而，在实际的语言生活中并非一切都是严格地合乎逻辑，如"现代义理研究"，其实也可视为一个历史阶段，原因可能是其措辞中含有"现代"这个时间表述。

如同前文在论述《淮南子》传统考据阶段，尤其是其式微、即将转入义理研究阶段时，仍客观地陈述该阶段一些有代表性的义理研究成果。同理，此处虽聚焦于现代义理研究阶段，但仍需要客观地提及该阶段一些有代表性的考据类学术成果。事实上，改革开放初期，中国好多领域都百废待兴，对于文化典籍乃至传统文化的传承尤显迫切，对包括《淮南子》等在内的诸多古代典籍进行译注、释义、考证等研究，仍然是当时的一项重要课题。

1.《淮南子》的普及译、注本：主要有《淮南子译注》（陈广忠，1990，2016）、《淮南子校注译》（陈一平，1994）、《淮南子全译》（许匡一，1993）、《淮南子校释》（张双棣，1997，2013）、《淮南子集释》（何宁，1998）、《淮南子直解》（刘康德，2001）、《淮南子译注》（赵宗乙，2003）、《淮南鸿烈解》（陈广忠，2012b）。另，值得一提的就是作为浩大工程之一的汉英对照版《淮南子（套装3册）》（翟江月今译，翟江月、牟爱鹏英译），排版先原文、后白话文、再英译文，既可视为普及本，又可视为译本，也是本书用作对比研究的译本之一。

2.《淮南子》的语词释义及考证研究：代表性的有《〈淮南子〉分音词试释》（许匡一，1996）、《〈淮南子〉单音节词的同义关系格式》（蒋洪峰，2006）。另，泉州师范学院赵宗乙教授曾做过系列研究，如《〈淮南子·天文训〉语辞管见》（2007a）、《〈淮南子·原道训〉语辞管见》（2007b）、《〈淮南子·俶真训〉语辞札记》（2007c）、《〈淮南子·地形训〉语辞札记》（2008）、《〈淮南子·时则训〉语辞札记》（2009）。

二、现代义理研究由拓展到绽放

从内容上说，现代义理研究是传统考据研究的自然延展；从时间上看，现代义理研究阶段又是传统考据研究的自然延伸。民国后，传统考据研究日渐式微；另一方面，现代义理研究却悄然萌发并持续不断地拓展开来，及至改革开放后终于华丽地绽放。进而言之，改革开放之后相关《淮南子》研究不仅数量呈井喷式猛增，而且文献质量亦步步高升，具体表现为研究属性开始由考据转向义理，并逐渐成为主流，研究主题开始迅速突破政治、哲学和文学等传统领域，进而拓宽至伦理学、生态学、民俗学、心理学乃至养生学等各个层面。下文在义理研究范畴下，就文献内容分成十一个方面加以简述。

1.《淮南子》的政治学研究。《淮南子》成书的一个主要历史任务就是阐述刘安的政治理念和抱负，从政治视角研究《淮南子》也就成为一个传统阵地，早期的研究集中在《淮南子》的社会历史观（鲁人，1980；周叶君，2012；李小二，2012；冯闻文，2016；高旭，2018a）、政治思想（于首奎，1989；王沁凌，2015；郑开，2019；李悦，2020；吴明风，2020）等方面；最近30年的研究重点有社会管理（吕有云，2004；高巍然，2007；闫楷文，2010；谢璐，2012；唐兴来、朱玉胜，2013；李玉用、刘柯言，2014；霍耀宗，2017）、治国思想（金春峰，2008；陈广忠，2008；林飞飞，2009；李秀华，2009a；唐国军，2011；高旭，2015，2020a；杨萍，2019）、民本思想（李明山，2010；宋辉、宋晓璐、王林，2013；李旻，2017a，2021）、君主观（张小宁，2010；夏依甜，2013；李秀华，2017；张萍，2017；李素军，2020）、廉政思想（方川，2013；高旭、孙功，2013；董小改，2014；马育良、郭文君，2015；崔兰海，2015；应克荣，2015；杨柳，2017），以及综合研究（马庆洲，2001，2010；孙纪文，2004；赵欣，2010；王水香，2016；徐要龙，2020）等。

2.《淮南子》的哲学研究。相关哲学研究主要集中在以"道"及"无为"为核心的辩证思想上，如《淮南子》将传统的矛盾范畴"无为"与"有为"统一起来，构建了一个具有同一性的"无为"哲学体系，从而在老庄消极"无为"思想的基础上提出一种崭新的哲学观，为个人充分发挥主观能动性提供哲学依据（吴方桐，1984；张运华，1996；陈静，1996；赵妙法，2006）。近期的研究还有《冲突与医治：〈淮南子〉化解危机的哲学》（张立文，2010）、《〈淮南子〉无为思想研究》（冷金兰，2011）、《近代哲学视界中的〈淮南子〉》（魏义霞，2012）、《〈淮南子〉的哲学思想》（罗毓平，2012）、《"治在道，不在圣"——一个失落的传统：道法家政治哲学发微》（王四达，2013）、《论淮南子政治哲学的施政原则》（李旻，2017a）、《〈淮南子〉对无为概念的新定义及理论贡献》（李秀华，2017）、《试论〈淮南子〉的"无为而治"》（徐岚，2019）、《〈淮南子〉生死哲学论析》（闫伟，2019）、《〈淮南子〉"太上之道"诠义》（高旭，2020a）和《如何"无为"？——论〈淮南子〉的"因"与"执后"》（王效峰，2021）等。

　　3.《淮南子》的文学研究。学界较统一的看法是，《淮南子》是一部有着很高文学价值的著作（吕书宝，2007；杜绣琳，2016；高旭，2020b），普通高校通用的面向21世纪教材《中国文学史》曾予以高度评价，认为《淮南子》"多用历史、神话、传说、故事来说理，具有很强的文学色彩……行文多形容铺张，繁富有序，颇重语言的修饰和整饬。大量排比式的句子，与陆贾、贾谊等人的文章共开后世骈文之先河"（袁行霈，2003：195—196）。除了直接探讨其文学价值及手法外（张文琪，2012；朱晓晖，2012；段永升，2016；应克荣、方川，2018），书内的神话、寓言、成语典故、历史故事及其艺术性亦是研究的热点（方川，2006；赵自勇，2009；刘秀慧、白庆新，2012；董小改，2012；洪森，2014，2015；马雪平，2017；李书慧，2020；赵威，2021）。总之，《淮南子》文学方面的研究甚多，限于篇幅此处不便展开。

　　4.《淮南子》的伦理学研究。《淮南子》相关伦理学研究主要集中在人性论和道德修养方面，稍早一点如《淮南子》为融合儒、道两家相关人性论成一体，在叙事中一直在寻找儒家和道家人性争论中的相同基础：天人相通。进而言之，儒家之"善"与道家之"真"相通于"诚"，也即"诚"既有"善"义又有"真"义，从而说明了儒、道人性统一的可能（吴方桐，1984）。稍后有专家认为，《淮南子》人性论并非绝对的道家人性论，而是兼收并蓄地吸纳了儒家的相关思想（吕锡琛、龙国智，2003；戴黍，2005）；也有专家指出，《淮南子》在继承道家自然中心主义之衣钵的基础上，进一步"发展完善了中国古代生态伦理中人与自然和谐共生的思想，其丰富的生态伦理思想为现代生态伦理学提供了养料"（林飞飞、高旭，2013：51）。此外，近年来涌现出的代表性作品还有《〈淮南子〉伦理思想：道、儒、法之融合》（莫楠，2017）、《人学视域下〈淮南子〉的家庭思想》（钱善刚，2017）、《〈淮南子〉政治伦理思想研究》（杨柳，2017）和《〈淮南子〉环境伦理思想解析》（王宇祯，2018）等，都有一定深度的论述，颇值一读。

5.《淮南子》的生态学研究。道家理论的深处蕴藏着"自然之道"的朴素生态学思想，尊崇老庄之道的《淮南子》也是一脉相承。有学者概括，《淮南子》体现出来的和谐生态思想主要包括顺天意、遵时序、以时禁发、保护野生动物资源、合理利用及培植植物资源、使自然资源的开发及利用步入良性循环状态，相关生态发展论的主要内容有肯定人对自然生态环境合理、适度的改造，构建生物进化发展的图谱（张弘，2004；梅磊，2009；张维新，2010；斯洪桥，2014；唐述壮，2018）。近来有学者指出，《淮南子》以道家思想为主，综合了诸子百家学说的精华部分，其蕴含的生态思想主要有人与自然和谐的生态自然观、物无贵贱的生态价值观和自然无为的生态实践观等，这些丰富的生态思想有利于促进人与自然的和谐，有利于促进自然价值和人类价值的统一，有利于现代社会的科学发展，甚或可以说，《淮南子》蕴含的丰富生态思想

"不仅给东方传统生态文化的复兴带来了希望，更为生态保护和人类未来的发展提供了理论思想"（沈京杰，2019：23）。也有学者指出，《淮南子》基于朴素唯物主义自然观的哲学理性，前瞻性地把人与自然对立的矛盾放在维护汉王朝经济社会和谐稳定的政治大局的高度加以审视，提出"这种现象如不及时以法制止，令人警醒，而是任其泛滥，必然会造成自然资源的破坏、社会的混乱不安，甚至会葬送高祖先皇们创立的国泰民安的政治局面"，实是从自然与社会辩证统一的高度发出的充满政治良知及人性正义的呐喊，其见解之精辟、思想之深刻，可谓振聋发聩，回荡至今（张纯林，2020）。这些深入探讨，对于当前国内的生态文明建设和世界的和平发展有着重要的借鉴与启示作用。

6.《淮南子》的心理学研究。《淮南子》对于人之性、欲及情等心理属性均有论及，早在 1982 年，燕国材就在专业性期刊《心理学报》上评论过《淮南子》的心理学思想，后来唐劭廉和吕锡琛曾将散见于《淮南子》各篇中相关道德心理认知理论的零星论述集中置于现代道德心理学的视野下，从道德认知的双重建构、人性前提、反应模式及认知途径四个方面，深入探讨了《淮南子》赖以建构的道德认知图式，进而水到渠成地阐明了其现实意义（唐劭廉、吕锡琛，2002）。之后两人又联手以论纲的形式从理论的高度追问《淮南子》中的道德心理学思想及其哲学底蕴，进而阐明其道德心理论述在现代的重要意义（唐劭廉、吕锡琛，2004），具有一定的开拓性和代表性。此外，诸如《论〈淮南子〉关于性、欲、情的心理学思想》（高汉声，1984）、《〈淮南子〉中的犯罪心理学思想》（艾永明、朱永新，1988）、《再评〈淮南子〉的心理思想》（燕国材，1988）、《〈淮南子〉人力管理的心理学思想》（朱永新、范庭卫，1999）和《〈淮南子〉心理学思想及其现代意义》（吕锡琛，2000）等早期代表性作品，以及诸如《〈淮南子〉的忧乐观及其廉政思想》（高旭，2012）、《〈淮南子〉论人性的弊端》（张亘稼，2014）和《〈淮南子〉"根心说"音乐思想研究》（张方，2020）等近期代表性作品，都是基于《淮南子》对特定心理现象的论述而展开的深入探讨，具有一定的启发性。

7.《淮南子》的民俗学研究。早在 1997 年，曹晋就撰文论述了《淮南子》体现出来的"宏博通达的民俗观"，概述了其中的神话、寓言及民俗事象，从而得出《淮南子》"在民俗学方面的价值也尤值一提"的观点（曹晋，1997：77）。进入 21 世纪后，萧晓阳在考证端午的起源时就较为倚重《淮南子·天文训》和《淮南子·时则训》等篇章对火与南方关系的描述，尤其是对芒种时节诸多农事以及与农事相关习俗的记载，提出端午原为岁时节气，"最初与夏至时间相重，后逐渐演变为以五月初五为端午，而当伍子胥、屈原、介子推等具有重大社会意义的人物、事件与五月五日联系起来以后，端午从一个纯粹的节气纪念日演化为社会性的节日"（萧晓阳，2005：53），可谓有理有据，易让人信服。刘道超在探讨汉代择吉民俗的发展及其特征时则更加倚重《淮南子》，无论是在论述汉代五行寄生十二宫、三合理论、五行生旺理论，还是众多与阴阳术数相关的择吉习俗及其特征时，都大量地引用了《淮南子·天文训》的有关文字记录及表述，认为"两汉时期出现了建除家、五行家、堪舆家等多家择吉流派，社会上出现了各种各样的择日专历，最后导致择吉日书与历书相结合，使汉代成为我国择吉黄历草创的重要时期"（刘道超，2006：133）。此外，赵亚宏和孙文采（2013）论述"民俗"的出源及其文化内涵与功能，王瑞芹（2017）以徐州出土汉代造物设计为例探讨汉代民俗文化观念对造物设计的影响，也都能从《淮南子》中找到佐证性材料。近年来中国民俗学会副会长董晓萍撰文，认为 20 世纪 80 年代后国际民俗学界吸收巴赫金的理论，使得民俗学从文本研究转向文化研究，21 世纪国际民俗学界又吸收新马克思主义学说，使得民俗学研究再转向民俗的社会性、物质性和宗教性研究；另一方面，在这些转向过程中一些历史经典中的民俗母题研究始终是热点，如《淮南子》《晏子春秋》

《搜神记》《水浒传》等名著中历史经典与民俗母题交织，且思想内容浩繁，进而言之，"中国富于历史经典和民俗母题，两者都是国家整体文化的重要财富和民族骄傲，中国民俗学者可以通过开展这方面的研究对外提供中国经验"（董晓萍，2019：47）。由此可以看出，《淮南子》确实可以视为民俗学研究的宝库。

8.《淮南子》的养生学研究。《淮南子》养生学研究是世纪之交才开拓的一个崭新领域。中国社会科学院的胡孚湘教授无疑是开拓者之一，他认为《淮南子》属黄老学派，对人体和养生的研究是其重要组成部分：《淮南子》阐述了与天地相应的身心理论，论述了养生的三个层次，即养形、养气和养神，还进而超越单纯养生范畴把养生治身、体道学道和治国经世统一起来，构成了具有传统特色的养生思想文化，可以说"《淮南子》的人体观和养生论对后世医学和道家养生术产生了重大影响。其形气神和精气神的理论构成中医学基础的一个重要组成部分，至少起了补充和促成的作用"（胡孚湘，1992：65）。此外，新千年之前刊发的《〈淮南子〉论养生》（王云度，1995）、《〈淮南子〉儒道结合的养生论》（张运华、何国庆，1996）、《西汉刘安论养生》（张永芳，1997）等研究成果在某种程度上都有一定的开拓性。进入新千年后，钱善刚（2001）撰文探讨《淮南子》中的相关生命哲学思想，将其对生命的珍视与呵护称为养生论，主要包括养形、养气和养神三种方法；林琳（2003）将《黄帝内经》与《淮南子》对比研究并以此完成医学方向的博士学位论文，似乎让人感受到《淮南子》里洋溢着当代的养生理念；几乎是同期，杭州师范学院体育与健康学院的唐赤蓉（2003）撰文全面论述了《淮南子》的养生理论，形、气、神各处其位且各守其职，宜以养神为主，需克服物欲与情志对养生的危害。2010年后，淮南师范学院应克荣（2012）将《淮南子》中的养生理论与营养饮食结合起来，指出《淮南子》强调"食者民之本也"，并主张均衡营养、适时养生等观念。潘秋平、张晓利和段晓华（2014）将《黄帝内经》和《淮南子》所阐述的养生思想进行对比，发现两者有颇多相似之处，如二者养生的共同原则都是"体道"，二者具体的养生方法都是形神兼养，进而认为"《内经》、《淮南子》所重视的体道、太上养神、静以养神、动静结合、劳逸适度等养生思想，反映了秦汉时期的养生特色，也是中国传统养生文化的重要组成部分"（潘秋平、张晓利、段晓华，2014：297）。宋辉和付英楠（2015）认为，《淮南子》在道家思想发展史上处于承先启后的重要地位，其养生思想继承了老庄道家的养生精髓并有所发展，具体来说包括养生的根本在清静无为，形神气统一且重在养神，养生要避免情绪大起大落，养生要调和性情，反对过度养生等思想理念，对于当下物质生活日益丰富的人们如何提高生活的质量富有一定启发。刘丽和刘玮玮（2019）基于《淮南子》以气释道的合理性，深入地论证了气在人之身体层面的呈现，"即气作为形、神的中介"（刘丽、刘玮玮，2019：2486），进而指出《淮南子》气论中所蕴含的医学养生思想在根本上"是立足于一种修养论的，通过身心的修养与气质的变化，就可以让欲望蒙蔽的自然心性回复到和谐平衡的境界"（刘丽、刘玮玮，2019：2488）。陆耿（2021）认为要全面地认识《淮南子》的养生思想，必须从《淮南子》的现有文本去解读，《淮南子》对养生的阐述散见于《淮南子》二十篇，但各篇具有内在逻辑关联，个体养生的理论最终服务于其著的目的，即为汉武帝提供治世"参考"，也就是说"《淮南子》养生主张的终极目标是治世"（陆耿，2021：23）。最后有必要说明两点：一是《淮南子》蕴含着丰富的养生理念，但毕竟是两千多年前撰写而成，限于当时的科技水平及认知水平，不宜对其过度解读乃至于迷信；二是解读其养生理念需要基于文本的自身表述，需要基于作者的著述目的，从这个角度分析陆耿的论述无疑具有一定的借鉴意义。

9.《淮南子》与其他典籍的比较研究。从渊源上说，《淮南子》以老庄道家思想为纲，兼采诸子百家之长，以期完成一个能说明万事万物之真相的理论体系，以供帝王统治之需。这使得《淮南子》可以从各个方面展开探讨研究，也可以和大多数典籍加以对比研究，而且都有一定的学术意义和实践价值。目前《淮南子》与其他典籍的比较研究主要集中在以下方面:《淮南子》与《吕氏春秋》对比研究（董志铁，1989；刘康德，2006；来永红，2013；王磊，2014；宋克宾，2014；颉玉燕，2015；刘承华，2018）.《淮南子》与《老子》对比研究（潘存娟，2007；陈青远，2011；谷中信一、孙佩霞，2016；王硕，2017；马启俊，2017a；李旻、马颖，2018）.《淮南子》与《庄子》对比研究（邓联合，2010；李惠芬、赵强，2013；应克荣、方川，2017；赖升宏，2018；马启俊，2017b，2021）.《淮南子》与《文子》比较研究（张丰乾，1998；葛刚岩，2005；郭梨华，2009；苏晓威，2013；苏晓威，2015；姜李勤，2017；关亚婷，2018）.此外还有《淮南子》与非道家典籍的比较研究，如《〈淮南子〉与〈论语〉文艺思想比较研究》（邸维寅，2011）、《〈淮南子〉引〈论语〉考》（陈颖，2012）、《探究制胜之道，揭示战争规律——读〈孙子兵法〉与〈淮南子·兵略训〉》（张建设，2018）和《〈淮南子〉与〈孙子兵法〉军事思想探析》（孟祥运，2018）等，甚至还有《淮南子》同时和多种典籍的对比研究，如《〈庄子〉〈文子〉〈淮南子〉重文研究》（聂麟枭、聂中庆，2015）、《〈淮南子〉中儒墨形象研究——兼与〈庄子〉〈韩非子〉比较》（方娟，2015）、《"虚"之精要乃在"极"——对〈老子〉〈孙子〉〈淮南子〉的"虚"观念进行梳理》（王硕，2017）和《"感应论"音乐美学的理论自觉——〈吕氏春秋〉〈淮南子〉〈乐记〉的论乐理路》（刘承华，2018）等。上述所涉研究主要是探讨《淮南子》与其他典籍在体系、内容及思想方面的异同，当然它们之间的交叉关系也是研究的重要方面。

10.《淮南子》译介传播及翻译研究。笔者相对较为熟悉这一领域，不妨稍加展开，分别从研究阶段和研究程度两个方面概述《淮南子》译介传播及翻译研究情况。国内《淮南子》译介传播及翻译研究可以划分为两个阶段，即开拓阶段和深入阶段。在第一阶段，国内《淮南子》译介及翻译研究领域主要是丁立福（2015，2016a，2016b）、陈云会（2015，2016）、杨凯（2016）、李志强（2016）、孟庆波和高旭（2018）等五六位学者开辟的。若论《淮南子》译介成果，该阶段仅见相关论文近十篇，主要有《再现伦理视阈下〈淮南子〉首个英文全译本研究》（陈云会，2015）、《国外首部〈淮南子〉英语全译本研究》（丁立福，2015）、《中国文化走出去大背景下典籍顺译范例：〈淮南子〉翻译研究》（丁立福，2016b）、《〈淮南子〉对外译介传播研究》（丁立福，2016a）、《"丰厚翻译"视角下的约翰·梅杰〈淮南子〉英译本研究》（杨凯，2016），《〈淮南子〉在英语世界的译介》（陈云会，2016）、《谈〈淮南子〉英译中的训诂问题》（李志强，2016）和《西方汉学中的〈淮南子〉翻译与研究——基于英文书籍的文献史考察》（孟庆波、高旭，2018）。进一步分析就可发现，第四、第六和第八篇属于《淮南子》译介研究，只有第一、第二、第三、第五和第七篇才是《淮南子》翻译研究，而且基本是对马译本 The Huainanzi 的研究。这些也可视为《淮南子》翻译研究开拓阶段的特征。到了《淮南子》翻译研究的第二阶段即深入阶段，又有一些年青学者参与进来。近年来的代表性作品有《"整合适应选择度"标准下〈淮南子〉中医养生术语英译比较研究》（谭小菊，2019）、《生态翻译学视角下〈淮南子〉养生术语英译比较研究》（谭小菊、张焱，2019）、《论中国典籍译介之"门槛"——以〈淮南子〉英译为例》（丁立福，2019b）、《中、外英译〈淮南子〉副文本风格对比研究》（丁立福，2019a）、《论〈淮南子〉译介研究新成果及其汉英平行语料库研制》（丁立福，2020a）、《国内外〈淮南子〉英译出版及学界接受对比研究——以国内全译本 Huai Nan Zi 和国外全译本 The Huainanzi 为例》（丁立福，2020b）、《〈淮南子〉英译对比研究——以〈女娲补天〉文本探究为例》（张小娥，2020）、《基于语料库计量语言特征的译者风格研究——以〈淮南子·时则训〉三译本为例》（刘睿，2020）、《中国古代天文术语的英译策略——以约翰·梅杰翻译的〈淮南子·天文训〉为例》（刘睿、刘卉，2020）、《〈淮南子〉汉英平行语料库建设及应用前景》（王翙、张瑞娥、韩名利，2021）。进一步观察就会发现，开拓《淮南子》翻译研究的第一批学者中只有丁立福仍然活跃在第二阶段，作者中间出现了一些新面孔；语料库新方法、生态翻译学新理论等被引入《淮南子》翻译相关研究中，相关研究成果数量明显增多。这些是《淮南子》翻译研究深入阶段的基本特征。

　　另一方面就研究程度而言，《淮南子》译介传播及翻译研究要较《道德经》《庄子》等道家典籍的翻译研究滞后得多，原因主要可以概括为以下三点：（1）《淮南子》自诞生起便"被"束之高阁，之后虽有学者不断为之校注进而较为成功地传承了下来，但其实际影响力确实要逊色一些。（2）因前述原因，《淮南子》进入西方传教士及汉学家的视野较迟，尤其是第一个全译本（英语）直到 2010 年才诞生，使得无论国内还是国外的相关译介及翻译研究都延迟了许多。随着全译本的问世，相关研究开始出现，主要集中在《淮南子》译介传播研究和首个英语全译本 The Huainanzi 的翻译研究，前者有《〈淮南子〉对外译介传播研究》（丁立福，2016a）和《〈淮南子〉在英语世界的译介》（陈云会，2016），后者有《再现伦理视阈下〈淮南子〉首个英文全译本研究》（陈云会，2015）、《国外首部〈淮南子〉英语全译本研究》（丁立福，2015）和《"丰厚翻译"视角下的约翰·梅杰〈淮南子〉英译本研究》（杨凯，2016）。整体观之，相关研究集中于近几年，但是所发期刊级别有待提高，或许昭示着相关研究正需走向深入。

　　11.《淮南子》其他相关研究。眼下《淮南子》研究领域迅速拓宽至其他方面，诸如军事（龚留柱，2003；徐剑，2007；林飞飞，2008；高旭，2013；李旻，2017b；孟祥运，2018）、法律（林超，2009；谢璐、陈宏光，2012；强星星，2015；王运红，2016）、美学（李黎，2008；方川，2009；谢娜，2012；何亦邨，2013；王维，2015；周婷，2017；祁海文，2019；杨石磊、何艳珊，2020；高旭，2020d）、音乐（张静亚，2010；刘兴海，2013；李延飞，2016；刘承华，2018；张方，2020）乃至"淮南文化"及"淮南学"研究（王传旭、方川，2006；张子贺，2006；方川，2007；方川，2011；邢勤锋、张飞霞、郭丽娜，2017；陆耿，2019；张纯林，2021；高旭，2020c；高旭，2021）等，不一而足。最后尚需说明三点：（1）第十一个方面即"《淮南子》其他相关研究"，其措辞、分类及梳理实想从逻辑上能够涵盖前述十个方面未及的所有研究成果，以免挂一漏万；（2）第一至十一个方面的概括及例举都是不完全的，限于篇幅只能让读者朋友以斑见豹了；（3）此处的梳理和概述可以与后文第四节"近四十三年文献计量分析"结合起来阅读，或许会更有启迪。

可以说，传统的考据学研究及其成果的出版有助于提高《淮南子》普及的速度和程度；现代的义理研究，有助于深入挖掘《淮南子》本身蕴藏的价值，从而为当下的思想文化建设提供文化资源。但是，至今涉猎《淮南子》中外翻译研究的学者人数过少，与《淮南子》博大精深的思想内容及其应有的学术地位极不相称。这种状况极其不利于《淮南子》的对外传播，进而有碍于相关思想文化的海外传播和进一步发展。

第三节 港台之别样译介传承

一、香港《淮南子》之译介

先有必要说明一点：此处单辟一节用以专门探讨香港及台湾地区的

相关《淮南子》研究，其起点宜暂定为 1949 年。这是新中国成立的时间，自此蒋介石退至台湾地区，独立主权意义上的中华民国便不复存在，而且其时台湾也中断了与大陆的联系，直至 1993 年第一次"汪辜会谈"后两岸开始努力在经济、文化、科技、青年等领域进行有限合作与交流。也是在 1949 年，香港也因历史原因而暂时与新中国中断所有联系，直至 1982 年英国首相玛格丽特·撒切尔夫人访华与邓小平谈判香港归属问题及 1984 年中英两国正式签署《中英联合声明》，香港与内地才开始有实质性的交流。进而言之，港台在 1949 年之后的数十年内，其在思想、文化等方面必将开始逐渐积淀自己的特质，因此从 1949 年开始较为合理；另一方面，港台地区也没有在特定的某年开始像大陆这样的改革开放，因此新中国改革开放之年显然不宜作为港台地区文献划分阶段的依据。因此，前文第一、二部分在陈述传统考据研究和现代义理研究时将分界点定为 1978 年是整体而言的，但在陈述民国时期相关研究文献时只能截止于 1949 年前。鉴于种种特殊缘由，非常有必要在国内研究综述之下单列一小节，专门陈述港台地区的《淮南子》研究文献，合理的时间起点应为 1949 年，之前的相关文献可归属为大一统的国内研究范畴，即由汉唐、经宋元、历明清直至民国为止。

　　事实上，香港和台湾历来是中国统辖的固有领土，神圣不可侵犯；两岸三地的文化传统及其学术研究有着内在的沿袭性，显然不能归为海外，因此相关文献综述内容也绝不可置于国外《淮南子》研究综述之中。但是历史发展到近现代，因外族入侵、政党论争等原因导致香港隶属于英国统治百余年，台湾统一问题至今仍未得到解决；在这些特殊历史时期，两岸三地间几乎没有及时、顺畅的学术交流，使得港台地区的《淮南子》研究既渐有自己特色，又鲜为大陆学者知晓。是故，非常有必要在此单列一节进行梳理，意在表示港台研究文献仍应归于国内研究范畴，但另一方面，港台相关研究又有别于大陆的研究，开始呈现出自己的特色。

　　客观而言，港台地区也一直有一批专家在关注和研究《淮南子》，如刘殿爵、何志华、王叔岷、于大成、李增等学者大家，另外，麦文郁[①]、吴顺令[②]、曾锦华[③]、唐瑞霞[④]、庞静仪[⑤]、陈怡君[⑥]、陈婷姿[⑦]、杨婉羚[⑧]、陈丽桂[⑨]、郭立民[⑩]、陈德和[⑪]、李庆豪[⑫]等研究《淮南子》撰写的硕、博士学位论文已有一定规模。稍加对比和思考就会发现，港台地区《淮南子》研究文献的差别主要有两点：（1）数量上，香港地区相关文献要绝对地少于台湾，上述专家学者中仅刘殿爵和何志华是香港人，其余均为台湾人。究其原因，是香港把部分人力和资源放在了英语语言文化的接受和研究上，而台湾相对而言则把更多的人力和资源放在本民族语言及传统文化的传承和研究上；另外，自1842年起，英国就强占香港并一直对其进行殖民管辖，也在某种程度上使香港相较于台湾而言远离了中国传统文化。（2）内容上，香港地区相关文献侧重于译介，相对地台湾侧重于传承。究其原因，是香港曾由英国实施管辖，中、西语言文化在此交

① 详见1960年台湾大学硕士学位论文《淮南子引用先秦诸子考》。
② 详见1984年台湾师范大学硕士学位论文《淮南子之政治思想研究》。
③ 详见1987年台湾政治大学硕士学位论文《吕氏春秋十二纪纪首、淮南子时则训及礼记月令之比较研究》。
④ 详见1994年台湾成功大学硕士学位论文《淮南鸿烈文学思想研究》。
⑤ 详见2002年台湾师范大学硕士学位论文《〈淮南子·地形〉的地理观》。
⑥ 详见2003年台湾大学硕士学位论文《〈淮南鸿烈〉中"无为"概念之探讨》。
⑦ 详见2007年台湾"清华大学"硕士学位论文《〈吕氏春秋〉与〈淮南子〉的思想融合与历史意识》。
⑧ 详见2008年台湾中国文化大学硕士学位论文《〈淮南鸿烈〉气论思想研究》。
⑨ 详见1983年台湾师范大学博士学位论文《淮南鸿烈思想研究》。
⑩ 详见1988年台湾政治大学博士学位论文《淮南子政治思想之研究》。
⑪ 详见1996年台湾中国文化大学博士学位论文《〈淮南子〉哲学之研究：以"道"、"气"、"人"为核心的展开》。
⑫ 详见2021年台湾大学博士学位论文《〈淮南子〉"瓌异型王政论"之展开暨其思想史流衍》。

汇、碰撞并融通，翻译、交流和传播自是大事；相较而言，台湾"接纳"了蒋介石，自然也就与中国传统文化更为亲近，传承、研究和发展才是大事。限于篇幅，下文仅详细探讨对研究和译介《淮南子》做出过重大贡献的代表人物，分别是香港的刘殿爵、台湾的于大成及其高徒陈丽桂。

香港有关《淮南子》文献最重要、最有影响的是《淮南子》译介作品，代表人物是刘殿爵教授。刘殿爵（1921—2010），祖籍广东番禺，生于香港，长于香港。刘殿爵先生早年入读香港大学中文学院，1942 年因香港沦陷提前毕业，1946 年前往英国格拉斯哥大学深造，1949 年博士毕业后在伦敦大学任职，其间高质量地翻译了《道德经》(1963)、《孟子》(1970) 和《论语》(1979)。刘氏典籍译本，被国际公认为中国典籍《道德经》《孟子》《论语》的标准英译文，是许多西方学者研究中国传统文化史的入门必读译本，由此奠定了其在中国典籍翻译领域的权威地位。刘殿爵自 1978 年返港出任香港中文大学中文系讲座教授，直至 1989 年荣休，后由校方终身聘为中文系荣休讲座教授和中国文化研究所荣誉教授。刘先生逝世后，香港中文大学中国文化研究所下属机构中国古籍研究中心于 2012 年被冠名为"刘殿爵中国古籍研究中心"，即是彰显其对学校以及中国古籍研究等方面的重大贡献。在香港中文大学执教期间，刘先生曾接替全汉升连续 16 年主编《中国文化研究所学报》(1979—1995)，并长期带领团队耗费大量财力和精力终于在 1992 年建成了中国先秦两汉全部传世文献计算机化数据库，并于 1992—2007 年间编撰出版了"先秦两汉古籍逐字索引丛刊"及"魏晋南北朝古籍逐字索引丛刊"（中后期开始携手陈方正和何志华共同主编），为中国古籍文献的电子化和历史传承做出了重要贡献。刘先生一生醉心于中国传统典籍的研究、整理和出版，亦身体力行地研究、整理和译介《淮南子》。早在 1967 年，刘先生就撰写出《读〈淮南鸿烈解〉校记》，是隶属于具有文本校注性质的研究文献；于 1996—2005 年间，先后在《中文学刊》发表典籍韵律方面的系列学术论文，其中《〈淮南子览冥·精神·本经·主术〉韵读》产生了较大影响；2010 年逝世，仍留有遗作《〈淮南子〉韵读及校勘》，并由香港中文大学出版社于 2013 年出版。《〈淮南子〉韵读及校勘》广纳诸家所长，兼有自己的真知灼见，其行文亦极富文采，堪称"继清儒王念孙《淮南子韵谱》之后最精彩的《淮南子》韵读研究"（丁立福，2016：76）。此外，刘殿爵先生在《淮南子》译介和传播方面的重要成果还有：一是与美国学者安乐哲合译了《淮南子》第一篇 *Yuan Dao: Tracing Dao to Its Source* (1998)，"为迄今最准确的英译本"（陈广忠，2011：29）。二是领衔主编了《〈淮南子〉逐字索引》（1992），成为美国学者马绛领衔英译《淮南子》时主要参考的重要底本，也是众多同行了解和研究《淮南子》的工具性权威读本。三是影响并带动了周围一批学者从事相关《淮南子》的研究和译介。例如，刘先生执教香港中文大学所提携的"古籍逐字索引丛刊"合作主编何志华也在《淮南子》研究领域颇有建树，陆续撰写出《论〈淮南子〉高诱注与〈文子〉之关系》（1993）、《〈淮南子〉高诱注校释》（1998）和《高诱注解发微：从〈吕氏春秋〉到〈淮南子〉》（2007）等作品，现任香港中文大学中国文学系主任和刘殿爵中国古籍研究中心主任；另外，其在执教伦敦大学亚非学院时曾聚集了一批对中国文化感兴趣的门生，有后来成为国际知名汉学家的安乐哲教授，也有后来成为第 26 任香港总督尤德爵士夫人的彭雯丽女士（Pamela, Lady Youde）。

二、台湾《淮南子》之传承

香港重在译介《淮南子》是英国一度管辖及其特定历史使然，但是台湾地方政权是由中国大陆迁移过去的，是负有传承并发展传统文化之责任的，因此台湾相关《淮南子》之文献主要是传承和研究类，也即兼有考据类和义理类研究，其代表人物当首推于大成教授，再者就是其高徒陈丽桂教授。于大成（1934—2001），1934 年生于山东章丘，先后毕业于山东济南市县学街小学、台北市师院附中和台湾大学。于先生大学毕业后继续深造，1962 年以《文字集释》获台湾大学硕士学位，1970年以《淮南子校释》获台湾师范大学博士学位。随后，于先生出任淡江大学中文系副教授兼主任，1974 年晋升教授，并被高雄师范大学聘为专任教授，1983 年出任成功大学文学院院长，同期在台湾大学、政治大学、文化大学及台湾师范大学兼授《诗经》、《庄子》、《淮南子》、先秦诸子、书法研究、中国文学史等相关课程。于大成先生一生勤奋写作，著作等身，已出版著作《淮南论文三种》《古典文学研索》《理选楼论学稿》《文字文学文化》《中华艺术大观（四）——书法》《书法教师手册》，另有论文散见于《台大文史哲学报》《台湾政治大学学报》《高雄师院学报》《台湾"中央图书馆"馆刊》《中山学术文化集刊》《孔孟学报》等刊物，"总计不下八百余篇"（蔡翔宇，2007：99）。仅就于大成治《淮南子》而言，其代表性著作有《淮南子校释》（1970）、《淮南论文三种》（1975）、《淮南子》（1977）、《刘安》（1987）、《淮南子的文学价值》（1982）①和《淮南鸿烈论文集》（2005）②等，代表性论文有《从杂家思想到淮南子》③《淮南王书考》④《六十年来之淮南子学》⑤等数十篇。

可以说，在台湾《淮南子》研究界，于大成绝对是一个承上启下的大学者，所论"承上启下"应有两种含义：（1）就前文把《淮南子》研

---

① 此是《中国文学讲话》第一册第三篇的一章内容。台湾中华文化复兴运动推动委员会、台湾文艺基金管理委员会主编《中国文学讲话》共计 10 册，台北巨流图书公司出版，1982—1987 年。

② 于先生 2001 年逝世，此是其遗著，由里仁书局出版。

③ 详见《中文季刊》1972 年 4 期。

④ 详见《中山学术文化集刊》1975 年 4 辑。

⑤ 详见于大成、陈新雄主编：《淮南子论文集》（第一辑）（西南书局有限公司，1979年，第 132—176 页）。

究划为传统考据研究阶段和现代义理研究阶段而言，于大成处在过渡时期，在考据研究和义理研究两个方面都有标志性成果，前者有《淮南子校释》（1970）和《淮南子今注今译》（1977）等，后者有《淮南子的文学价值》（1982）和《淮南鸿烈论文集》（2005）[①]等。可谓上承《淮南子》考据研究并集之大成，下启《淮南子》义理研究之现代风气。（2）在《淮南子》研究人才培养方面，于大成也是身体力行，堪称承上启下的大学者，上承其师王叔岷及林尹等考据学者，下启陈丽桂和白光华等知名学者。白光华，加拿大著名汉学家，2003 年联手法国学者雷米·马修合译了《淮南子》在法语世界的第一个全译本，即 *Philosophes taoïstes II: Huainan zi*，将在后文详细展开。至于于大成高徒陈丽桂[②]，对照着简说三点：（1）其博士学位论文《〈淮南鸿烈〉思想研究》（1983）由于大成和高明教授指导，30 年后的 2013 年在花木兰文化出版社出版，篇幅由 14 万字增补至 28.5 万字。另一方面，陈丽桂博士学位论文属于义理性探讨，其师于大成博士学位论文《淮南子校释》则属考据性研究，可谓徒弟在继承师傅衣钵中开拓创新，实现了由传统考据向现代义理的转变和传承。（2）其代表论文《八十年来〈淮南子〉研究目录》（1991）及其姊妹篇《〈淮南子〉研究八十年》（1995）与其师于大成代表性论文《六十年来之淮南子学》（1979）可谓一脉相承，共同构成了解 20 世纪中间八十年《淮南子》研究状况的经典文献。（3）其今译本《新编淮南子》[③]（2002）集校、注、译于一本，与其师今译本《淮南子今注今译》

---

① 之前还有《淮南论文三种》（台湾文史哲出版社，1975），含《淮南王书考》《淮南杂志补正》《淮南鸿烈佚文考》，主要属于考据类，亦含义理探讨。

② 陈丽桂（1949—），文学博士，曾任台湾师范大学国文学院院长，现为其特聘教授，擅长先秦哲学、两汉学术、出土文献、黄老思想，尤其是《淮南子》研究；40 余年来共撰写专著 10 余部和学术论文 40 余篇，大都研究《淮南子》、道家思想文化及其历史，如近期著作《汉代道家思想》（北京中华书局，2015）。

③ 由台湾编译馆出版、鼎文书局总经销，共计 1607 页。

（1977）在某种程度上共同推动了《淮南子》在台湾地区的普及和传承。概而言之，于大成和陈丽桂本是师徒，著述均佳，共同成为台湾地区研究和传承《淮南子》的代表人物。

第四节　近四十三年文献计量分析

一、文献发表趋势

本节《淮南子》研究文献的计量分析仅限于国内相关文献的统计、观察和分析，因为国外相关研究文献数量相对要少得多，其规模尚不足以进一步做计量层面的统计、观察和分析。至于国外相关《淮南子》研究的重要文献，必要时将在第四章"《淮南子》国外译介研究"中一并加以论述，会更加合理一些。本节拟从计量学层面，专门搜集、统计、分析并论述现代义理研究阶段的所有文献（1979—2021）。当然，在中国知网数据库检索并甄别得到的所有文献，既有传统考据类的文献，也有现代义理研究类的文献——这种区分在本节研讨时不予考虑，原因有三：（1）将研究文献划分为传统考据类和现代义理类的目的已经达到。将《淮南子》文献依其内容倾向划分为传统考据和现代义理是为了定性综述国内研究状况，兼及国内《淮南子》研究历史阶段划分。这一定性探讨已在第一节得以解决，没有必要继续纠缠。（2）本节主旨是在数据或计量学层面宏观探讨现代义理研究阶段[①]的总体趋势和特征，亦无必要继续抱着传统考据和现代义理分类的做法亘古不变。（3）如此众多文

---

① 前文已经论述，现代义理研究阶段始于 1979 年。

献——人工甄别并分类不太现实，而且有些文献兼有考据和义理探讨，如何干净利落地合理科学划分着实不易，而且这般划分此时已经没有什么新的研究目标和意义了。

因此，最终将所需检索文献发表的起讫时间定为"1979-01-01"和"2021-05-02"，以主题或题名或 title 为"淮南子"对中国知网总库进行精准检索，共得 3637 篇文献。然后人工逐一校验，除去会议、投稿须知、资讯类等文献 24 篇，共得有效文献 3613 篇（含中文图书 6 部、外文图书 3 部）。稍加对比 1934—1978 年共发的文献 54 篇，就可先期自然地得出相关 1979—2021 年所发文献的两点发现：（1）文献数量上突飞猛进，呈几何级数上升；（2）文献质量上步步高升，具体表现为研究属性开始由考据转向义理，而且义理逐渐成为主流，研究范围开始迅速突破政治、哲学和文学，进而拓宽至伦理学、生态学、民俗学、心理学乃至养生学等各个层面。下文就对这 3613 篇有效文献从各个角度进行统计、分析和论述，以便最大限度地了解现代义理研究阶段《淮南子》研究的整体趋势和各种特征。

1979—2021 年共发与"淮南子"主题适切的文献合计 3613 篇，其中2010 年最多为 218 篇，1979 年最少为 10 篇。为了显示 43 年来《淮南子》研究文献产出的总体趋势及阶段特征，现按每年度产出文献的具体数量进行统计，制成 1979—2021 年《淮南子》研究文献发表趋势图（见图 1-1）：

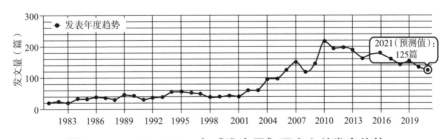

图 1-1　1979—2021 年《淮南子》研究文献发表趋势

从上图可以看出，研究文献发表总体趋势是上涨的，仅单纯从绝对数量视角大体可以分为以下三个阶段。（1）起步阶段（1979—1993）：这 15 年间共发表成果 452 篇，年均 30 余篇；另一方面，除 1979 年是 10 篇、1980 年是 15 篇外，其余 13 年都在 20 篇以上，而且没有超过 50 篇的年份。（2）发展阶段（1994—2005）：这 12 年间共发表成果 686 篇，年均超过 57 篇。需要说明的是，把发展阶段的起始年定在 1994 年，主要是因为这一年首次突破 50 篇，实发 56 篇，随后其余年份均在 50 篇左右，没有突破 100 篇的年份；把下限定在 2005 年，是因为该年实发 98 篇，已经接近 100 篇。另外，产出从 50 篇到 100 篇是个翻倍的过程，时间跨度为 12 年，与之前的 15 年的起步阶段和之后 16 年的兴盛阶段基本相当。（3）兴盛阶段（2006—2021）：这 16 年间共发表成果 2585 篇①，年均超过 161 篇，其中 2010 年发文多达 218 篇，是迄今为止的巅峰年度。需要说明的是，把兴盛阶段的起始年定在 2006 年，主要是与发展阶段的划分相衔接，其时间跨度为 16 年，与之前 15 年的起步阶段、12 年的发展阶段基本相当；最根本的原因当是这一年实发 126 篇，首次突破 100 篇大关，而且其余年份都在 120 篇以上，除 2008 年实发 119 篇之外②。

二、文献资源类型

中国知网将所收录的文献资源分为学术期刊、学位论文（又分为博士、硕士）、会议（又分为国内会议、国际会议、会议视频）、报纸、年鉴、图书（又分为中文图书、外文图书）、专利（又分为中国专利、海外

---

① 最近一次检索更新的时间是 2021-05-02，此处为合理起见，2021 年文献以中国知网提供的预测值 125 篇计算，年均也以预测值进行计算。需要强调的是，此后的文献计量分析均以实际数量为准。

② 2008 年中国遭遇了"非典"事件和汶川地震，各种活动和社会经济发展均有所放缓。

专利）、标准（又分为国家标准、行业标准、标准题录、企业标准、职业标准）、成果、学术辑刊、古籍、法律法规、政府文件、科技报告、政府采购、工具书、特色期刊、视频等。本次检索甄别所得 3613 篇有效文献主要涉及学术期刊、学位论文、会议、报纸、图书、学术辑刊、特色期刊七大类。

为进一步明晰起见，宜把学位论文分为博士论文和硕士论文，把会议论文分为国内会议论文和国际会议论文①；另一方面，图书原本可分为中文图书和外文图书，但总共只有 9 本，绝对数量过小，故可暂且不分②。因此，本次检索甄别所得 3613 篇有效文献，按文献资源类型分成学术期刊、博士论文、硕士论文、国内会议、国际会议、报纸、图书、学术辑刊、特色期刊九个类别进行统计，制成资源类型分布表（见表 1-2）：

表 1-2 1979—2021 年《淮南子》研究文献资源类型分布统计

排名	文献资源类型	文献（篇）	排名	文献资源类型	文献（篇）
1	学术期刊	1991	6	报纸	97
2	硕士论文	527	7	国内会议	55
3	博士论文	403	8	国际会议	22
4	特色期刊	293	9	图书	9
5	学术辑刊	216		总计	3613

从上表可以看出，《淮南子》研究文献资源类型大体可以分为三大阵营：（1）第一方阵是学术期刊论文，共 1991 篇，超过文献总量的一半，约占 55.10%，可谓一家独大。（2）处于第二方阵的是博士学位论文和硕

① 会议视频数量为 0，故而不再另行列出。
② 录入中国知网的中文图书和外文图书尚在完善中，数量不全，从而不具有代表性。相关《淮南子》的中外文著作可参考本书第一章、第三章和第四章相关部分。

士学位论文，共计930篇，占文献总量的四分之一强，约25.74%，具有相当大的阵容。（3）第三方阵包括国内会议、国际会议、报纸、图书、学术辑刊和特色期刊论文，共计692篇，占文献总量的19.15%。另从实际影响力看，学术论文尤其是有重要影响的学术论文大都发表在学术期刊上；博士、硕士学位论文的内容创新和学术影响力也不可小觑；相对而言，报纸、国内外会议、学术辑刊和特色期刊论文的学术含量要求会低一些，无论是在内容创新还是格式规范方面。因此，相关《淮南子》文献无论是从数量还是实际影响看，学术期刊论文毫无疑问属于第一世界，相当于"超级大国"；博士、硕士学位论文属于"发达国家"，其综合实力着实强大；报纸、国内外会议、学术辑刊和特色期刊论文则属于"第三世界"，在学术界的实际影响力相对较弱。

三、文献来源分布

所涉3613篇文献主要源自淮南师范学院学报、山东大学、淮南日报、安徽大学、陕西师范大学、古籍整理研究学刊等期刊或单位。现取文献来源前四十的期刊或单位，并制成表1-3：

表1-3　1979—2021年《淮南子》研究文献来源统计（TOP 40）

排名	来源	文献（篇）	排名	来源	文献（篇）
1	淮南师范学院学报	58	7	陕西师范大学	27
2	山东大学	52	7	古籍整理研究学刊	27
3	淮南日报	41	9	管子学刊	26
3	吉林大学	41	10	诸子学刊	25
5	华东师范大学	38	10	东北师范大学	25
6	安徽大学	35	12	华中师范大学	24

续表

排名	来源	文献（篇）	排名	来源	文献（篇）
12	复旦大学	24	27	安徽理工大学学报（社）	16
14	山东师范大学	23	27	四川大学	16
14	文史知识	23	27	苏州大学	16
16	西南大学	22	27	湖南师范大学	16
16	西北师范大学	22	31	文史哲	15
18	西北大学	21	31	河北大学	15
18	浙江大学	21	31	文献	15
20	福建师范大学	20	34	曲阜师范大学	14
20	武汉大学	20	34	河北师范大学	14
20	南京大学	20	34	江汉论坛	14
23	安徽大学学报（哲）	18	34	孔子研究	14
23	四川师范大学	18	38	古籍研究	13
25	兰州大学	17	38	汉字文化	13
25	中国社会科学报	17	40	中国哲学史	12

通过上表，可观察分析出以下几点：（1）从数量上看，其来源可以分为三个阵营。其中，贡献 30 篇文献以上的有淮南师范学院学报、山东大学、淮南日报、吉林大学、华东师范大学和安徽大学 6 家，当属于第一方阵，平均超过 44 篇。其中，淮南师范学院学报贡献最多，高达 58 篇。贡献 20—29 篇文献的有陕西师范大学、古籍整理研究学刊、管子学刊、诸子学刊、东北师范大学和华中师范大学等 16 家，可归于第二方阵，平均超过 23 篇。贡献 12—19 篇文献的期刊或单位分别是安徽大学学报（哲）、四川师范大学、兰州大学、中国社会科学报和安徽理工大学学报（社）等 18 家，属于第三方阵，平均超过 15 篇。（2）从贡献大小

来看，前十名几乎贡献了所涉文献的半壁江山①，共贡献文献 395 篇，约占总数②的 44%。（3）安徽省内的几所高校和期刊对《淮南子》研究贡献较为突出。如淮南师范学院学报、淮南日报、安徽大学、安徽大学学报（哲）和安徽理工大学学报（社）5 家单位或期刊③，共发文献 168 条，据此可以制成相应的分布图（见图 1-2）：

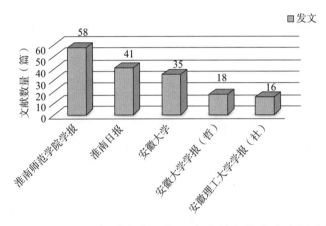

图 1-2　1979—2021 年《淮南子》研究文献安徽省内主要来源分布

应该说，《淮南子》是西汉初年淮南王刘安在淮南国编著的一部百科全书式鸿篇巨制，其对诸子百家的融合尤其是对道家的发挥使得本身自成一家，后经历史积淀而成为淮南文化的核心成分。甚或可以说，"淮南国第四任'淮南王'刘安带领其门客开展《淮南子》的撰著及相关文学、文化创作活动，围绕《淮南子》，刘安把'淮南文化'发展推入了一个新高潮"（方川，2011：114）。如今，淮南王已成荒冢一堆，淮南国亦成历史符号，唯独"生于斯、长于斯"的淮南文化一如既往地继续滋养着这方热土以及生活在这方热土之上的劳动人民。例如，2016 年 11 月

① 诸子学刊和东北师范大学均贡献 25 篇，并列第十名。
② 排名前四十的文献来源所贡献的文献总数是 908 篇。
③ 单位和期刊发文可能存在交叉情况，为保持客观和清晰起见，单位和期刊暂不合并处理，例如不把安徽大学和安徽大学学报（哲）合并起来进行统计。

二十四节气被联合国教科文组织正式列入"人类非物质文化遗产代表作名录",主要得归功于《淮南子》最早完整地记录中国古人通过观察太阳运行而形成的时间知识体系即二十四节气,并使得其与华夏的农耕文化一同流传至今。再如,2018 年 5 月淮南市顺利地荣膺中国民间艺术家协会授予的"中国成语典故之城"荣誉称号,即是受益于天下奇书《淮南子》的成语传承及其文化沐浴。总之,相较而言,淮南市及其人民更有责任继续挖掘、传承《淮南子》及其文化;当然,所谓"近水楼台先得月",淮南市及其人民更有优势挖掘好、传承好《淮南子》及其文化,从而为发展淮南地方文化乃至整个民族文化增砖添瓦。由图 1-2 可以发现,所涉淮南地方的三种期刊,即《淮南日报》《淮南师范学院学报》《安徽理工大学学报(社)》,共发文献 115 篇,约占图中所涉文献总数的 68%。其中,《淮南日报》是淮南市委机关报,肩负着引领全市主流媒体和打造地方文化的重大职责;《淮南师范学院学报》和《安徽理工大学学报(社)》分别是淮南师范学院和安徽理工大学主办的学术期刊,而且这两所大学现为淮南市的最高学府,自然肩负着传承与发展地方文化的独特使命。一言以蔽之,这三家期刊在刊发相关《淮南子》成果文献乃至地方文化作品方面责无旁贷,实际上也是贡献多多,其中《淮南师范学院学报》贡献最大,共发文 58 篇,超过三种期刊发文总数的 50%,实实在在独占半壁江山。

另值一提的是,笔者在与安徽大学陈广忠教授沟通的过程中,得知陈教授从事《淮南子》研究 40 多年,出版有关专著 33 部,其中有关《淮南子》的研究专著 20 多部,另发表论文 90 余篇。

四、文献学科分布

中国知网系列资源统一分为十大专辑,即基础科学、工程科技Ⅰ辑、工程科技Ⅱ辑、医药卫生科技、信息科技、农业科技、哲学与人文科学、社会科学Ⅰ辑、社会科学Ⅱ辑和经济与管理，专辑之下又可进一步分为168个专题。这十大专辑及其所涵盖的168个专题，与教育部《学位授予和人才培养学科目录设置与管理办法》（2018年更新）或《普通高等学校本科专业目录（2021年修订版）》的学科体系不完全一致，故有必要先按照中国知网的阐述和实际操作做个较为全面而又简洁的说明。基础科学①是指以自然现象和物质运动形式为研究对象，探索自然界发展规律的科学，其专辑包括自然科学理论与方法、数学、非线性科学与系统科学、力学、物理学、生物学、天文学、自然地理学和测绘学、气象学、海洋学、地质学、地球物理学、资源科学13个学科。工程技术是指工程实用技术，通常是许多学科的综合运用，可进一步分为工程科技Ⅰ辑和工程科技Ⅱ辑。其中，工程科技Ⅰ辑主要是化工技术及相关学科的文献集合，包括化学、无机化工、有机化工、燃料化工、一般化学工业、石油天然气工业、材料科学、矿业工程、金属学及金属工艺、冶金工业、轻工业手工业、一般服务业、安全科学与灾害防治、环境科学与资源利用14个学科；工程科技Ⅱ辑主要是机械、建筑、运输及相关学科的文献集合，包括工业通用技术及设备、机械工业、仪器仪表工业、航空航天科学与工程、武器工业与军事技术、铁路运输、公路与水路运输、汽车工业、船舶工业、水利水电工程、建筑科学与工程、动力工程、核科学技术、新能源、电力工业15个学科。医药卫生科技是以治疗、预防生理疾病和提高人体生理机体健康为目的的相关技术科学，其专辑包括医药卫生方针政策与法律法规研究、医学教育与医学边缘学科、预防医学与卫生学、中医学、中药学、中西医结合、基础医学、临床医学、感染性

---

① 对专辑"基础科学"的阐述及其下辖学科的统计都采用中国知网官方表述，其余九个专辑同此，详见 https://www.cnki.com.cn/, retrieved on 12th June, 2022。

疾病及传染病、心血管系统疾病、呼吸系统疾病、消化系统疾病、内分泌腺及全身性疾病、外科学、泌尿科学、妇产科学、儿科学、神经病学、精神病学、肿瘤学、眼科与耳鼻咽喉科、口腔科学、皮肤病与性病、特种医学、急救医学、军事医学与卫生、药学、生物医学工程 28 个学科。信息科技是指以信息为研究对象，以计算机等技术为研究工具，以扩展人类的信息功能为目标的技术科学，其专辑包括无线电电子学、电信技术、计算机硬件技术、计算机软件及计算机应用、互联网技术、自动化技术、新闻与传媒、出版、图书情报与数字图书馆、档案及博物馆 10 个学科。农业科技是指用于农业生产方面的科学技术以及专门针对农村生活方面和专业的农产品加工技术，其专辑包括农业基础科学、农业工程、农艺学、植物保护、农作物、园艺、林业、畜牧与动物医学、蚕蜂与野生动物保护、水产和渔业 10 个学科。哲学是指关于世界观的学说，人文科学是指以人的社会存在为研究对象，以揭示人的本质和人类社会发展规律为目的的科学，哲学与人文科学专辑共包括文艺理论、世界文学、中国文学、中国语言文字、外国语言文字、音乐舞蹈、戏剧电影与电视艺术、美术书法雕塑与摄影、地理、文化、史学理论、世界历史、中国通史、中国民族与地方史志、中国古代史、中国近现代史、考古、人物传记、哲学、逻辑学、伦理学、心理学、美学、宗教 24 个学科。社会科学是指以社会现象为研究对象的科学，主要任务是研究与阐述社会现象及发展规律，可进一步分为社会科学Ⅰ辑和社会科学Ⅱ辑。其中，社会科学Ⅰ辑侧重于政治、军事和法律相关学科，包括马克思主义、中国共产党、政治学、中国政治与国际政治、思想政治教育、行政学及国家行政管理、政党及群众组织、军事、公安、法理与法史、宪法、行政法及地方法制、民商法、刑法、经济法、诉讼法与司法制度、国际法 17 个学科；社会科学Ⅱ辑侧重于社会、人口和教育研究，包括社会科学理论与方法、社会学及统计学、民族学、人口学与计划生育、人才学与劳动科学、教育理论与教育管理、学前教育、初等教育、中等教育、高等教育、职业教育、成人教育与特殊教育、体育 13 个学科。经济学是对人类经济活动和经济关系进行研究的学科总称，管理学是研究管理活动的基本规律和一般方法的科学，是一门综合性的交叉学科，经济管理专辑包括宏观经济管理与可持续发展、经济理论及经济思想史、经济体制改革、经济统计、农业经济、工业经济、交通运输经济、企业经济、旅游、文化经济、信息经济与邮政经济、服务业经济、贸易经济、财政与税收、金融、证券、保险、投资、会计、审计、市场研究与信息、管理学、领导学与决策学、科学研究管理 24 个学科。

由上可见，十大专辑及其辖下 168 个学科（专题）①，按中国知网的相关阐述及划分体系看显然是按学科进行归类和划分的，而且中国知网提供的相关可视化分析也是基于 168 个学科进行的，因此专辟本小节进行文献学科的统计和分析。涉及《淮南子》的 3613 篇有效文献所归属的学科，我们按照相关文献数量取排名前四十的学科，制成表 1-4：

表 1-4 1979—2021 年《淮南子》研究文献学科统计（TOP 40）

排名	学科	文献（篇）	排名	学科	文献（篇）
1	哲学	885	8	图书情报与数字图书馆	111
2	中国文学	683	9	中医学	103
3	中国语言文字	435	10	文化	85
4	中国古代史	242	11	中国通史	84
5	考古	207	12	美术书法雕塑与摄影	71
6	音乐舞蹈	127	13	旅游	68
7	宗教	113	14	中等教育	66

---

① 下文相关表述一律选用"学科"代替"专题"。

续表

排名	学科	文献（篇）	排名	学科	文献（篇）
15	政治学	45	27	文艺理论	15
16	美学	37	27	初等教育	15
17	法理与法史	34	27	建筑科学与工程	15
18	伦理学	33	31	教育理论与教育管理	14
19	外国语言文字	32	31	环境科学与资源利用	14
20	天文学	26	33	中国民族与地方史志	13
21	军事	21	34	人物传记	12
21	企业经济	21	34	中国共产党	12
23	自然科学理论与方法	17	36	世界文学	11
24	医学教育与医学边缘学科	16	36	出版	11
24	中国政治与国际政治	16	38	体育	10
24	史学理论	16	39	宏观经济管理与可持续发展	9
27	地理	15	39	行政学及国家行政管理	9

通过上表，可观察分析出以下几点：（1）从文献数量上看，所涉学科同样可以分为三个阵营。文献超过100篇的学科有哲学、中国文学、中国语言文字、中国古代史、考古、音乐舞蹈、宗教、图书情报与数字图书馆、中医学9个学科，当属于第一方阵；文献数在20—99篇的学科有文化、中国通史、美术书法雕塑与摄影、旅游、中等教育、政治学、美学、法理与法史、伦理学、外国语言文字、天文学、军事、企业经济13个学科，可归于第二方阵；文献数在9—19篇的学科有自然科

学理论与方法、医学教育与医学边缘学科、中国政治与国际政治、史学
理论、地理、文艺理论、初等教育、建筑科学与工程、教育理论与教育
管理、环境科学与资源利用、中国民族与地方史志、人物传记、中国共
产党、世界文学、出版、体育、宏观经济管理与可持续发展、行政学及
国家行政管理 18 个学科，可纳入第三方阵。（2）从文献占比来看，排
名前二十四的学科总共有文献达 3594 篇，占排名前四十的学科所涉文
献总数①的比例达 95.36%，占近四十三年（1979—2021）有效文献总数
的比例更是高达 99.47%，能够说明排名前二十四的学科是《淮南子》研
究所涉及的主要学科，分别是哲学、中国文学、中国语言文字、中国古
代史、考古、音乐舞蹈、宗教、图书情报与数字图书馆、中医学、文化、
中国通史、美术书法雕塑与摄影、旅游、中等教育、政治学、美学、法
理与法史、伦理学、外国语言文字、天文学、军事、企业经济、自然科
学理论与方法、医学教育与医学边缘学科、中国政治与国际政治、史学
理论②。还可进一步分析，排名前四十的学科总共有 3769 篇文献，超过
了近四十三年（1979—2021）有效的总文献数 3613 篇。进而言之，这
3769 篇文献中至少有 156 篇存在学科归属交叉的现象③；反而观之，也
可以说排名前四十的学科几乎接近《淮南子》研究涉及的所有学科。
（3）结合文献统计和《淮南子》主题观察，还可进一步判断《淮南子》
研究所涉及的传统优势学科和后发新兴学科。排名前十的学科总共有文
献 2991 篇，占近四十三年所有文献总数的 82.78%，超过五分之四了；
另一方面，《淮南子》主题是"经纬治道、纪纲王事"④，可归属于思想文

---

① 排名前四十的学科所涉文献总数是 3769 篇。
② 医学教育与医学边缘学科、中国政治与国际政治、史学理论三个学科均有文献
 16 篇，并列第二十四名。
③ 这么统计和分析的前提是排名四十以后的学科所涉文献忽略不计，因所涉文献数
 量都小于 9 篇。
④ 陈广忠译注：《〈淮南子〉译注》，上海：上海古籍出版社，2016 年，第 1111 页。

化方面的学术典籍。两相结合，可以发现排名前十的学科，即哲学、中国文学、中国语言文字、中国古代史、考古、音乐舞蹈、宗教、图书情报与数字图书馆、中医学、文化，实是《淮南子》研究所涉及的传统优势学科。然而，刘安编撰《淮南子》，是以道家哲学思想为统领，意欲采诸子之长，从而"上考之天，下揆之地，中通诸理"①，内容上可谓无所不包，因而《淮南子》研究所涉及的学科远非前面所论及的十个传统优势学科；另一方面，《淮南子》研究整体上是由传统优势学科向周边学科扩展，故文献数低于 15 篇的学科基本可以算是其研究可能会涉及的后发新兴学科了，如教育理论与教育管理、环境科学与资源利用、中国民族与地方史志、人物传记、中国共产党、世界文学、宏观经济管理与可持续发展、行政学及国家行政管理、出版、体育等学科。

接下来，以十大专辑与排名前四十的学科之间的关联作为考察维度，对所涉文献进行分析，以期窥探十大专辑名下《淮南子》研究的充分程度，甚至可以追寻《淮南子》研究可能涉及的后发新兴学科以及大有可为的新兴研究领域。首先，给排名前四十的学科逐个找到对应的专辑。为便于阅读和思考，现把各个专辑名下所涉的具体学科②列出：（1）基础科学：自然科学理论与方法、天文学；（2）工程科技Ⅰ辑：环境科学与资源利用；（3）工程科技Ⅱ辑：建筑科学与工程；（4）医药卫生科技：医学教育与医学边缘学科、中医学；（5）信息科技：图书情报与数字图书馆、出版；（6）农业科技：（无）；（7）哲学与人文科学：文艺理论、哲学、中国文学、中国语言文字、外国语言文字、中国古代史、美学、考古、音乐舞蹈、美术书法雕塑与摄影、宗教、中国通史、伦理学、文化、史学理论、地理、中国民族与地方史志、人物传记、世界文学；（8）

---

① 陈广忠译注：《〈淮南子〉译注》，上海：上海古籍出版社，2016 年，第 1095 页。
② 特指《淮南子》文献所涉排名前四十的学科。另，下文列出所涉具体学科，主要是便于有特定需要的读者或研究人员参考。

社会科学Ⅰ辑：政治学、法理与法史、中国政治与国际政治、军事、中国共产党、行政学及国家行政管理；（9）社会科学Ⅱ辑：中等教育、初等教育、教育理论与教育管理、体育；（10）经济与管理科学：旅游、企业经济、宏观经济管理与可持续发展。其次，将专辑名称、具体专辑所含学科总数、具体专辑名下《淮南子》文献所涉学科数、文献所涉学科数与专辑所含学科数的百分比集中列在表1-5中。

表1-5　1979—2021年《淮南子》研究文献学科及所属专辑统计

专辑名称	专辑所含学科数	文献所涉学科数①	文献所涉学科数 / 专辑所含学科数
基础科学	13	2	15.38%
工程科技Ⅰ辑	14	1	7.14%
工程科技Ⅱ辑	15	1	6.67%
医药卫生科技	28	2	7.14%
信息科技	10	2	20.00%
农业科技	10	0	0
哲学与人文科学	24	19	79.17%
社会科学Ⅰ辑	17	6	35.29%
社会科学Ⅱ辑	13	4	30.77%
经济与管理	24	3	12.50%
总计	168	40	23.81%②

通常认为《淮南子》是一部百科全书式的典籍，对各个学科都有相

① 文献所涉学科数是指具体专辑名下《淮南子》研究文献所涉学科的数量，表中右栏"文献所涉学科数"同此。

② 23.81%不是其上百分比总和，而是由《淮南子》研究文献所涉学科总数（40）与十大专辑所含学科总数（168）相除得来。

当的阐述和探讨，若此，相关研究文献就应该在所有学科中都有相当的数量，也就是说，可以假定相关研究文献应该涵盖每个专辑名下的大多数乃至所有学科。进而言之，《淮南子》文献所涉学科数与专辑所含学科数的百分比，在某种程度上就可以视为相应专辑名下《淮南子》研究的充分程度。哲学与人文科学专辑名下，百分比是 79.17%，因此可以间接说明哲学与人文科学专辑内《淮南子》已经得到相对充分的研究，同时也可说明哲学与人文科学专辑内所涉学科是《淮南子》研究所涉的传统优势学科。从这样的统计及分析中，我们着实可以得到许多启迪。又如农业科技专辑名下百分比为 0，说明其名下研究所涉学科都没有挤进前四十名，间接说明了农业科技专辑内《淮南子》没有得到相对充分的研究，同时也说明农业科技专辑内所涉学科可能是《淮南子》研究会涉及的后发新兴学科。这一发现是可以得到一定程度验证的，经检索可以找到农业科技专辑名下相关农业基础科学的文献 7 篇[①]、植物保护的文献 2 篇[②]、林业的文献 2 篇[③]；另一方面，《淮南子》论"道"而且强调"道法自然"，其生态思想、气象观念以及对二十四节气的阐述都对我们当下的

---

① 分别是陈玉斌、刘友田：《〈淮南子〉农业生态思想及其当代价值》，载《理论界》2019 年 1 期，第 8—14 页；谭清华：《〈淮南子〉农学思想钩沉》，载《山西农业大学学报》（社会科学版）2017 年 5 期，第 43—47 页；齐文涛：《农学阴阳论研究》，南京农业大学博士学位论文，2013 年；高旭：《论〈淮南子〉农业观的思想意蕴》，载《农业考古》2013 年 3 期，第 301—308 页；张中平：《〈淮南子〉的农业气象观及其形成与意义》，载《第 26 届中国气象学会年会"劳在今日，利在永远"——气象史志的积累与挖掘分会场论文集》，中国气象学会气象史志委员会，2009 年，第 3—8 页；康丽娜：《秦汉农学文献研究》，河南大学硕士学位论文，2009 年；沈立东：《漫论中国古代农业教育的发轫》，载《中国农业教育信息》1999 年 3 期，第 13—19 页。

② 分别是龚光明：《中国古代害虫观念与防治技术研究》，南京农业大学博士学位论文，2010 年；卜逢贤、惠富平：《中国农业灾害历史演变趋势的初步分析》，载《农业考古》1997 年 3 期，第 243—248 页。

③ 分别是高旭：《〈淮南子〉与〈管子〉林业思想同异论》，载《世界林业研究》2015 年 6 期，第 69—75 页；高旭：《论〈淮南子〉林业思想及其生态意蕴》，载《北京林业大学学报》（社会科学版）2014 年 1 期，第 20—25 页。

相关研究有很大的启示。进而言之，如表 1-5 所示，在农业科技、医药卫生和工程科技名下对《淮南子》进行深入研究，尤其是通过《淮南子》研究古代农业科技、医药卫生及工程科技对当代的启示，是大有可为的新兴研究领域。

五、文献作者分布

所涉 3613 篇文献，贡献较多的作者主要有高旭（安徽理工大学）、高旭（南开大学）、王效峰（咸阳师范学院）、刘爱敏（山东师范大学）、赵宗乙（泉州师范学院）、戴黍（华南师范大学）、孙纪文（宁夏大学）、李秀华（华东师范大学）、宋辉（亳州职业技术学院）、吕锡琛（中南大学）、漆子扬（西北师范大学）、李建光（湘潭职业技术学院）、汤洪（四川师范大学）、陈广忠（安徽大学）、丁立福（淮南师范学院）等。这里需要说明的是，个别作者先后在不同单位学习或工作，故而署名单位不同。例如丁立福，以淮南师范学院和上海外国语大学为单位发表的相关《淮南子》研究论文分别是 6 篇和 5 篇，其中淮南师范学院是其工作单位，上海外国语大学是其攻读博士学位的高校。本小节按中国知网检索所得数据分别列出，进而分别排名，其因有三：（1）如果合并计算，合并排名，则无法顾及其学习或工作先后所在之单位，这对为作者提供诸种条件及环境的不同单位有失公允。（2）署名不同单位的同姓同名作者到底是不是同一个人，有时调查起来费时费力，甚至未必能及时得以解决。（3）中国知网等数据库的处理方式是分开标明，几乎已成通行做法。笔者采用通行做法，分别统计，而且在作者姓名之后添补发表文献时所在的学习或工作单位。如，发表 67 篇文献的高旭和发表 16 篇文献的高旭实是同一位作者，前者所署安徽理工大学是其工作单位，后者所署南开大学是其攻读博士学位的高校，还能从侧面观察并推知其在安徽理工大学的时间应长于南开大学。根据以上安排，本书取排名前四十的作者[①]，将相关排名、作者、单位及相应文献数量信息统计成表1-6：

表1-6　1979—2021年《淮南子》研究文献作者统计（TOP 40）

排名	作者	单位	文献（篇）	排名	作者	单位	文献（篇）
1	高旭	安徽理工大学	67	10	吕锡琛	中南大学	7
2	高旭	南开大学	16	10	漆子扬	西北师范大学	7
3	王效峰	咸阳师范学院	13	10	李建光	湘潭职业技术学院	7
4	刘爱敏	山东师范大学	11	10	汤洪	四川师范大学	7
4	赵宗乙	泉州师范学院	11	10	陈广忠	安徽大学	7
6	戴黍	华南师范大学	10	15	丁立福	淮南师范学院	6
7	孙纪文	宁夏大学	9	15	唐劭廉	茂名学院	6
8	李秀华	华东师范大学	8	15	姚治中	皖西学院	6
8	宋辉	亳州职业技术学院	8	15	林飞飞	南开大学	6

————————

① 本小节所涉文献作者均为中国作者，而且下文也不再对海外作者分布另行撰文做计量分析，原因是：发文献4篇及其以上的作者共41位，其中中国作者就40人。另，中国知网所显示的海外作者仅有20人，除何志华教授发文4篇外，其余作者发文献均少于4篇，而本书第一章第三节"港台之别样译介传承"已对何志华教授及其研究有所论及；进而言之，海外作者规模过小且发文过少，不足以对海外作者另做计量分析。相关海外作者尤其是译介研究学者及其成果，可以参阅本书第四章"《淮南子》国外译介研究"的相关内容，相关香港和台湾的研究学者及其成果，可以参阅本书第一章第三节"港台之别样译介传承"的相关内容。需要强调的是，香港已于1997年7月1日正式回归祖国，自此何志华教授拥有中华人民共和国国籍，其身份应转变为中国作者，中国知网对此理应及时调整。

续表

排名	作者	单位	文献（篇）	排名	作者	单位	文献（篇）
15	刘秀慧	陕西师范大学	6	22	杜绣琳	上海大学	5
15	刘秀慧	渭南职业技术学院	6	22	刘康德	复旦大学	5
15	杨栋	黑龙江大学	6	22	方国武	安徽农业大学	5
22	江林昌	烟台大学	5	22	王险峰	河北大学	5
22	邱宇	河北建材职业技术学院	5	22	应克荣	淮南师范学院	5
22	李霞	安徽大学	5	35	陈静	中国社会科学院哲学研究所	4
22	丁原明	山东大学	5	35	张良宝	淮南师范学院	4
22	丁立福	上海外国语大学	5	35	李少波	青海师范大学	4
22	陆耿	淮南师范学院	5	35	杜绣琳	中国人民大学	4
22	王硕民	解放军汽车管理学院	5	35	董小改	淮南联合大学	4
22	李秀华	台州学院	5	35	陈广忠[①]	安徽大学	4

　　通过对上表的观察分析，可得出以下几点认识：（1）最为活跃或贡献最多的当数高旭。高旭在南开大学攻读博士学位期间发表文献16篇（2012—2015），署名工作单位为安徽理工大学的文献计有67篇（2011—2021）[②]，合计有83篇学术论文，可谓遥遥领先于其他同行；另一方面，高旭出生于1979年，发文时间为2011—2021年，在《淮南

---

① 检索所得姓名"陈广忠"原为繁体字，故改为通用简体字，但仍保留原相关信息。

② 检索更新日期为2021-05-02。

子》研究同行中可谓名副其实的后起之秀。（2）排名前四十的作者当中，发文时在安徽工作或深造的达 13 席次之多，占总数 [1] 的 32.50%；另外，发文在安徽工作或深造的 13 席次中，在淮南工作或深造的达 6 席次之多，占 13 席次的 46.15%。这一统计结果较为合情合理，说明地方文化传承与创新的重担当然得由生活在这方热土之上的人民扛起；进而言之，地方文化丰富了，全民族文化才能随之丰富起来。因此，竭力传承和创新地方文化，在某种意义上也是在竭力传承和创新我们的民族文化。（3）从排名前四十的作者所属单位进行统计，师范院校共达 13 席次之多（依据前文划分认定作者的理据，每一作者所在院校计为 1 席次，如此就存在有些师范院校占了多个席位，如名列其中的丁立福、应克荣和陆耿都在淮南师范学院工作，因此淮南师范学院当计 3 席次），占总数的 32.50%，这与上述统计文献来源分布时发现师范院校较为突出是相吻合的。进而可以着重强调一下，在以培养未来师资为宗旨的师范院校，在研究、传承和创新地方文化乃至民族文化方面理应肩负重任，抑或说在这方面仍大有可为。

最后尤其需要突出一下，在发文排名前四十的作者中，高旭、陈广忠、丁立福和刘秀慧分别出现了两次。这说明这四名学者中都有两个发文单位，要么是学习单位和工作单位，如高旭、丁立福和刘秀慧；要么两个都是工作单位，如陈广忠先生，其先前的工作单位是淮南师范学院，因研究《淮南子》有所成绩，而后调到了安徽大学。有此经历的作者，一般研究兴趣点较为集中，持续时间较长，会产出一定成果；另一方面，要想产出一定成果，就需要持续较长的研究时间，需要拥有相对集中的研究兴趣。

---

[1] 按 40 席次算，因为有的作者拥有两个甚至两个以上的单位，宜分别计算较为客观和方便。

六、基金项目分布

近四十三年 3613 篇《淮南子》研究文献获得各类基金项目资助，其中排名前三十的基金项目主要是国家社会科学基金、教育部人文社会科学研究项目、中国博士后科学基金等国家范围的项目，以及安徽省高等学校优秀青年人才基金项目、陕西省教育厅科研计划项目、江苏省教育厅人文社会科学研究基金等各省份及其以下范围的基金项目。在统计及分析之前需先说明几点：（1）国家范围的各类基金项目与各省份及其以下范围的各类基金项目，面向的申请者范围存在巨大差异，所以无论在基金项目绝对数量还是所占比例等方面都没有可比性。这里所言国家范围的基金项目，除国家社会科学基金外，还包括国家各部（委）等面向全国申请者的基金项目，如教育部人文社会科学研究项目；省级范围的基金项目，自然就是指各省份面向本省申请者的基金项目。另外，行文回避了"国家级"和"省级"等表示级别的措辞，因为各地方乃至各单位认定基金级别的标准或习惯可能存在一些差异，如教育部人文社会科学研究项目在有的地方或单位被认为属于"国家级"，而在另一些地方或单位就被认为属于"省部级"乃至"省级"。（2）国家范围的基金项目与各省份及其以下范围的基金项目，在项目研究难度、内容复杂度、资助力度和成果标准等方面的差异也是巨大的，反过来，所涉文献获得资助的基金在绝对数量和所占比例方面差异较大，相应的统计及对比分析也就意义不大了。例如，国家社科基金项目结题通常需要 5—8 篇高水平论文甚或 1 部专著，安徽省社科基金结题通常需要 3—4 篇论文。这样一来，获得国家社科基金资助的文献自然就会比安徽省社科基金资助的文献多得多了，两者根本就不在同一个层面，其统计及对比分析意义也不大。（3）文献与其所标示的资助基金，实际上不一定存在真实的资助或密切的关联，也就是说单纯的基金数量和所占比例分析不一定能充分反映真实情况。例如中国知网收录的《〈淮南子〉的气论及其医学养生思想》①，文下标示的资助基金是"国家社会科学基金一般项目（No.13BZX088）"。经查该基金确实是国家社会科学基金一般项目，但项目名称是"老龄化社会与老年健康伦理研究"，遂可基于文献名与项目名初步判断，该论文与其所标示的资助基金本质上没有什么密切的关联，也有可能是该论文并没有获得该基金的资助，仅是挂名发表而已。（4）所涉各类资助基金项目总共只有26类，而且自第十五名起仅涉有1篇文献，因此只能取排名前二十六类的基金项目进行统计和分析了。

话说回来，中国知网作为集期刊、学位论文、会议论文、报纸、工具书、年鉴、专利、标准、海外文献资源等为一体的文献数据库和具有国际领先水平的网络出版平台，其所提供的基金项目分布信息还是有一定价值的。另一方面，基于上文的说明，只能取排名前二十六的基金项目，而且研究重点宜放在所涉各省份范围的基金之比较与分析上。因此，现就所涉排名前二十六的基金项目，将相关排名、基金项目类别及相应文献数量统计成表1-7：

表1-7 1979—2021年《淮南子》研究基金统计（TOP 26）

排名	项目类别	文献（篇）	排名	项目类别	文献（篇）
1	国家社会科学基金	93	3	安徽省教育厅人文社会科学研究项目	9
2	教育部人文社会科学研究项目	10	4	中国博士后科学基金	7

① 详见刘丽、刘玮玮：《〈淮南子〉的气论及其医学养生思想》，载《中华中医药杂志》2019年6期，第2486—2488页。

续表

排名	项目类别	文献（篇）	排名	项目类别	文献（篇）
5	安徽省高等学校优秀青年人才基金项目	5	15	香港研究资助局资助项目	1
5	陕西省教育厅科研计划项目	5	15	四川省教育厅科学研究项目	1
7	国家自然科学基金	4	15	江西省哲学社会科学规划研究项目	1
7	安徽省高校科研基金	4	15	湖南省教委科研项目	1
9	江苏省教育厅人文社会科学研究基金	3	15	北京市自然科学基金	1
9	中央高校基本科研业务费专项资金项目	3	15	河南省高等学校人文社会科学研究项目	1
11	辽宁省哲学社会科学规划基金项目	2	15	江苏省研究生培养创新工程项目	1
11	北京市哲学社会科学规划项目	2	15	贵州省教育厅高等学校人文社会科学研究项目	1
11	安徽高等学校省级教学质量与教学改革工程项目	2	15	重庆市教育委员会人文社会科学研究项目	1
11	安徽省哲学社会科学规划项目	2	15	国家科技支撑计划	1
15	武汉大学自主科研项目	1	15	国家重点基础研究发展规划	1

通过对上表的观察分析，可得出以下几点认识：（1）资助最多或最为活跃的基金项目当是国家社会科学基金和教育部人文社会科学研究项目，前者资助了93篇文献，后者资助了10篇文献。然而，这两类基金项目是全国范围的，与其他各省份范围的基金项目相比，没有统计学上

的意义，故不做深究。（2）各省份范围的基金项目中，资助2篇^①及其以上相关文献的有9类^②，分别涉及安徽、陕西、江苏、辽宁和北京5个省级行政区。一方面说明，这5个省级行政区可能是《淮南子》研究的传统优势省份，尤其是安徽省；另一方面，就全国现有34个省级行政区来说，这5个省级行政区仅占总数的14.71%，说明覆盖范围有待拓广，因为《淮南子》是一部优秀的传统典籍，不仅仅属于淮南和安徽人民，更属于全体中华民族。（3）就安徽而言，资助2篇及以上文献的相关基金项目计有5类，分别是安徽省教育厅人文社会科学研究项目、安徽省高等学校优秀青年人才基金项目、安徽省高校科研基金^③、安徽高等学校省级教学质量与教学改革工程项目和安徽省哲学社会科学规划项目。就数据统计而言，安徽省的5类基金项目占所有资助2篇及以上文献的基金项目总数（14类）的35.7%，占各省份^④范围内的资助2篇及以上文献的基金项目总数（9类）的55.6%——略为超过一半的占比能够说明，安徽省范围的所有资助2篇及以上文献的基金项目总数（5类）比其他各省份范围的资助2篇及以上文献的基金项目总数（4类）略多。（4）就各省范围的资助2篇及以上相关文献的基金项目数量和基金所资助的文献数量来看，安徽省范围的相关基金项目所资助的文献共有22篇，各省份范围的相关基金项目所资助的文献共有34篇，前者占后者的比例为64.7%。这一比例明显高过前文（3）中所涉55.6%，说明各

---

① 资助1篇存在极大的偶然性，而且文献与其所标示的资助基金项目有时并不存在密切的关联，另为本书篇幅计，暂不对资助1篇的省份范围的基金项目做深入探讨。

② 可能存在交叉重复计算的现象，为便于计算和统一起见，暂不考虑。另，文中有类似现象的，我们类似处理，不复脚注提醒。

③ 这是一个较为笼统的名称，此处包含安徽省教育厅高校人文社会科学研究项目、安徽省教育厅高校自然科学研究项目。

④ "各省份"包括安徽省，下文中的"其他各省份"则不包括安徽省。

省份范围的资助 2 篇及以上文献的基金项目中，安徽省范围的基金项目对相关文献的资助广度要大于其他各省份范围的基金项目。一言以蔽之，安徽省对《淮南子》研究的支持至少在基金资助方面要明显强于其他各省，这也是前文"文献来源分布""文献作者分布"等部分论述所得安徽省应是《淮南子》研究重镇之结论的一个外在客观条件。进而言之，安徽省及其地方单位要一如既往地加大对《淮南子》研究的支持力度，从而把安徽省打造成《淮南子》研究重镇以及《淮南子》学者朝圣之地①。

最后，既然文献标有资助《淮南子》研究的基金项目信息，不妨再多下点功夫，深入挖掘并列出实际并直接资助《淮南子》研究的基金项目，以供相关《淮南子》的研究学者参考，亦是很有意义的事。经多方位努力，下文资助《淮南子》研究的省厅级及以上基金项目统计表（见表 1-8）所列基金项目主要包括：（1）所有 3613 篇文献所示的资助基金项目中，名称含有"淮南子"的省厅级及以上基金项目。我们挑选和列表时加上名称中含有"淮南子"这一条件，是因为如前所述文献与其所示资助基金之间的关系有些不易把握和判断，而文献所示资助基金项目名称若含有"淮南子"，就可确定无疑地判断。（2）通过国家社科基金平台②与教育部人文社会科学研究项目管理平台③，检索得到的含有"淮南子"的基金项目。（3）笔者所了解项目名称中含有"淮南子"的省级项目。

---

① 安徽大学陈广忠教授曾在安徽省《淮南子》研究会召开的研讨会上，表达过要把淮南市打造成《淮南子》研究学者朝圣之地的观点，笔者深有同感。

② 国家社科基金查询网址：http://fz.people.com.cn/skygb/sk/index.php/index/index/4541

③ 教育部人文社会科学研究项目查询网址：http://pub.sinoss.net/portal/webgate/CmdSearchNormal?key=

表1-8 资助《淮南子》研究的省厅级及以上的基金项目统计

项目类别	项目名称	项目批准号	项目负责人	立项时间
教育部人文社会科学研究规划基金项目	中国文化走出去"背景下"《淮南子》翻译问题研究	22YJA740007	丁立福	2022
国家社科基金一般项目	《淮南子》文本生成与战国秦汉间的学术传承研究	18BZW034	杨栋	2018
国家社科基金一般项目	《淮南子》审美理想与文化建构研究	16BZX112	方国武	2016
国家社科基金一般项目	《淮南子》学史	16BZW088	李秀华	2016
教育部人文社会科学研究青年基金项目	《淮南子》生命艺术思想研究	11YJC751125	赵欣	2011
教育部人文社会科学研究青年基金项目	《淮南子》征引先秦诸子文献研究	11YJC870042	朱新林	2011
省市自治区教委人文社会科学研究规划项目	《淮南子》许慎、高诱注研究	无	陈广忠	2007
省市自治区社科研究项目	《淮南子》语言研究	无	赵宗乙	2006
高等学校校内人文社会科学研究规划项目	《淮南子》高诱注训诂研究	无	吴先文	2005
中央其他部门社科研究项目	《淮南子》中英文对译	无	翟江月	2004
高校古籍整理研究项目	淮南子研究	无	陈广忠	2004
高校古籍整理研究项目	淮南子全译	无	刘灿	1992

续表

项目类别	项目名称	项目批准号	项目负责人	立项时间
安徽省哲学社会科学规划项目	道藏本《淮南子》成语梳理与研究	AHSKQ2020D115	高旭	2020
安徽省高校人文社会科学研究项目	《淮南子》中医思想与当代全民健康	SK2020A0508	高旭	2020
安徽省高校人文社会科学研究项目	《淮南子》成语典故符号性传播及转化研究	SK2020A0416	胡斌	2020
安徽省高校人文社会科学研究项目	西方汉学视域中的《淮南子》英译研究	SK2019A0086	高旭	2019
安徽省哲学社会科学规划项目	《淮南子》传承与译介研究	AHSKQHQ2019D006	丁立福	2019
安徽省高校学科（专业）拔尖人才项目	《淮南子》英译研究	gxbjZD36	丁立福	2018
安徽省高校优秀青年人才支持计划项目	《淮南子》黄老思想义涵及历史价值研究	gxyqZD2018035	高旭	2018
安徽省高校人文社会科学研究项目	地域视野下《淮南子》绘画美学思想研究	sk2016A0848	黄欣凤	2016
安徽省高校人文社会科学研究项目	《淮南子》与豆腐文化传承创新研究	SK2015A516	应克荣	2015
安徽省哲学社会科学规划项目	《淮南子》对外传播暨翻译研究	AHSKY2014D141	丁立福	2014
安徽省哲学社会科学规划项目	《淮南子》中的礼乐文化研究	AHSKY2014D129	张良宝	2014
中国博士后科学基金面上资助项目	《淮南子》引书研究	2013M530829	杨栋	2013

续表

项目类别	项目名称	项目批准号	项目负责人	立项时间
陕西省教育厅科研项目	《淮南子》与先秦法家思想关系研究	12JK0402	王效峰	2012
安徽省高校科学研究项目	淮南子社会管理思想研究	SK2012B451	谢璐	2012
黑龙江省教育厅人文社科项目	《淮南子》文献源流与晚周秦汉间的学术传承	12542215	杨栋	
江苏师范大学汉文化研究院项目	《淮南子》文艺美学思想研究①	无	方川	2016

七、主要主题分布

（一）主要主题分布占比分析

在统计并分析主要主题之前需要先行说明一点，本节对主要主题进行划分和统计的依据是中国知网，其原因如下：（1）中国知网对主要主题的收录、划分和统计直接取决于作者对主要主题词的界定、表述和划分。知网这么做固然是尊重作者，其实也是在某种程度上确保收录、划分和统计主要主题的权威性和科学性，毕竟作者才是所出文献的专家。（2）相反，如果笔者再对所涉主要主题词进行重新判定和统计，就需要阅读所有相关文献并界定所有相关语境中主题词的确切含义以及文献的相关主题，然后才有可能进行科学的划分和统计。单这一步，任务就无

---

① 这是江苏师范大学汉文化研究院资助安徽省《淮南子》研究会会长方川的委托项目，表明也有企业或单位资助《淮南子》相关课题研究。此类横向项目虽少，却有着同样重要的意义，故选一典型列出，其余不复列出。

法在短期内完成；另一方面也没有必要，毕竟本书的主旨不在于主要主题的划分。（3）有些主要主题很难一刀切，与其硬性统一合并，不如保留原样，从而维持其独立，要更科学一些。如"《淮南子》"和"淮南子"，乍一看感觉应该合并为一类，其实不然。"《淮南子》"重在研讨这本著作，"淮南子"则可用来尊称刘安，以示对其重大贡献的认可。因此，"淮南子"重在研讨刘安及其思想，当聚焦于其思想体系时又可专指其著作，也就是说，无论在内涵还是在外延上，"《淮南子》"和"淮南子"都不尽相同。为与前文一致，此处也取排名前四十的主要主题，将相关排名、主要主题、相应文献数量以及占比情况信息统计成表1-9：

表1-9 1979—2021年《淮南子》研究文献主要主题统计（TOP 40）

排名	主要主题	文献（篇）	占比（%）	排名	主要主题	文献（篇）	占比（%）
1	《淮南子》	1006	57.62	11	音乐美学思想	20	1.15
2	淮南子	112	6.41	14	*Huainanzi*	19	1.09
3	《文子》	42	2.41	14	思想研究	19	1.09
4	《吕氏春秋》	33	1.89	16	《山海经》	18	1.03
5	《庄子》	30	1.72	17	嫦娥奔月	17	0.97
6	比较研究	28	1.60	17	美学思想	17	0.97
7	《黄帝内经》	25	1.43	17	《天问》	17	0.97
8	《老子》	24	1.37	20	秦汉时期	15	0.86
9	高诱注	22	1.26	20	《淮南子·天文训》	15	0.86
10	《管子》	21	1.20	20	淮南王	15	0.86
11	先秦两汉	20	1.15	23	《淮南子·原道训》	14	0.80
11	《史记》	20	1.15	23	中国古代	14	0.80

续表

排名	主要主题	文献（篇）	占比（%）	排名	主要主题	文献（篇）	占比（%）
23	《淮南子·地形训》	14	0.80	32	两汉时期	10	0.57
26	思想探析	13	0.74	32	成书年代	10	0.57
27	二十四节气	12	0.69	32	《楚辞》	10	0.57
28	《淮南子·主术训》	11	0.63	32	神话传说	10	0.57
28	法律思想	11	0.63	32	甲骨文	10	0.57
28	《内经》	11	0.63	32	《论衡》	10	0.57
28	"道"	11	0.63	32	王念孙	10	0.57
32	演变研究	10	0.57	总计[①]		1746	100

通过对上表的观察分析，至少可以得出以下四点认识：（1）排名第一的主要主题"《淮南子》"，所涉文献有1006篇，占排名前四十主要主题所涉文献总数[②]的57.62%，占四十三年来总文献3613篇的27.84%。另外，主要主题"淮南子"所涉112篇文献，其中就有相当一部分指向主要主题"《淮南子》"。两相结合来看，总文献的主要主题相对集中。（2）排名前十的主要主题，也即分布文献超过20篇的主要主题，依其分布文献数量为标准从高到低依次是《淮南子》、淮南子、《文子》、《吕氏春秋》、《庄子》、比较研究、《黄帝内经》、《老子》、高诱注和《管子》。其中，《管子》传为春秋时期齐国政治家、思想家管仲所作，实际以黄老道家思想为基础，汇集了道、法、儒、名、兵、农、阴阳等先秦各学派

---

① 前文已有相关脚注，中国知网实际只提供了前三十九个主要主题，故在本应是第四十个主要主题处另设"总计"一栏，一方面可以使表格完整美观，另一方面也便于合计和分析。

② 即上表中总计"1746"。

的言论，内容博大而且庞杂，《汉书·艺文志》将其列入子部道家类，但《隋书·经籍志》将其归入法家类；其余九个主题词均与"道家"密切相关，《淮南子》《文子》《吕氏春秋》《庄子》《黄帝内经》《老子》均是道家典籍，高诱注指的是高诱对《淮南子》的校注及其注文。这一方面表明，《淮南子》确实可以归为道家经典作品，另一方面也表明《淮南子》研究的一个重要途径就是对比研究，将其与道家其他典籍乃至诸子典籍进行对比，可能就会有所发现。从文献分布来看，排名前十主要主题所涉文献有 1343 篇，占排名前四十主要主题所涉文献总数的 76.92%，已经超过四分之三了。可以说，道家思想视域内的《淮南子》研究当是其传统优势领域，具有相当的代表性。（3）排名第 11—28 的主要主题，也即分布文献在 11—20 篇的主要主题，依次是先秦两汉、《史记》、音乐美学思想、*Huainanzi*、思想研究、《山海经》、嫦娥奔月、美学思想、《天问》、秦汉时期、《淮南子·天文训》、淮南王、《淮南子·原道训》、中国古代、《淮南子·地形训》、思想探析、二十四节气、《淮南子·主术训》、法律思想、《内经》和"道"。其中，《淮南子·原道训》《淮南子·天文训》《淮南子·地形训》和《淮南子·主术训》分别是《淮南子》第一、三、四和九篇，是《淮南子》的重要篇章，从而构成《淮南子》文本及其内容研究的重镇；*Huainanzi* 开始涉及《淮南子》英译本研究，这是近些年开辟出的崭新研究领域；"道"更是道家哲学思想最为核心的关键术语，在此基础之上，《淮南子》通过倡导积极的"无为"观，把道家思想往前推进了一大步；另外，《淮南子》对远古神话故事的记载、对二十四节气的传承、对中华传统思想及语言发展做出了不可磨灭的贡献，构成当下的另一研究重镇。所有这些主要主题，在当下都有一定程度的研究，是对前述优势传统领域的开拓。（4）排名后八位的主要主题，也即分布文献为 10 篇的主要主题，即演变研究、两汉时期、成书年代、《楚辞》、神话传说、甲骨文、《论衡》、王念孙，大致体现了《淮南子》研究向诸多方向的拓展，限于篇幅，就不一一展开深入论述了。

（二）主要主题共现矩阵分析

一般而言，学术论文要求作者提供 3—5 个主要主题（词），也就是说某篇特定文献内这些主要主题是共现的，至少在该文献中它们关系密切。推而广之，某些主要主题在某时期内文献集合里共现的次数越多，就越能表明这些主要主题之间存在较为密切的关系。因而，理论上可以把所涉排名靠前的主要主题依次挑出，并依其相互之间的共现关系为依据，制成相关的主要主题共现矩阵图，以说明特定主要主题之间的亲疏关系。这个统计和制图是比较繁复的，我们转而求助中国知网自动生成主要主题共现矩阵图，如图 1-3。

直观而言，该图呈现的是一些特定主要主题对①在 3613 篇有效文献中同时出现在同一篇文献中的次数总和，也就是频次。共现频次越高，表明在所涉相关研究中对应的两个主要主题之间关系就越密切。据此可以发现：（1）共现次数最高的是"《淮南子》—音乐美学思想"，计达 16 次，远高于《淮南子》与其他主要主题的共现次数，也远高于其余主要主题两两共现的次数，说明《淮南子》中相关音乐美学思想达到了一定高度，经常共同搭配构成相关具体研究课题，如淮南师范学院音乐学院张良宝老师就主持了安徽省哲学社会科学规划项目"《淮南子》中的礼乐文化研究"。（2）共现次数超过 10 次的还有 4 对，即"《淮南子》—美学思想"（13 次）、"《淮南子》—高诱注"（13 次）、"《淮南子》—比较研究"（12 次）、"《淮南子》—《文子》"（11 次）。其个中缘由可以逐个探明，《淮南子》与美学思想共现频率高，仍是"《淮南子》—音乐美

---

① 如"1979—2021 年《淮南子》研究文献主要主题共现矩阵图"中的《淮南子》—《文子》、《淮南子》—《老子》、《淮南子》—思想研究等。

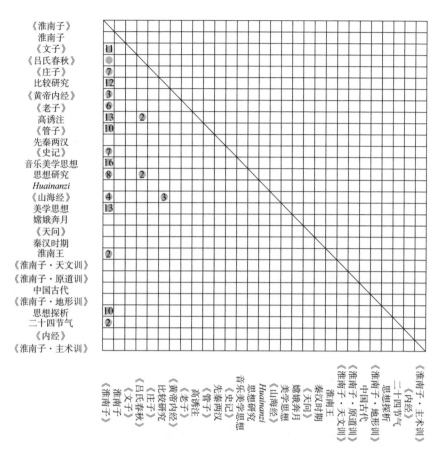

图1-3　1979—2021年《淮南子》研究文献主要主题共现矩阵

学思想"的延伸；"高诱注"原是高诱对《淮南子》的校勘，后不仅成为权威版本，而且是后世《淮南子》文本的重要来源，故与《淮南子》及其研究存在高度相关性；《淮南子》与比较研究共现频率高，主要是因为《淮南子》思想兼采百家，内容博大庞杂，使得常常通过比较研究来探析《淮南子》的方方面面；至于《文子》，其传为春秋战国时期思想家文子所作，同《淮南子》一样均以老子的道家思想为其理论渊源，而且与《淮南子》重文现象较多，所以近年来《淮南子》与《文子》经常对比进行研究。（3）共现次数在6—10次的有6对，即"《淮南子》—思想探析"（10次）、"《淮南子》—《管子》"（10次）、"《淮南子》—思想研究"（8次）、"《淮南子》—《史记》"（7次）、"《淮南子》—《庄子》"（7次）、"《淮南子》—《老子》"（6次）。可以推断，《淮南子》的思想来源和倾向，决定了其与《管子》《庄子》《老子》等之间的密切关联；另一方面，《淮南子》成书略早于《史记》，其所涉及的一些历史记录，尤其是历史传说及科技史的记载，可与《史记》相互印证和补充，由此两者经常同时出现在研究文献中。这也能说明，《淮南子》与《管子》《庄子》《老子》《史记》等典籍在相关思想内容方面的探讨，是传统重点研究领域。（4）共现次数在2—5次的有7对，即"《淮南子》—《山海经》"（4次）、"《淮南子》—《黄帝内经》"（3次）、"比较研究—《山海经》"（3次）、"《淮南子》—二十四节气"（2次）、"《淮南子》—淮南王"（2次）、"《吕氏春秋》—思想研究"（2次）、"《吕氏春秋》—高诱注"（2次）。换个视角，通过频率不是很高的这种共现，也可以帮助我们知晓《淮南子》的相关内容，例如《淮南子》在神话传说方面的贡献不逊于《山海经》、在医学方面的理论阐述也可以对比《黄帝内经》、在思想内容方面的庞杂与《吕氏春秋》非常匹配，另外高诱也对《吕氏春秋》做了校勘。总之，主要主题共现矩阵图，可以让我们迅速把握有关《淮南子》研究的不同层面，甚至进而迅速了解相关研究领域乃至发现相关研究课题，这于研究而言是非常有帮助的。

（三）主要主题年度交叉分析

前文在探讨主要主题分布时，反映的是相关主要主题（排名前四十）文献的分布以及占比情况；在探讨主要主题共现矩阵分析时，反映的是相关主要主题共现的频率及其隐含的信息。然而，特定主要主题文献情况往往每一年度都不相同，例如前一年度所涉文献前五的主要主题，在后一年度其所涉文献就不一定能排进前五的范围了。为了反映这种较为复杂的动态实情，有必要引入年度交叉分析，主要是把近五年每一年度所涉文献排名前五的主要主题及其文献等信息标示出来。为此，我们根据中国知网提供的《淮南子》研究文献主要主题年度交叉分析所涉数据及信息，整理成《淮南子》研究文献主要主题年度交叉分析表（见表1-10）：

表1-10 《淮南子》研究文献主要主题年度交叉分析

主要主题 ＼ 年度	2017	2018	2019	2020	2021①
《淮南子》	43	41	40	39	7
《老子》	4	2		2	
《文子》	3	3	4		
《庄子》	5				3
淮南子	7			4	
"无为"					2
"无为"思想					1
中医药文化					1
内圣外王				2	
城市文化				2	
比较研究			3		
当代价值			2		
演变研究			2		
《孙子兵法》		3			

① 文中最后一次检索更新时间是2021-05-02，表中所列均为实发文献数量，因而表中2021年相关数据不能涵盖整个年度的相关文献，在下文的论述中一般也就不予考虑。

主要主题 ＼ 年度	2017	2018	2019	2020	2021①
《管子》		2			
总计①	62	51	51	49	

　　根据上表统计，可分析得出以下四点认识：（1）近五年主要主题年度交叉分析表涉及 15 个主要主题，表明近五年各年度前五名主要主题汇总后共有 15 个主要主题，相关研究汇聚情况一般。另，这 15 个较为突出的主要主题分别是《淮南子》、《老子》、《文子》、《庄子》、淮南子、"无为"、"无为"思想、中医药文化、内圣外王、城市文化、比较研究、当代价值、演变研究、《孙子兵法》和《管子》。（2）表中连续五年都有文献的主要主题是《淮南子》，而且前四年的文献基本都在 40 篇上下，表明近年来相关主要主题"《淮南子》"的研究已经有一定规模，而且较为稳定。（3）表中两年以上都有文献的主要主题，除《淮南子》外还有《老子》、《文子》、《庄子》及淮南子，表明《淮南子》与《老子》、《文子》、《庄子》及淮南子之间的关系较为密切。其中《老子》及《庄子》所阐述的哲学思想是《淮南子》的理论渊源及基础，《文子》至少在一定程度上与《淮南子》颇为相似而且重文较多，最重要的共同点是，这四部作品皆为道家经典，相互之间的对比研究就更有意义了。至于淮南子，如前文所论，其作为主要主题可能指涉《淮南子》，也有可能指涉作者刘安，故其与《淮南子》之间的密切关系就无须多言了。（4）五年中仅在 2021 年才出现所涉文献的主要主题是"无为"、"无为"思想和中医药文化。其中，"无为"与"道"同是《淮南子》用以构建其思想学说的核

———————

① "总计"即《淮南子》研究文献主要主题年度交叉分析所涉及的相关主要主题文献总数。特设此栏，主要是为了便于统计和分析。

心概念，"无为"思想也就成为《淮南子》所倡导的核心思想；另外，其核心思想与中医药文化乃至传统文化都是相互关联和相互彰显的。总之，"无为"、"无为"思想和中医药文化等主要主题文献的出现和增多，是近年来学术界对《淮南子》义理研究的深入和相关领域的拓展。

第二章 淮南国 淮南王 《淮南子》

第一节 淮南国与淮南王

　　刘邦最终在秦末农民起义中胜出，于公元前202年建立汉王朝，定都长安。为避免重蹈秦王朝"二世而亡"的历史覆辙，汉王朝一面裂土分封诸王，一面予民休养生息；前者直接导致了淮南王国的诞生，后者则与道家思想文化及主张密切相关，共同构成《淮南子》诞生的历史时代背景。先后受封的诸王大致可分为两类，一类是异姓诸侯王，如英布、彭越、韩信、臧荼、张耳等，另一类则是同姓诸侯王，如刘贾、刘喜、刘肥、刘如意、刘恒、刘濞等。根据正史叙事，异姓诸侯王先后谋反被杀，这样一来，同姓诸侯王的权力越来越大。剪除异姓诸侯王并起用同姓王的"取而代之"做法，固然在一定程度上加强了刘汉中央政权对地方的控制，但同时也促成了同姓诸侯国势力渐渐强盛起来，为日后的吴楚七国叛乱种下了祸根，此是后话。

　　接着探讨淮南国和淮南王，直接相关的一位关键人物就是这些异姓诸侯王中的英布。英布，传为皋陶后裔，今安徽六安人，出生年代不详，成年后因犯秦律而受黥刑，又称"黥布"。随着陈胜、吴广揭竿而起，英布也加入了秦末农民起义的大潮，归附项梁后屡立战功，继而成长为项羽手下骁勇善战的得力干将。公元前 206 年，英布因在攻打秦军中立下汗马功劳而被楚霸王封为九江王，统辖九江、庐江二郡。其中，九江郡郡治在寿春，大体位于今安徽寿县；庐江郡郡治在舒县，大体位于今安徽庐江西南。两郡相邻，连成江、淮之间的一片较大区域，基本涵盖今日庐江、舒城、桐城、无为、怀宁等地区。这就是英布最初的管辖范围，可称为英布的九江王国，都城六安。在楚汉战争中，英布弃楚投汉，于公元前 203 年被刘邦封为淮南王，首建淮南国，下辖九江、庐江、豫章和衡山四郡，都城六安。自此，淮南作为一个诸侯王国开始出现在西汉王朝的版图上，其历史影响久远，乃至汉朝灭亡之后的三国、西晋、北魏以及南朝宋和陈政权都先后有人称淮南王，如三国时期的曹丕在登基称帝前曾被封为淮南王（222 年），再如南朝陈宣帝之十三子陈叔彪亦曾被封为淮南王（576 年）。由此可见，英布毫无疑问是淮南王国历史上第一位淮南王，名副其实。当然，本书只论西汉王朝的淮南国和淮南王。

　　第二任淮南王当是继英布之后的刘长。历史上，淮南王英布、齐王韩信和梁王彭越并称为汉初三大名将。刘邦称帝后，开始排斥异姓诸侯王；公元前 196 年，韩信和彭越先后被诛。英布深感恐惧，"阴令人部聚兵，候伺旁郡警急"（司马迁，2012：1808），后被贲赫告发叛变，迫于形势而起兵，兵败被杀。在讨伐英布前，刘邦就册封皇子刘长取而代之为淮南王，让其管辖英布领属的四郡，是淮南国历史上第二位淮南王，建都寿春（今安徽寿县）。刘长（公元前 198—前 174），刘邦小儿子，赵姬所生，为汉文帝刘恒异母弟；刘长自幼丧母，后由吕后抚养，心中一直怀恨当年不肯伸手救其母亲的审食其。刘长于公元前 177 年从淮南国入朝，傲慢不逊，常与文帝同驾，甚至在求见辟阳侯审食其时直接锤杀为母亲报仇；文帝哀悯刘长身世，出于手足之情，赦免其罪。然而，刘长非但没有悔过自新，返回封国后自视与文帝血缘关系亲近而更加飞扬跋扈，目无朝廷法令权威，甚至荒唐到于公元前 174 年"以辇车四十乘反谷口，令人使闽越、匈奴"（司马迁，2012：2294）以谋反，后被朝廷觉察并立案调查。淮南王刘长再次奉召入朝，众臣齐奏治罪，文帝不忍依法惩治，只是废除其王位；群臣再奏，文帝最终同意将其流放蜀郡，但批示要优待安排。其时文帝打算等待兄弟吃点苦头、有所悔过后便召其回来，孰料刘长心气孤傲、性情刚烈，在流放途中"不食死"[①]。次年即公元前 173 年，文帝撤销淮南国，直接统辖九江、庐江、豫章和衡山四郡。

第三任淮南王是临时补缺的刘喜。公元前 172 年文帝起怜悯之情，将刘长四个年幼的儿子全都封了侯，其中长子刘安为阜陵侯，次子刘勃为安阳侯，三子刘赐为阳周侯，幼子刘良为东城侯。公元前 168 年，淮南地区传有民谣"一尺布，尚可缝；一斗粟，尚可舂。兄弟二人不能相容"（司马迁，2012：2300），文帝闻之叹息兄弟之情，为避免招致贪图淮南国的地盘之嫌疑，遂召令城阳王刘喜[②]去统领淮南国，并追谥刘长为淮南厉王。刘喜（?—公元前 144），汉朝宗室，城阳王刘章与原配吕氏的嫡长子。公元前 176 年其父刘章卒，刘喜世袭城阳王；公元前 168 年，被汉文帝改封为淮南王。公元前 164 年，汉文帝又想起其弟不守朝廷法纪而国破身亡，不胜嘘唏之后升封刘长子嗣[③]为王，其中长子刘安承袭父位受封为淮南王。此时，刘喜只得重返城阳为王，直至公元前 144 年卒，其子刘延世袭城阳王。从时间上看，刘喜在淮南王位上只待了四年的时间；从发展过程来分析，刘喜只能算是汉文帝暂时调来淮南国主持的一任过渡王爷，但其统辖范围仍是英布和刘长时辖的四郡，即九江、庐江、豫章和衡山郡。

---

① 这是正史说法，仍可有两种理解：一是主动绝食而亡，二是被动不得食而亡。详见司马迁：《史记·淮南衡山列传》（韩兆琦主译），北京：中华书局，2012 年，第 2298 页。

② 刘喜（?—公元前 144），汉朝宗室，齐悼惠王刘肥之孙，城阳王刘章嫡长子。刘肥是刘邦庶长子，论辈分刘肥是刘长异母兄，刘喜则是刘安堂侄。

③ 刘长有四子，其长子世袭受封为淮南王，次子安阳侯刘勃受封为衡山王，三子阳周侯刘赐受封为庐江王，幼子东城侯刘良其时已亡，故未再封。

第四任淮南王就是《淮南子》的编著者刘安。刘安（公元前179—前122），刘长嫡长子，5岁时其父谋反被拘，流放途中"不食"身亡，8岁时被封为阜陵侯。公元前164年刘安16岁，在束发年龄与尚健在的两兄弟一同受封。也就是说，汉文帝将统辖四郡之淮南国一分为三：改九江郡为淮南国，派淮南王刘安统辖，都寿春（今安徽寿县）；改衡山郡为衡山国，派衡山王刘勃统辖，都六安（今安徽六安）；并庐江和豫章两郡为庐江国，派庐江王刘赐统辖，都鄱阳（今江西鄱阳）。这一次表面上看是，汉文帝刘恒施行仁义、重视亲情，把原属兄弟刘长的封地又原封不动地归还其子嗣，实际上远非这么简单。刘邦称帝后，开始剿杀异姓诸侯王而加封同姓诸侯王以期取而代之，就给刘姓诸子孙提供了接管地方大权的可乘之机和便利；另，汉初的几位皇帝大都积极提倡予民休养生息政策、极力推行无为政治，在某种程度上给刘姓诸侯王发展势力乃至尾大不掉提供了时间和环境。汉文帝即位，使得刘姓诸侯王与中央王朝之间的冲突更加激烈和尖锐：文帝三年即公元前177年，皇侄济北王刘兴居①发动叛乱，开同姓诸侯王反叛汉王朝之先河；三年后即公元前174年，皇弟淮南王刘长又欲叛乱，只是尚未行动就被朝廷剿灭。事实表明，此时的地方刘姓诸王已经羽翼渐丰，威胁到了朝廷的安危，成为汉王朝甚为头疼的重大难题。时梁怀王太傅贾谊②主动为朝廷分忧，积极上疏指出相关诸侯犯难的两个要害：一是亲疏不是关键，同姓王不一定比异姓

---

① 刘兴居（？—公元前177年），汉朝宗室，齐悼惠王刘肥第三子，汉高祖刘邦之孙；公元前178年，因剿灭吕氏势力有功，被汉文帝封为济北王；前177年，趁匈奴犯境之机举兵叛乱，后被俘自杀，济北国被撤除。

② 贾谊（公元前200—公元前168），西汉著名政论家和文学家，世称"贾生"。贾谊少年扬名，后被汉文帝征召入京委以博士之职，一年后被破格提拔为太中大夫，后因周勃等大臣排挤而被谪为长沙王太傅，故后世又称"贾长沙"或"贾太傅"。公元前173年被召回长安，任梁怀王太傅，后因梁怀王坠马身亡而深感歉疚，抑郁而亡，时年32岁。贾谊作品主要有散文和辞赋两类，前者以《过秦论》《陈政事疏》《论积贮疏》为代表，后者以《吊屈原赋》和《鹏鸟赋》为代表。

王忠诚可靠；二是相继叛乱，强者先反，弱者会前赴后"反"。贾谊最终得出结论：目前的这种诸侯国王分封模式，最终都会危及中央朝廷，因此需要打破这种模式，践行"众建诸侯王而少其力"（《汉书·贾谊传》），也就是通过多分封诸侯王国来削弱单个诸侯王国的势力，如此或可实现天下长治久安。文帝甚为欣赏，静待时机，及至公元前164年齐文王刘则①死后无子嗣承袭王位，文帝便以此为借口将齐地分封给刘则的叔叔们称王，即齐悼惠王尚健在的六个儿子；同年，又在淮南国内分封刘长尚健在的三个儿子为王。深入剖析就会发现，这两次分封的性质是不一样的：西汉初年王爵一直采取嫡长子世袭制，文帝将齐王国一分为六尚可说得过去，毕竟刘则无后，而且分封的也都是其父之弟。但是将淮南国一分为三就有嫌疑了，首先老淮南王刘长留有子嗣，而且长子健在；在时间跨度上也不正常，刘安受封是在其父亡后10年。如果说文帝分齐是歪打正着，实质上起到了分散削弱齐国势力的效果，那么此次分封淮南国就是正打正着了，就是冲着分散削弱王国势力的目标而精心谋局的。毫无疑问，汉文帝非常聪明，干得也非常漂亮，借刘则无子嗣之名分齐为六，又趁分齐之势顺便分了淮南国，实乃妙招②——甚至可以将其理解为之后汉武帝所倡"推恩令"的雏形。在这个意义上，大汉王朝"削藩"从此拉开了序幕，直接意味着近期诸侯国将越变越小，诸侯王将越来越多，其势力自然也就越来越弱。随后，一些诸侯王自保过激乃至叛乱，一些牵涉阴谋被套上谋反罪名，他们要么被诛，要么遭到流放，其辖诸侯国随之被除，最终诸侯王和诸侯国都将越来越少、越来越没有势力，

---

① 刘则（？—公元前165年），汉朝宗室，齐悼惠王刘肥之孙，齐哀王刘襄之嫡长子。公元前179年其父齐哀王刘襄卒，刘则承袭王位；公元前165年，刘则卒，无后，谥号"文"，故称"齐文王"。

② 贾谊所献策略确实在一定程度上帮助朝廷分散、削弱了地方诸侯王国的势力；但另一方面，汉文帝出于血缘亲情，对同姓诸侯王仍是姑息，与其后"七国之乱"脱不了干系，此是题外话。

到汉武帝中期就再也无法与中央朝廷分庭抗礼了。淮南王和淮南国亦是被挟持在这滚滚向前的历史洪流之中，按正史叙事，刘安先是心怀异志，继而密谋败露，再是伍被劝谏，最后是商议起兵和事败自尽；汉武帝元狩元年（公元前122），淮南王刘安自尽后淮南国被废除，中央重置九江郡，直到汉亡[①]。也就是说，自刘安亡后，淮南国作为行政区划便从西汉王朝的版图上消亡，淮南王这个王爵称号与其开创者刘邦之子嗣再也没有任何关系，刘安也就成了汉王朝的最后一任淮南王。

第二节　刘安与《淮南子》

刘安，刘长嫡长子，刘邦嫡孙。刘长，即是前文所述第二任淮南王，其父为高祖刘邦，其兄有汉惠帝刘盈、汉文帝刘恒、齐悼惠王刘肥、赵隐王刘如意、赵共王刘恢、赵幽王刘友。刘安出生在这么一个王侯之家，又是嫡长子，再加上阵容强大的家族背景，按理说会拥有一个幸福的童年。然事有不测，其父于公元前174年荒唐谋反而遭流放，行至雍县[②]便"不食"而死。随流放车队长途跋涉的很可能还有刘安母子，其间的"种种惊吓、屈辱、颠沛流离之苦和受人歧视的生活，必然在已经懂事的刘安心中留下浓浓的阴影"（漆子扬，2005：7）；其父的惨状及临死遗言"吾安能

---

① 西汉末年王莽新政失败后，其部将李宪据庐江郡自称淮南王；公元27年建淮南国，建都舒县（今安徽庐江）；公元30年东汉大军攻占舒县，李宪兵败被杀。这个昙花一现的淮南王和淮南国可以被视为东汉初年的割据军阀，已远非西汉王朝分封体系下的淮南王和淮南国。

② 春秋时期雍邑（秦国一度建都于此），秦始皇统一中国后置雍县，唐肃宗时改为凤翔，今陕西凤翔西南。

勇"①也一定让刘安深感有勇无谋和性格刚烈的无奈。这些非同寻常的经历教导着刘安，为人要收敛锋芒，做事需韬光养晦。

公元前 172 年，刘安 8 岁时被封为阜陵侯，其时淮南国因刘长谋反而被废除，所涉九江、庐江、豫章和衡山四郡直接归朝廷统辖。公元前168 年，汉文帝为表明自己并非贪图淮南国地盘，也并非有意加害其弟，决定复置淮南国，同时追尊谥刘长为淮南厉王，但留了一手，即调令城阳王刘喜前往统辖。也就是说，淮南国还是留存了下来，暂由刘喜代管。公元前 164 年，刘安 16 岁时受封为淮南王，终复得其父的王爵和封地，也算是享有了嫡长子的权利。一起受封的还有两个弟弟，其中大弟安阳侯刘勃被封为衡山王，在衡山郡改建衡山国，二弟阳周侯刘赐被封为庐江王，合庐江和豫章郡建庐江国，而刘安自己虽被封为淮南王，却只能在九江郡改建淮南国。也就是说，刘安任淮南王时其土地仅相当于其父的四分之一，并随时有被削夺的可能，故而为人处事更加谦卑、避免卷入政治纠纷，仅埋头用功于辞赋与炼丹道术。这大体上就是刘安的生存背景和生活状况，下有史书记录为证。

> 淮南王安为人好读书鼓琴，不喜弋猎狗马驰骋，亦欲以行阴德拊循百姓，流誉天下。时时怨望厉王死，时欲畔逆，未有因也。及建元二年，淮南王入朝。素善武安侯，武安侯时为太尉，乃逆王霸上，与王语曰："方今上无太子，大王亲高皇帝孙，行仁义，天下莫不闻。即宫车一日晏驾，非大王当谁立者！"淮南王大喜，厚遗武安侯金财物。阴结宾客，拊循百姓，为畔逆事。（司马迁，2012：2302）

---

① 全部遗言为："谁谓乃公勇者？吾安能勇！吾以骄故不闻吾过至此。人生一世间，安能邑邑如此！"详见司马迁：《史记·淮南衡山列传》（韩兆琦主译），北京：中华书局，2012 年，第 2298 页。

淮南王安为人好书，鼓琴，不喜弋猎狗马驰骋，亦欲以行阴德拊循百姓，流名誉。招致宾客方术之士数千人，作《内书》二十一篇，《外书》甚众，又有《中篇》八卷，言神仙黄白之术，亦二十余万言。时武帝方好艺文，以安属为诸父，辩博善为文辞，甚尊重之。每为报书及赐，常召司马相如等视草乃遣。初，安入朝，献所作《内书》，新出，上爱，秘之。使为《离骚传》，旦受诏，日食时上。又献《颂德》及《长安都国颂》。每宴见，谈说得失及方技赋颂，昏莫然后罢。安初入朝，雅善太尉武安侯，武安侯迎之霸上，与语曰："方今上无太子，王亲高皇帝孙，行仁义，天下莫不闻。宫车一日晏驾，非王尚谁立者！"淮南王大喜，厚遗武安侯宝赂。其群臣宾客，江淮间多轻薄，以厉王迁死感激安。（班固，2005：1652）

前一条记录源自《史记》，后一条记录源自《汉书》，两者基本可信，深入研究就会发现两者的共同点和《史记》留下的疑点。相同之处是：（一）刘安喜读书爱学习，琴棋书画应该都懂一些，具有士大夫文人的气质。（二）刘安有声誉有威望，内行仁义，外施恩威，故而流誉天下。（三）刘安性随和喜交际，与武安侯素有往来，亦与一般宾客交往，颇有春秋战国君子风范。上述对刘安的相关史录及推断与刘安的王侯身份、社会家庭背景，尤其是性格特征十分吻合，基本属实。

按理说，《史记》记录至汉武帝，武帝时所发生的相关史料最为丰富，也最为真实，然而这最为丰富的真实史料也未必就能如实记录，毕竟利害关系人汉武帝还健在人世。是故相关《史记》，汉之前的史录尽可相信，除非太史公了解不周，非其人力所能为；独汉朝史录未可尽信，太史公虽是人中圣贤，也得顾忌自己的生存和《史记》的命运，如其把刘安降到列传行列就是有所顾忌。据此推之，《史记》相关刘安的记录有以下疑点：（一）司马迁在撰写刘安谋反时运笔似有勉强。综观《史记》相关记录文字，总是会出现"欲畔逆""为畔逆事""谋反滋甚"等字眼，但刘安直到自杀也未起兵。事实上，七国之乱（公元前 154）被平息后景帝收回诸侯王任用官吏和征收赋税的权力，加之武帝推广"推恩令"（公元前 127），此时刘安已经无权过问自己封国的大政方针了，业已无兵可起；一生崇尚无为、强调顺天地之道的刘安再糊涂也会看到眼前的这个形势，怎会逆势而为地去谋反？再者，对刘安谋反的记录实在缺少过程性叙述，主要也就是刘安与伍被的对话，而他们之间的对话显然来自伍被向朝廷提供的供词，其真实性甚是令人怀疑。就是上列武安侯迎刘安于霸上时的对话也疑窦丛生：首先，汉武帝是武安侯田蚡的亲外甥，而且两人都崇尚儒术，此时正联手对付窦太后，正常情况下田氏断不会出卖外甥皇帝。其次，刘安信道术，田蚡信儒术，两人思想价值观念不同，可谓"志不同道不合"，不到迫不得已的情况两人断不会联手谋反叛逆。两人见面说些礼节性的客套话是自然，但"道不同不相为谋"，断不会轻易地说出诸如"宫车一日晏驾，非大王当谁立者"这样大逆不道的话。最后，刘安入朝的建元二年（公元前 139），武帝仅 17 岁，刘安已 40 岁，田蚡会昏庸到说"上无太子""宫车一日晏驾""非大王当谁立者"这样的笑话？更为重要的是对刘安案件的调查，"辟阳侯孙审卿善巫相公孙弘，怨淮南厉王杀其大父，乃深构淮南事于弘，弘乃疑淮南有叛逆计谋，深穷治其大狱"（司马迁，2012：2312）。这个审卿，其祖父即是被刘安父亲刘长锤杀的老辟阳侯审食其，出于怨恨径直跑到好友主管此事的丞相面前描黑淮南王刘安；而这个丞相公孙弘原本就是深知仕途浮沉技巧、善于迎合上意且有城府的精明之人，在武帝欲削诸侯、刘安欲遭重挫、好友审卿相托的情况下很可能不会秉持公道，其调查结论会是甚合"上意"。早在 20 世纪 80 年代初，《淮南子》研究专家陈广忠先生就撰文质疑，并断言："谋反只不过是武帝玩弄借口杀人的把戏而已……在门客、庶子、酷吏、仇敌、儒生、武帝的共同打击下，致使淮南王身败国亡。"（陈广忠，1981：85，88）目前对刘安谋反是冤案持赞成态度的大有人在，如陈广忠（1981：82—88；2007：11—13）、漆子扬（2005）、姚治中（2001：2—6）等。如果刘安谋反真的是朝廷上下默契配合有意促成的冤案，那么司马迁在撰写《史记》时就有可能迫于汉武帝淫威不敢不基于官方论调，但又有违于史家之良心和道德底线，最后只能勉强著录，逻辑时有破绽。著《汉书》的班固倒是没有这样的掣肘，但苦于没有发现更多相关谋反的真凭实据，最终对于这桩皇宫大案也只能多多抄录司马迁之说了。（二）《史记》对刘安的文学成就似欲言又止。《史记》是我国最早的纪传体通史，以本纪、世家和列传人物为纲、以时间和事件为纬，以期全面展现历史原貌；其体裁形式先后分为本纪、表、书、世家和列传五类。太史公的《史记》共 130 篇，其中本纪 12 篇，用以记述历代帝王言行和政绩，如"秦始皇本纪"和"孝武本纪"；世家 30 篇，用以记述王爵世袭之诸侯国王的封国史迹以及一些极其重要历史人物事迹，如"鲁周公世家"和"齐悼惠王世家"；列传 70 篇，用以记述帝王和世家之外其他各方面杰出代表人物的生平事迹和相关少数民族情况，如"老子韩非列传"和"司马相如列传"；表 10 篇，用以简列相关人物、世系和史事等，如"汉兴以来诸侯王年表""六国年表"；书 8 篇，用以记述礼乐、天文、地理、兵律等相关重要制度的发展，如"历书"和"河渠书"。按照太史公的体例和思路，刘长是刘邦幼子，其王爵"淮南王"是世袭的，经历所谓"谋反"风波后终由其长子刘安承袭，当如其兄刘肥一样被列入世家；再观刘安其人，"流誉天下"，以其家世和影响列入世家应该是合情合理的。是故，将刘长这一嫡系列为"淮南王世家"，主述刘长、刘安和刘喜，兼及刘勃、刘赐和刘良，牵涉六王三侯，这阵容绝对够格，甚至有些豪华。然后太史公一反常规，将这一嫡系降低到列传行列，不能不说有外因的影响，即"谋反"一案的影响。太史公思来想去，将其置于"司马相如列传"之后集成"淮南衡山列传"，算是对刘安文学才干和成就的默认，毕竟刘安以文学见长且留有巨著[①]；然而，太史公欲言又止，全书对刘安的文学成就及著作只字未提，定是另有隐情。前文论述过，相较《史记》而言，《汉书》对刘安的记录要更为客观、更为全面。果不出预料，《汉书》就较为全面地记录了刘安的文学才干和成就：武帝早晨召传刘安作《离骚传》，刘安午餐时分便能满意上交。刘安入朝时所献《内篇》，"上爱，秘之"，要知道武帝当时也是附庸风雅，具有一定的文学素养和鉴赏能力。还有其众多著述，包括二十一卷《内书》、八卷《中篇》以及多卷《外书》，计有二十余万字，"言神仙黄白之术"（《汉书·淮南衡山济北王传》）。想来，"言神仙黄白之术"倒是个很好的脚注，极有可能是刘安言"道"与武帝尊"儒"发生了强烈的冲突，最终武帝胜出，刘安被套上"谋反"的罪名成了反面人物，《淮南子》也就被束之高阁了。后来，东汉高诱校注《淮南子》时言明"睹时人少为《淮南》者，惧遂凌迟"（何宁，1998：6），反而推之，当时人们阅读或谈论《淮南子》会被处以"凌迟"这样的极刑。当年，太史公为了继承父志写史而不惜受宫刑羞辱；同样，为了写完《史记》并能够传承下去，太史公理应更加理智地面对霸道的武帝及当时的形势，在采取一定程度的冒险举止前他应该能够冷静地三思而后行。

　　总之，淮南王刘安在西汉紧锣密鼓的削藩潮流中，于汉武帝元狩元年（公元前122）因"谋反"败露，惧于被究而自杀身亡。造成刘安自杀的原因是多方面的，最主要的原因应是"刘安以道家无为学说的统治

---

① 刘安向汉武帝进献《淮南子》约在公元前139年，所谓"谋反"已是12年后的事情，因此刘安撰有《淮南子》应为众人知晓；司马迁约出生于公元前145年，年轻时不仅饱读诗书，还游遍各地以便收集历史资料，即便没有见过，也应当听说过此书，毕竟其游学集中在"今天的中原及江淮地区"（详见杨铭：《论司马迁游学》，载《辽宁工程技术大学学报》（社会科学版）2009年4期，第376—378页）。

理论与汉武帝有为政治的矛盾，以淮南文化中心与中央专治文化为表层形式的地方分权与中央集权的政治斗争的矛盾"（漆子扬，2005：17）。需要补充的是，刘安一生言道悟道、提倡无为而治，对眼前的政治形势和潮流走向是清楚的，故而转向著书立说，无意于这场注定要满盘皆输的权力斗争，但他还是回避不了，终究成了汉朝历史上最后一位淮南王。当然，淮南王作为汉高祖开创并授予的王爵称号，因西汉王朝及淮南王的历史影响，而为后来的许多王朝继续"沿袭"采用。据不完全统计，仅《资治通鉴》《二十五史》《辞海》等正史文献中出现的淮南王就不下20位，其中汉朝淮南王影响最大，尤以淮南王刘安为甚，是故言说中的淮南王一般都是指汉朝的淮南王，有时就特指刘安。至于刘安的是非功过，倒不是本书应有的话题，限于篇幅暂涉而不论。但是前文《汉书》提及刘安著有《内书》《外书》《中篇》，确实给中华传统思想文化增添了浓墨重彩的一笔，其中《内书》及其译介即是本书的研究对象。

前文已经论述，刘安是一位具有士大夫文人气质和才干的诸侯王，甚至以自己及淮南国为中心形成一个在当时颇有影响力的思想文化中心。当时刘安周围有数千宾客方术之士，或论道，或编著，或炼丹求仙。就刘安著述而言，前引《汉书·淮南衡山济北王传》即有《内书》21卷、《中篇》8卷、《外书》多卷[①]、《离骚传》1卷[②]、《颂德》1卷、《长安都国颂》1卷。另，《汉书·楚元王传》提及《枕中鸿宝苑秘书》，《汉书·严助传》提及《谏伐南越书》，这两类书篇数不明。再来看《汉书·艺文志》，记有《淮南内》21篇、《淮南外》33篇、《淮南诗歌》4篇、《淮南王赋》82篇、《淮南王群臣赋》44篇、《淮南道训》2篇、《淮南杂子星》19卷、《淮南王兵法》若干卷。上述记载基本可信，原因有以下两点：

---

① 与《汉书·艺文志》记载"《淮南外》三十三篇"所指应属同一种书。
② 因没有载明具体篇数，姑且以卷为单位，意可包含一至多篇，下同。

（一）《汉书》是史书，较好地继承了《史记》的"实录"风范。（二）刘安的那些事距班固编撰史书约 200 余年，这段时间不长不短，于著述历史而言恰到好处：不长，是相较于传说中的三皇五帝而言，毕竟前朝往事仍应历历在目且有语言文字，基本无须像太史公那般地努力去探索模糊的远古时代；不短，是相较于从绿林军中杀出并开创光武中兴的刘秀而言，毕竟是前朝往事且大都事过境迁，基本没有太史公撰写《史记》时的掣肘，班固大可放开手脚如实记录。尤其是《汉书·艺文志》，大体根据刘向[①]父子的《别录》和《七略》编著而成，"是距刘安生年最近的一部目录学著作，收录刘安有关著作书目应该最为完整确切"（漆子扬，2005：33）。甚为遗憾的是，《史记》和《汉书》中提及的众多著作大多散佚。汉以后的书籍中也有提到刘安其他作品的，如《淮南王食经》（《隋志》），只是所涉作品要么无可考证，要么属于后人伪作，基本不可信，这里就不展开了。总而言之，刘安著述颇丰，但真正较好地流传下来的"仅有《淮南子》、《招隐士》、《谏伐南越书》"（漆子扬，2006：41）；即便仅有一部《淮南子》，也足以让淮南王刘安在历史的天空中如恒星般耀眼，曾被胡适赞为"集道家的大成"（胡适，2006：109），而道家又是中国古代传统思想文化的集大成者。

　　《汉书·淮南衡山济北王传》所言二十一篇之《内书》就是同一段落中刘安入朝觐献的《内篇》，即《汉书·艺文志》载录的二十一篇《淮南内》，也即现今的《淮南子》。刘向为朝廷整理图书写就的《别录》首开《淮南子》归入"诸子"部的先河，后世大都认可并继承了这种分类：其子刘歆将《别录》简化升华为《七略》，《淮南子》自是归入"诸子略"；

---

① 刘向（约公元前 77—前 6 年），汉高祖刘邦弟刘交四世孙，西汉著名目录学和文学大家，曾奉诏整理宫廷所藏诸子诗赋乃至五经秘书近 20 年，撰有中国最早的目录学著作《别录》，后其子刘歆删繁就简汇编成中国最早的图书分类目录《七略》。应该说，《别录》和《七略》所列书籍，刘向父子至少见过，确实存在。

班固主要基于《别录》和《七略》写成《汉书》的十志之一即《艺文志》，自此《淮南子》归入"诸子略"杂家类便取得了史学家的认可；再往后，世人改"六部"为"四部"，《淮南子》自然也就归入了"经、史、子、集"之子部。进而言之，《淮南子》属诸子书籍无疑，但其思想内容归根结底属于哪派哪家言论至今学界尚无统一认识①：部分认为应该归属道家，如梁启超《梁启超论清学史二种》②；部分认为应该归属杂家，如刘文典《淮南鸿烈集解》③；部分认为以道家为主兼收各家成果，如高诱《淮南鸿烈解叙》④；部分甚至认为其自成一家，如陈广忠《〈淮南子〉的倾向性和淮南王之死》⑤。现录东汉学者高诱校勘《淮南子》时写下的一段评论做个注脚，"其旨近老子，淡泊无为，蹈虚守静，出入经道。言其大也，则焘天载地；说其细也，则沦于无垠，及古今治乱存亡祸福，世间诡异瑰奇之事。其义也著，其文也富，物事之类，无所不载，然其大较归之于道，号曰《鸿烈》"（张双棣，2013：1—2）。要而言之，《淮南子》大体上倾向于道家，兼及诸子百家思想，融会贯通而成，以期能够言大道、明事理，在某种程度上可以视为汉初黄老学说理论发展的代表性作品。至于《淮南子》究竟属于诸家中的哪一家，抑或自成一家，留待日后细加考证和深入研究吧，此处涉而不论，暂回主题即《淮南子》的主要内容梗概。

---

① 相关《淮南子》的另一"谜案"就是其作者。到底有哪些人直接参与了《淮南子》的著述，目前学界亦无定论，但刘安无疑是编写的主要组织者乃至主要撰写人。此处不便展开深入研讨，姑且把这一功劳和荣耀留给淮南王刘安，以表其突出贡献。

② 参见梁启超：《梁启超论清学史二种》，上海：复旦大学出版社，1985 年，第 369 页。

③ 参见刘文典：《淮南鸿烈集解》，北京：中华书局，1997 年，自序。另，陈广忠先生通校本书时指出：历代正史都归其为杂家。

④ 参见张双棣：《淮南子校释》，北京：北京大学出版社，2013 年，第 1—2 页。

⑤ 参见陈广忠：《〈淮南子〉的倾向性和淮南王之死》，载《江淮论坛》1981 年 1 期，第 82—88 页。

本书研究对象主要是《淮南子》国内传承和国外译介研究，自是少不了对其原文的相关探讨，诸如原文及其内容、作者及其生平、思想流派和写作风格等，而且选取原文或原文本进行相关论述时最好选用两部英译文的底本。至于中国学者翟江月译文的底本，由于作者没有在译本中或其他场合提及，无从得知；不过为了深入研究，拟在后面章节做进一步深入探讨。至于美国学者马绛译文的底本，译者在"Introduction"部分就已经说明，采用香港商务印书馆出版的香港中文大学中国文化研究所"先秦两汉古籍逐字索引丛书"之《淮南子逐字索引》作为标准底本（John S. Major, Sarah A. Queen, et al. 2010: 36-37）；另一方面，《淮南子逐字索引》所附原文是艺文印书馆刘泖生影钞宋本的副本，但刘殿爵先生在汇编《淮南子逐字索引》时深感"传世刊本，均甚残阙"，故"今除别本外，并据其他文献所见之重文，加以校改"（刘殿爵，1992:凡例）。也就是说，Major 等人在翻译《淮南子》时所依据的真正底本，当是刘殿爵先生依据刘泖生影钞宋本校勘整理后的校订本。如无特别说明，后文所论原文或所引原文字段，均是《淮南子逐字索引》中经刘殿爵校勘后的原文及相应字段；另，《淮南子逐字索引》采用的是繁体横排版式，由于避讳、异体、变体以及简繁体不完全对应等复杂情况，在引用时也采用原书中之横排版式，并将繁体字改为相应的简体字。

探讨《淮南子》的主要内容，最直接、最有效的途径当是直接研读原文，用原文的思想内容和篇章结构铺陈开来，任何他人的探讨和研究成果最多只能作为某种参考。先来探讨《淮南子》的写作目的：

> 夫作为书论者，所以纪纲道德，经纬人事，上考之天，下揆之地，中通诸理。虽未能抽引玄妙之中哉，繁然足以观终始矣。总要举凡，而语不剖判纯朴，靡散大宗，则为人之惛惛然弗能知也；故多为之辞，博为之说，又恐人之离本就末也。故

言道而不言事，则无以与世浮沉；言事而不言道，则无以与化
游息。故著二十篇，有《原道》、有《俶真》、有《天文》、有
《地形》、有《时则》、有《览冥》、有《精神》、有《本经》、有
《主术》、有《缪称》、有《齐俗》、有《道应》、有《氾论》、有
《诠言》、有《兵略》、有《说山》、有《说林》、有《人间》、有
《修务》、有《泰族》也。（刘殿爵，1992：223）

　　这是《淮南子》最后一篇的开篇之言，道明其写作目的是整饬纪纲、
宣扬道德、整顿人事，所以要问天道、度地理、通诸事。至于如何论述，
著者担心一味地要言概括会让读者不明就里，反之，一味地广博述说又
易让读者舍本逐末，所以既要言抽象的道又要述具体的事，这样才能让
读者既不稀里糊涂又不本末倒置，故而写下前面的二十篇。当然，第一
步是要把道说明白，所谓"故圣人所由曰道……道犹金石，一调不更"
（刘殿爵，1992：121），道为本，是必须要遵守的，就像金石一样，千
古不更。第二步才能用道去把事说清楚，所谓"所为曰事……事犹琴瑟，
每终改调"（刘殿爵，1992：121），事为末，是要去表现的，就像琴瑟一
般，每有变换。最后，读者才能从阅读学习中受益，即使碰到新生事物
或复杂局面，也能够凭借相关的广博学识去把握其本末和轻重。由此可
以推知：（一）《淮南子》实为二十篇，"要略"实为"叙"，即"序"，也
即现在的"前言""引言""绪言"乃至"导言"等。"序"在古代就是
一种文体，至迟在西汉时期就应该普遍存在了；类型上可以分为自序和
他序，前者如司马迁为《史记》所作的"太史公自序"，后者如刘向父子
每整理校完一本书都要随后附作"叙录"，交代本书的出版宗旨、编辑体
例、著者生平、写作目的、主旨内容或相关重要评论等。可能正是上述
史学鼻祖和目录学鼻祖的示范，后人大凡有著作问世都要作"叙"，即便
是校勘注疏之作，如高诱校勘《淮南子》时自作之"叙"。只是，古代著

作的"叙"或"序"大都置于书尾，如前文所涉"太史公自序"。（二）《淮南子》正文20篇有本末或主次之分。进而言之，第1—8篇论道，是"本"，属于理论阐述部分；第9—20篇言事，是"末"，属于应用实践部分。再深入分析的话，就会发现第1篇《原道训》是"本"之总纲，总述"道"的本质和特征；"末"之总纲即第20篇《泰族训》，是总括行事所要遵行的治道原则。要而言之，整部著作根据论述内容可分为"本"和"末"两部分，具体到"本"和"末"又相继采用"总分"和"分总"模式，依次推进。（三）《淮南子》首开论"道"，终于人"事"；思想内容上可谓始于道家，终于儒家，中采百家之言，由此形成一部结构完整且论述严谨的鸿篇巨制。下文依次对每篇做一简介，以便迅速把握全书的主要内容梗概。

第1篇《原道训》提出天地万物之根源在于"道"，继而论述了"道"的基本性质、作用和变化规律。"道"生万物，在空间上无处不在，在时间上无穷无尽，在形态上百般变化，但其作用又是无时不在，因此只有尊崇天道、保住天性，才能应对事物的万般变化。

第2篇《俶真训》探究宇宙始终的变化，继而指出人类社会道德沦丧、仁义丧失的历史过程，进而提出只有"遗物反己""至道无为"，才能实现大治的终极理想。

第3篇《天文训》全面概括了当时历法、气象、乐律、计量标准等方面的最高成就，涵盖传统思想文化中的阴阳、四季、八风、十二律、二十四节气等知识，旨在指导人们能够顺从天意而不乱常法。

第4篇《地形训》全面总结了当时人们观察大地的最高认识，宏观地描绘了"九州"地貌，所谓"土有九山，山有九塞，泽有九薮，风有八等，水有六品"；另，还较为全面地介绍了各地珍奇物产及其与各地土质气候的关系。其目的是便于世人充分地掌握相关地理知识，从而与地相应，顺乎自然。

第5篇《时则训》分别细说一年四季十二个月的相关现象和事宜，顺及四季之变、节气之分以及东南西北中五个区位的相应政令，旨在告诉人们要依时而行，尤其是君主，更要知道按时推行教化。

第6篇《览冥训》阐明自然与人所涉万事万物之间的相互关系及其变化规律，从而引导人们全面观察并深入思索，通过显示出来的征兆发现事物的本质和规律，最终返璞归真，无为而治。

第7篇《精神训》探究生命的来源和构成，进而提出养身次于养神，养神重在"原心返本"，故而世人应该颐养自己的精神，从而坚守这"虚无之宅"而不为外欲所扰乱。对于君主而言，无为而治是长治久安的根本，仁义礼乐仅能治标不治本，故修身养性并摒弃贪欲实乃君主的正道。

第8篇《本经训》主要记录民间流传的一些神话故事和圣贤传说，以期明了治世安民的道理；并通过陈述古今兴衰的变化来"明大圣之德，通维初之道"，最终使人废弃耳目聪明而颐养性情，使君主保持操守而主次有别。

第9篇《主术训》阐述统治之术重在"无为"，君主需要清心寡欲、掩好藏智，需要把持权柄、提名责实，需要监督群臣、各尽其能并反复考察，最终使得百官各司其职、人尽其才，国家也就大治了。

第10篇《缪称训》剖析道德伦理、细说人间事务，并通过各种典型事例设喻说理，以告诉世人如何应对外在事物。为人君者，尤要加强自我修养，用精诚之心统驭自己的臣民。

第11篇《齐俗训》论证九夷礼俗的来源和作用，并着重强调礼俗没有高低优劣之别，因此世人既要尊重各种礼俗，又要因地制宜地制定相关规则制度，以其"道"作为循礼制礼之根本。

第12篇《道应训》借用50余则成功事例论述祸与福、利与害相互转换的辩证关系，以验证老庄的"无为"思想，继而指导世人揣摩得失之趋势并依此行事。

　　第 13 篇《氾论训》，顾名思义即泛论博说世间古往今来之得失，说明天下有"常"，但也需随着具体世事、情理的改变而适时应变，才能不为势利淹没，不被琐事诱惑。

　　第 14 篇《诠言训》即诠"无为"之言，"无为者，道之体也"；人君治国需无为而治，首先要修身返性、无欲守常，等时机与条件成熟时方可行"外王"之事，达到治乱的根本。

　　第 15 篇《兵略训》阐述相关战争攻伐的军事理论，涉及战争的起源、性质、与政治之间的关系，以及战略战术，充满了辩证法思想。用兵的最高境界是"不战而止"，即通常所言"不战而屈人之兵"；达此境界需广积累、因民欲、兴义后，再待机而动。

　　第 16 篇《说山训》和第 17 篇《说林训》分别以"委积如山"和"若林之聚"的寓言及故事来喻说"道"，从而"窍窕穿凿百事之壅遏，而通行贯扃万物之窒塞"，以帮助人们排疑解难，领会所言之"道"。

　　第 18 篇《人间训》通过 40 余则关于祸福得失等的哲理性小故事阐明了人世间的各种对立关系，从而教导后人如何分辨百事隐微之处，把握存亡之关键，事涉祸福、得失、利害、损益、取舍、功罪、毁誉等现实生活的诸多方面，具有很强的辩证法意味和实践指导意义。

　　第 19 篇《修务训》在批判消极无为观的基础上提出自己的顺应自然、遵循规律的积极无为观，兼而多角度地强调学习和修养的重要作用，至今仍有相当强的借鉴意义。对于人君而言，就是要积极地用仁义之道以济万民；对于众人而言，就是要积极地读书修身以不断进取。

　　第 20 篇《泰族训》总结全书的主要内容及观点，并借机进一步提出一系列理国治政之要——这应是刘安入朝献书的初衷，再浓墨强调一次与全书"总—分—总"的谋篇布局也是吻合的。所谓"有天下者，非谓其履势位，受传籍，称尊号也；言运天下之力，而得天下之心也"，"有天下者"即为人君者,是真正为天下人谋利从而深得民心者,为天下人谋利就要行仁义之道,总之"德形于内,治之大本"。

第21篇《要略》详尽地交代了《淮南子》写作宗旨、主要内容、行文方法、语言特征及其时代背景等。显然,作者的写作态度是严谨认真的,有寄厚望之愿。

纵览全书,《淮南子》始于形而上论"道",继而兼采百家思想的合理内核从多个层面展开论述,以期能够说服诸君形而下行"事",最终自然而然地落脚在基于"道"而施仁政,颇具说服力。作者严谨而认真地著书20篇,希望"天地之理究矣,人间之事接矣,帝王之道备矣",从而使自己也能像老子、庄子、孔子、墨子等诸子一样,为社会的发展建言献策——其中所体现出来的那种积极探索、求真求善、勇于担当的精神,正是中国历代知识分子最为可贵的文化品格和人文修养。

第三节 《淮南子》书名嬗变

一、弃《鸿烈》改称《淮南》

仔细研读《淮南子》原文就会发现,最初的书名应是《鸿烈》:原作最后一篇《要略》有言"《泰族》者,横八极,致高崇,上明三光,下和水土,经古今之道,治伦理之序,总万方之指,而归之一本,以经纬治道,纪纲王事……故德形于内,治之大本。此《鸿烈》之泰族也"(张双棣,2013:2175)——这是在概述该书第20篇《泰族》时的用语,表明此处所言乃《鸿烈》第20篇的主旨,由此推断该书确实已被编著者取名为《鸿烈》。及至东汉,高诱在校勘《淮南子》时在其前言《淮南鸿烈解叙》中注解"鸿，大也；烈，明也；以为大明道之言也"（张双棣，2013：2），以说明书名定为《鸿烈》的原因，即符合该书言大道、明大道的主旨。这就从根本上说明，该书的正式定名应是《鸿烈》，为淮南王刘安所著，故又称为《淮南鸿烈》，如高诱撰《淮南鸿烈解叙》及刘文典校《淮南鸿烈集解》。后人改称《淮南子》，显然是将刘氏之书视为诸子百家流派之一，从而体现出他们对该书的认可和尊敬。在这个过程中大致有两个拐点，最终完成由《鸿烈》到《淮南》再到《淮南子》的约定俗成。

　　先来论述第一个拐点，西汉目录家鼻祖刘向和刘歆父子弃《鸿烈》而启用《淮南》，可谓"歪打正着"，迈出了刘氏书名成为《淮南子》的关键性第一步。公元前26年，汉成帝[①]鉴于宫廷藏书散佚残缺甚多，便下诏遣派谒者陈农[②]组织人员到全国各地搜集遗书，时任光禄大夫的刘向自然就被诏去总负责校勘和整理这些征集到的遗书，并专门负责诗赋、诸子及经传等典籍，此外还与其子刘歆专门负责领校天禄阁秘书[③]。在当时，刘向是最有可能目睹朝廷上上下下所有图书全貌的第一人，包括全国各地搜集到的遗书、朝廷原有的藏书乃至不示于外的秘书，都需要经其手整理和登记；当然校勘、整理这些图书也是一件浩大、庞杂的工程，刘向自此耗尽一生，后由其子刘歆继续总领书籍的典校整理工作。刘向总计校书13219卷，牵涉306家，并分成6大部类38种；每种书校完后

---

①　刘骜（公元前51—前7年），汉元帝刘奭与孝元皇后之嫡子，公元前32至前7
　　年在位；在位期间，派人在全国范围内大规模地采集图书文献，并命刘向总负责
　　校勘和整理，且诏刘歆与其父一起领校宫廷藏书。
②　陈农，生卒年代不详，汉成帝年代任谒者（有奉使之职，故后人又称"使者"）。汉
　　成帝时期全国范围内的图书搜集，无论是对典籍的整理、保存还是传统思想文化的
　　传承，都产生了深远的影响；鉴于陈农的汗马功劳，后人常用其名指代搜求遗书
　　者，见唐人司空曙诗《送李嘉祐正字括图书兼往扬州觐省》，"儒官比刘向，使者得
　　陈农"。
③　史称"中秘书"，即内秘府藏书。

都配有简明的内容摘要，涵盖具体书名和含义、作者和生平思想、书的性质类别和评论思想、校勘过程和学术源流；每部类完成后均撰写相应的类序和部序，最后汇编成《别录》，计有二十卷。刘向所分六部分别是六艺、诸子、诗赋、兵书、数术和方技，另在六部前撰有一篇概括性总序；后来，其子刘歆在此基础上删繁就简，对应形成辑略、六艺略、诸子略、诗赋略、兵书略、数术略和方技略的"1+6"之构架，汇编后定名《七略》，意要留存《别录》七部之略。令人遗憾的是，《别录》和《七略》传至唐宋就基本散佚了，现今只能根据《汉书·艺文志》来推之其梗概，但仍不失为中国历史上第一部系统的综合性分类目录书和目录学著作，对后世产生了深远的影响。可以说，至少刘向父子应该见过《鸿烈》，然而当年刘安"谋反"已成板上钉钉，其书《鸿烈》业已成为秘书乃至禁书，"鸿烈"已经成为敏感字眼，最好弃而不用，此其一。其二，刘向父子当年校勘整理书籍时不仅要梳理分类，还要经常给书命名，因为古人的书往往没有书名。当年所藏刘安著述不在少数，最好能有一个统一的指称，再细加分类；于是，统一以《淮南》称之，再分别命名为《淮南内》《淮南外》《淮南诗歌》《淮南王赋》《淮南王群臣赋》《淮南王兵法》《淮南杂子星》等，最后按其性质和特征分别归到相应的部和类中去，似乎是一个很好的选择。其三，《淮南内》由于其一流的水平和较高的声誉，在刘安所有著述中占据重要地位，乃至成为刘安所有著述的代名词；反而推之，《淮南》有时也用来专指《淮南内》，即《鸿烈》，尤其是在喜读此书的封建士大夫们交流阅读感受的过程中。当然，这仅是一个较为合理的推测，毕竟在现今出版的《汉书》和《别录》相关著作中，尚未见到刘向把《鸿烈》改称为《淮南》的明晰记录。再退一步说，刘向成为把《鸿烈》改名为《淮南》的始作俑者是毫无疑问的，现录东汉高诱校勘《淮南子》时所撰《淮南鸿烈解叙》中的相关文字为证，"光禄大夫刘向校定撰具，名之《淮南》"（张双棣，2013：2）。刘向父子弃《鸿烈》而改名为《淮南》，不管是出于形势所迫还是分类编目考虑，都在某种意义上启迪了《鸿烈》的另一种命名，直至约定俗成为《淮南子》，其功不可没。

二、承《淮南》启用《淮南子》

东汉校勘大师开始承袭书名《淮南》，继而使用《淮南子》，可谓"正打正着"，为刘氏之书约定俗成为《淮南子》奠定了最为坚实的一步，此为前文所论两个拐点中的第二个拐点。有学者根据《西京杂记》卷三言"淮南王著鸿烈二十一篇。鸿，大也。烈，明也。言大明礼教。号为淮南子，一曰刘安子"推论，《淮南子》称"子"肯定始于"《西京杂记》问世的魏晋时代"（陈静，2004：18）。目前来看，这一论断有点过时了，原因有二：其一，《西京杂记》的原作者极有可能是西汉末年的刘歆而非东晋年代的葛洪，葛氏仅是辑抄从而为世人所知罢了，而且《西京杂记》所记多为西汉年代的遗闻逸事。其二，《淮南子》称呼始于魏晋时代，不太符合社会历史发展的事实，尤其与东汉中后期重新重视道家思想不太吻合。客观而言，当刘向父子改《鸿烈》为《淮南》，并将其归为诸子部或略时，稍后人们在交往的过程中就极有可能像《老子》《庄子》《孟子》《墨子》等诸子书名一样尊称其为《淮南子》。这一可能在历史发展到东汉王朝时成为现实：首先，西汉年间的帝王将相与普通百姓一样都随之淹没在历史尘埃中，东汉人没有了刘安"谋反"时的政治形势和顾虑，自然会有一部分人开始逐步接触、关注、阅读淮南王的著述，从中汲取养分后不禁会感叹其博大精深，自然也会产生一种敬意，淮南王的形象会渐渐高大起来。其次，"子"在古代可特指"有学问的男人"（中国社会科学院语言研究所，2016：1733），成为男人的美称。在秦汉年代，士人崇尚诸子学识思想，有喜称"子"

的传统和做法，如辞赋大家扬雄经常自称"扬子"，甚至刘向父子在整理图书目录时都乐意把诸子著述单独列为一类，称为"诸子部（略）"。细加考虑就会发现，"淮南"一词概括性较高，既可指王国"淮南"，也可指王侯"淮南"，还可以指刘安的这部书"淮南"；于是，喜欢《淮南》的部分士人交流时就会在"淮南"的后面追加一个"子"，既可显示对淮南王的敬意，又可指称这部高大上的鸿篇巨制。最后，东汉中后期社会政治危机加剧，"儒学开始衰微，老庄思想重新被发现"（李秀华，2009b：28），此时主旨近"道"的《淮南子》也就开始受到重视，注解《淮南》并宣扬其"道"成为一种形势需求。于是许慎、马融和高诱等校勘大师相继选校《淮南子》并为之注解，人们也随之争相阅读学习，诚如《淮南鸿烈解叙》所言"故夫学者，不论《淮南》，则不知大道之深也。是以先贤通儒述作之士，莫不援采以验经传"（张双棣，2013：2）。由此推之，东汉中后期《鸿烈》开始受到欢迎和尊重，口头交流中尊称《淮南》为《淮南子》，继而在正式场合中使用开来应该是自然之事。曾有学者考证，东汉时期"桓谭的《新论》、王逸的《楚辞章句》、《吕氏春秋》高诱注都有使用《淮南子》之名的现象"（李秀华，2009b：27）。这表明，刘向父子所定书名《淮南》已经过渡到《淮南子》，并由口语正式进入书面语。《淮南》被尊称为"子"书，一下子就凸显出了《淮南子》的学术水平和地位，大家也就迅速地接受并使用开来，表明世人对淮南王刘安学术贡献和历史地位的认可。总而言之，包括高诱在内的校勘大师，有些直接给《淮南子》校注，有些在其他语言文字工作中承袭书名《淮南》，继而使用《淮南子》，有意将士人对淮南王及其著作的敬意凸显出来，也是有意肯定淮南王及其著作的学术水平和地位，达到了比较好的传播效果，可谓"正打正着"，居功至伟。

第四节　《淮南子》版本演绎

一、二十一卷本体系

需要先行说明的是，《淮南子》具体出书年代已不可考，毕竟秦汉年代还没有像近现代这样的出版社可以标示其面向公众的付梓；具体到其成书年代，考证起来难度也大，毕竟两千多年过去了，其原始文本也早就散佚。但是相关史书有零星记载，《史记·淮南衡山列传》载有"建元二年，淮南王入朝"（司马迁，2012：2302），《汉书·淮南衡山济北王传》载有"安入朝，献所作《内篇》"（班固，2005：1652）。综合起来可以推断，《淮南子》应该成书于武帝建元二年即公元前139年之前——知道这个大体成书年代后，基本可以就此论事了。现今所能阅读到的《淮南子》主要是依据相关史书记录信息以及各校注本"复原"得来的，尤其是后者；即便所能见到的最早校注本即许慎和高诱分别勘定的校注本，亦非原貌。中国的古代典籍基本如此，越是年代久远，流传下来的版本就会越多。

《淮南子》也是一样，曾经流传的版本甚众。理论上可以先把《淮南子》版本分为完本和删节本，前者如明正统十年（1445）刊出的"道藏本"和清乾隆五十三年（1788）武进"庄逵吉校本"；后者如明归有光辑评《诸子汇涵》之《淮南子》，仅节录其中七篇。有学者根据相关资料统计，迄今为止"《淮南子》的完本现存87个，删节本31个。其中存于中国的有：1个宋本，25个明本，19个清本，24个民国以来的版本。日本和本17个，朝鲜本1个"（陈广忠，2011：8）。目前而言，这个统计结果有些过时了，仅外译本而言就增加了3个全译本：一是加拿大学者白光华和法国学者雷米·马修合译出版的第一个法语全译本 *Philosophes* *taoïstes II: Huainan zi*①；二是美国学者马绛领衔合译的国外第一个英语全译本 *The Huainanzi*②；三是由中国学者翟江月和牟爱鹏合译的国内第一个英语全译本 *Huai Nan Zi*③。

就研究意义和学术价值而言，删节本远不如完本；另，删节本的数量要大大少于完本。是故，下文仅梳理国内的完本《淮南子》。就目前国内的 90 多个《淮南子》版本而言，主要可分为两大体系，第一个是二十一卷本体系，以宋本为始祖嬗变至今；第二个是二十八卷本体系，以道藏本为始祖嬗变至今。本小节第一部分专门论述前者，后者将在第二部分加以深入论述。

《淮南子》二十一卷本应该就是刘安著述的原本，因为班固《汉书·淮南衡山济北王传》记载刘安入朝献"《内书》二十一篇"（班固，2005：1652）。让人甚为遗憾的是，最初的这二十一卷本已随着西汉王朝的灭亡而不见影踪；让人略感欣慰的是，东汉的许慎和高诱等经学大师曾先后校注《淮南子》，据此尚有可能在一定程度上恢复《淮南子》原貌。根据《隋书》和《新唐书》等史书记载，许慎和高诱校注的就是二十一卷本《淮南子》，但是这两家最经典的完整注本也大都在隋唐年间散佚。另外，在流传的过程中许注和高注也逐渐相混在一起④，目前所能见到的最早版本只能是校注本副本之副本了，即北宋二十一卷本《淮南

① Le Blanc, Charles & Rémi Mathieu (trs. & eds.). *Philosophes taoïstes II: Huainan zi*. Paris: Éditions Gallimard, 2003.

② Major, John S., Sarah A. Queen, Andrew S. Meyer & Harold D. Roth (trs. & eds.). *The Huainanzi*. New York: Columbia University Press, 2010.

③ 参见翟江月、牟爱鹏译著:《淮南子（汉英对照）》，桂林：广西师范大学出版社，2010 年。

④ 经后人尤其是清朝学者考证，一般认为世面所见《缪称训》《齐俗训》《道应训》《诠言训》《兵略训》《人间训》《泰族训》《要略》八卷主要来自许慎校注本，其余十三卷主要来自高诱校注本。

子》。其成书年代主要基于文中缺笔避讳，因明显存在匡 ①（缺笔）、恒 ②（缺笔）、祯 ③（缺笔）等避宋讳现象，故而推断其成于北宋年间。

这个北宋小字本由清代刘泖生（1827—1879）抄录，由上海涵芬楼1920年景印，故而简称景宋本；之前陈奂曾用顾广圻抄本为之校勘，一直被认为是善本。景宋本卷首配有高诱叙文，卷端标有"淮南鸿烈解卷第一、二、三……"字样，次行题有"太尉祭酒臣许慎记上"九字，其中"臣"字号较小。书本内印有 2 处题识，分别是"上海涵芬楼景印刘泖生影写北宋本，原书叶心高营造尺五寸三分，宽三寸六分" ④，"此北宋本旧藏吴县黄荛圃北宋一廛，复归同邑汪阆源家。高邮王怀祖先生属余借录寄至都中，遂倩金君友梅景抄一部，臧之于三百书舍。顾涧苹景钞豫大其贾四十金者，即此本也。道光四年三月陈奂识"。题识中所言黄荛圃和汪阆源同是清代知名藏书家；王怀祖 ⑤、金友梅、顾涧苹 ⑥ 和陈奂均是清代学者，擅长经学和校勘。由上述题识大致可以推知，《淮南子》北宋本原藏于吴县黄荛圃家，复归藏于同城的汪阆源家；后王念孙嘱咐陈奂借来抄录寄到京都，于是就请好友金友梅影抄一部，并由陈奂校订后藏在三百书舍。另，顾广圻亦影抄一部，校勘后以 40 两白银卖给胡雨塘。也就是说，这个景宋本应是金友梅依据北宋旧本抄录，并由陈奂校订的副本；不过，时值 40 两白银，足见其珍贵了。

---

① 宋太祖赵匡胤名中之字。

② 宋真宗赵恒之名。

③ 宋仁宗赵祯之名。

④ 原本文字是繁体竖排，今为行文及阅读方便改为简体横排，并加上标点；下同。

⑤ 即王念孙（1744—1832），江苏高邮人，字怀祖，故常称高邮王怀祖，亦与其子王引之并称"高邮二王"；清代著名经学大师，著有《广雅疏证》《河源纪略》《读书杂志》《王石臞先生遗文》等。

⑥ 即清朝著名藏书家、校勘学家兼目录学家顾广圻（1766—1835），号涧苹，故常称顾涧苹。

　　到了明朝，代表性版本当数两茅的刻本，即明万历六年（1578）茅坤刊本和万历十八年（1590）温博、茅一桂刊本。茅坤刊本约刻于万历六年（1578），加有眉评和圈点。稍后两年，万历八年（1580）温博、茅一桂再次刻刊，学界贯称温茅本，对正文和注文有损益，其眉评和圈点与茅坤刊本基本一致，而且其上层有其叔茅坤点评。两茅刻本算是明朝第一个二十一卷本《淮南子》，对后世产生了较大影响，清乾隆年间《四库全书》之《淮南子》、清孙诒让批校本等均以茅本为底本；据不完全统计，由明清迄今"两茅本的刊刻，至少有 35 种之多"（陈广忠，2011：11）。此外，明朝流传的其他主要版本还有：（1）汪一鸾刊本，简称汪本，以茅本为底本，首次刻于万历九年（1581），万历十八年（1590）重刊。（2）何允中刊本，以茅本为底本，刻于万历二十年（1592）。（3）张维城刊本，以茅本为底本，刻于万历二十二年（1594）。（4）吴勉学校刻本，简称吴本，以茅本为底本，刻于万历二十五年（1597）。（5）张斌如刻本，简称张本，以茅坤批高诱注本为底本，刻于崇祯三年（1630）。

　　到了清朝，代表性版本当数刻于乾隆五十三年（1788）的武进庄逵吉本。庄氏在校本中特注"汉涿郡高诱撰　武进庄逵吉校刊"，在高诱所撰《叙》后自我撰写《叙目》言"若此书不亡于天下，而逵吉亦附名以传，斯为厚幸云尔"（刘安等，1989：4）——这句话还真灵验了，庄氏真凭此书而为学界记住了。庄氏以从钱坫手中接过来的道藏本为底本，细加校勘而成，确实给《淮南子》俗本（多为明朝末年产生）横行的学界带来一股清风：稍后嘉庆年间姑苏聚文堂刻本、光绪年间的浙江书局《二十二子》、日本明治年间东京报告堂排印本等多源于此。不过，其后的顾广圻、王念孙、毕沅、陶方琦和吴则虞等学者对此仍颇有微词。鉴于后文在甄别翟江月所译 Huai Nan Zi 的底本时还要详细介绍庄本，其功与过在此就不过多论述了。此外，清朝流传的其他主要版本还有：（1）黄锡禧刊本，简称黄本，首次刻于乾隆五十六年（1791），以张斌如刻本为底本。（2）卢文弨《校道藏本淮南鸿烈解》，以道藏本校庄本，刊于乾隆五十七年（1792）。（3）江声《校茅坤本淮南鸿烈解》，以道藏本校茅本，刊于嘉庆四年（1799）。（4）顾广圻《校庄本淮南子》，以庄逵吉刊本为底本手校宋本，嘉庆二十五年（1820）。（5）吴汝纶《淮南子点勘》[①]，以高诱注本为底本，双行简注，另加眉批和圈点。

到了中华民国时期，代表性版本当首推刘文典《淮南鸿烈集解》（1923），本书与张双棣《淮南子校释》一致将其简称为集解本或《集解》。刘氏以庄逵吉本为底本，采清朝学者王念孙、孙诒让、陶方琦和俞樾等方家学说乃至唐宋类书和古代典籍，并附上自己的见解，故称为《淮南鸿烈集解》。集解本博采众家之说，资料丰富且条理分明，对其后校勘《淮南子》颇有启迪，如沈雁冰《淮南子选注》、胡怀琛《淮南子集解补正》、于省吾《淮南子新证》和杨树达《淮南子证闻》等都以集解本为底本。鉴于后文在甄别翟江月所译 *Huai Nan Zi* 的底本时还要详细介绍集解本，其功与过在此也不过多论述了。此外，民国流传的其他主要版本还有：（1）缪荃荪《校淮南子》，以宋本、道藏本校庄本，于民国三年（1914）。（2）王国维《校淮南鸿烈解》，直接校于涵芬楼景印刘泖生钞本[②]，于民国九年（1920）。（3）刘家立《淮南内篇集证》，集辑王念孙、陈奂、顾千里、谭献等方家之说，并附自己的见解，故名《淮南内篇集证》，有 1924 年上海中华书局排印本。

新中国成立后较有影响的校注本有杨树达《淮南子证闻》（1953，1985，2006）、郑良树《淮南子斠理》（1969）、张双棣《淮南子校释》（1997，2013）、何宁《淮南子集释》（1998）、刘康德《淮南子直解》（2001）和陈广忠《淮南子译注》（2016）等，就不一一评述了。另，翟

---

① 　具体出版时间尚不可知，现有 1921 年莲池书社排印本。

② 　王国维手校本现藏于国家图书馆。

江月和牟爱鹏联袂翻译，并于 2010 年出版了汉英对照本的《淮南子》，集原文、今译文和英译文于一体，分三册出版。这种汉英对照版是很特别的一类，以期在中国文化尤其是典籍文化走出去的过程中发挥作用，后文将从各个层面分开论述，此处也就涉而不论了。

二、二十八卷本体系

话题回到《淮南子》之二十八卷本体系，即以道藏本为始祖嬗变至今的版本体系。客观而言，先有道家后有道教，之后道家与道教往往相互借鉴、相互促进，其众多相关典籍的汇聚始于唐宋时期。历史上第一部道教典籍汇编《开元道藏》成于唐朝开元年间（713—741），计有3744 卷。只是到近代引进了西方学科划分体系，哲学与宗教便分开研究和构建，这时道家才逐渐从道教中分离出来。进而言之，道家开始经常出现在哲学领域，道教则经常与宗教关联，但是两者毕竟同是"一家人"。随之近人对宗教的批评，道教开始蒙上封建、神秘色彩，处于不利境地，在一定程度上限制了其发展；相应地，道家也因与道教的关联而受限，这也是道家没有很好地发展下去的部分原因。回到主流话语，此处仍采用"道家"一说，不局限于老子和庄子。

相较于诸子百家而言，《淮南子》引用老庄道家之言最多，"其旨近老子，淡泊无为，蹈虚守静，出入经道"的思想内容倾向早在东汉时期就被肯定（张双棣，2013：1），继而被世人视为道家的经典之作，尽管有应归类为杂家的争论①。作为道家代表性作品的《淮南子》自然较早就引起《道藏》汇编人员的注意和认可，至于被收录的具体时间迄今尚

---

① 西汉刘向父子在编撰《别录》和《七略》时将《淮南内》即现今《淮南子》归入诸子部杂家类，首开《淮南子》归类于杂家之先河。

未发现相关记录。目前所能见到的最早道藏本源自《正统道藏》[①]，初刻于明英宗正统十年（1445），再刻[②]于万历二十六年（1598），后于民国十四年（1925）由上海涵芬楼影印[③]。其成书年代主要基于文中缺笔避讳，和二十一卷景宋本一样，也存在明显的匡[④]（缺笔）、恒[⑤]（缺笔）等避宋讳现象，故也推定成于北宋年间。所以，有学者推测"可能《道藏》本就出自北宋本，也有可能二者具有同一个来源"（陈广忠，2011：10）。就目前而言，道藏本出自景宋本，尚待进一步论证；如果道藏本与景宋本出自同一个北宋母本，那么这个北宋母本到底在哪儿，面貌如何？目前尚不得而知。

　　道藏本《淮南子》卷首配有高诱叙文，卷端标有"淮南鸿烈解卷之一、二、三……"字样，次行题有"太尉祭酒臣许慎记上"九字，其中"臣"和"慎"字号较小。道藏本的另外一个显著特征是，把《原道训》《俶真训》《天文训》《地形训》《时则训》《主术训》《氾论训》分别分成上、下两卷，如此原二十一卷本《淮南子》就成为二十八卷本《淮南子》了。正是在这个意义上，可以说道藏本首开二十八卷本《淮南子》之先河。由于道藏本成书较早，与景宋本不相上下，故而一直为学界所倚重和赞赏，如明万历九年（1581）叶近山刊本和明万历二十一年（1593）刘氏安正堂重刊本皆源于此，再如著名校勘大师王念孙在《读书杂志·淮南内篇第二十二》所言"余未得见宋本，所见诸本中，惟《道藏》本为优"。当然，"藏本[⑥]虽谓近古，但错谬、脱误不少"（漆子扬，

---

① 《正统道藏》由邵以正督校、张宇初主编，计有2305卷；另明神宗万历三十五年（1607）张国祥续编《万历续道藏》，计有180卷。该两部共收藏书1476部，涉及诸子百家著作，兼及化学、地理、天文、生物、养生、气功、体育等领域的资料文献，堪称中国古代社会科学和自然科学的集成。
② 故又称为《万历续道藏》。
③ 时由北京白云观提供道藏本作为底本。
④ 宋太祖赵匡胤名中之字。
⑤ 宋真宗赵恒之名。
⑥ 漆子扬所言"藏本"同张双棣所言"藏本"都是指道藏本，下同，特此说明。

2005：57），是故不断有后人为之校勘。

到了明朝，代表性版本当数前文王念孙所提"刘绩本"，刻于明弘治十四年（1501），以道藏本为底本，由刘绩补注、王溥校，故又称补注本或王溥本。日本汉学家岛田翰说他见过刘绩补注、王溥校刊本，还见过刘绩补注、黄焯校刊本，前者每卷署有"刘绩补注"字样，后者每卷署有"江夏刘绩补注"（漆子扬，2005：58）。刘绩，字用熙，弘治三年（1490）进士，江夏①人氏，所以应是同一人。刘绩补注本刊后流传广泛，后人对其评价较高，"惟《道藏》本为优，明刘绩本次之。其余各本，皆出二本之下"（《读书杂志·淮南内篇第二十二》）。此外，明朝流传的其他主要版本还有：（1）王莹、范庆刊本，由闽中王莹和寿春范庆刻校，书后王莹作序，故可简称王莹本，刻于明嘉靖九年（1530）。（2）吴仲刊本《淮南子》，刊于嘉靖四十四年（1565）。（3）中都四子本②，简称中都本，由朱东光辑订、张登云参补、吴子玉翻校，首次刻于明万历七年（1579）。（4）刘莲台《鼎镌注释淮南鸿烈解》，刊于万历八年（1580），见台湾图书馆藏。（5）叶近山刊本，简称叶本，刊于万历九年（1581）。因选作底本的道藏本有误，刊本也就有误；稍后，温博、茅一桂对此做过校订。（6）茅一桂刊本，简称茅本，刊于万历十年（1582）。载有高诱叙，卷端题字、次目录和次总评与温茅本雷同，所以"此书当是茅一桂以《道藏》本为蓝本校订万历九年叶近山刊本所得，故与《道藏》本完全相同"（漆子扬，2005：58）。（7）刘宗器刊《淮南鸿烈解》，刊于万历

---

① 江夏：汉高祖六年（公元前201）首置江夏郡；隋开皇元年（581）改名为江夏县，辛亥革命胜利后改江夏县为武昌县（1912），隶属湖北省；1995撤武昌县设武汉市江夏区。

② 源自《中都四子集》（朱东光辑订）之《淮南子》。四子指老子、庄子、管子和淮南子，四子所在地亳、濠梁、颍和寿春皆为明朝中都管辖（明洪武二年（136）朱元璋改临濠府为中都，洪武六年（1373）再度改为中立府，洪武七年（1374）再改为凤阳府，朱元璋故地是也），故合称中都四子。另，书后刻有"叙中立四子刻后""刻中都四子集叙"字样，故又称中立四子本。

二十一年（1593），刘氏安正堂刊刻。（8）王元宾刊《淮南鸿烈解》，刊于万历二十六年（1598）。

到了清朝，代表性版本当推前道藏辑要本。提起《道藏辑要》，是清朝继明朝《正统道藏》和《万历续道藏》之后汇编最多的道教作品集，先后有两次汇编：最初由蒋元庭于嘉庆年间（1796—1820）汇集，以《正统道藏》为底本进行翻刻，后书板被焚，留存甚少。因而，在光绪三十二年（1906）成都二仙庵重刻，名为《重刊道藏辑要》。我们合称为《道藏辑要》，在一定范围内保存了许多文献价值很高的资料书籍，迄今都比较流行，近年来四川巴蜀书社出版的相关道藏书籍即是选用二仙庵刻板重印发行的。道藏辑要本《淮南子》题识"许慎记上"，内容"其与藏本抑或有出入"（漆子扬，2005：59）。此外，清朝流传的其他主要版本还有：（1）黄丕烈《校旧钞本淮南子》，以道藏本校张秋塘钞本，刻于乾隆五十四年（1789）。（2）王念孙《校中立四子本淮南鸿烈解》，手校于嘉庆二十年（1815），见浙江省图书馆藏。（3）另，王念孙在《读书杂志》①之《读淮南子内篇杂志》撰有札记915条，并于其后附《读淮南子杂志书后》，总结相关讹误"共六十二条例"（高卓、李好，2017：83）。该著也是以道藏本为底本研读的，鉴于王氏的校勘水平和学术地位，该书亦有一定影响。

民国至今，虽有一些学者校勘《淮南子》时以道藏本为底本，如郑良树《淮南子斠理》（1969）、张双棣《淮南子校释》（1997，2013），但大都采用了二十一卷本体系。这也是一个有趣的现象，是要"正本清源"追溯至史书上记录的"二十一篇"体系，还是受现代西方学科划分的影响要弃传统道教话语体系？有待观察和进一步论证。

---

① 王念孙被罢官期间，每读典籍都对其文字、训诂、音韵、目录和版本等深入推敲并留下记录，涉及《逸周书》《战国策》《史记》《汉书》《管子》《墨子》《荀子》《晏子春秋》《汉隶拾遗》《淮南子》等，后集成82卷《读书杂志》，是王氏代表性作品，堪称乾嘉学术名著之一。

第三章 《淮南子》传承精髓：由"天人合一"至"道法自然"

第一节 传统哲学思想之"天人合一"

一、"哲学"译名溯源

哲学作为主要倾向于世界观和方法论的知识体系，"是在具体各门科学知识的基础上形成的，具有概括性、抽象性、反思性、普遍性的特点"（中国社会科学院语言研究所，2016：1659）。因之物理学、生物学、逻辑学、政治学等逐渐从哲学母体中分娩出来，哲学亦逐渐发展成一门学科，专门研究普遍的基础性问题，如思维与存在、精神与物质的关系问题。然而，作为一门学科称谓或术语，哲学纯粹是外来语，其对应的拉丁文是"Philosophia"、英文是"Philosophy"、法文是"Philosophie"、意大利文是"Filosofia"等。所涉诸种西文术语虽然拼写时在字母组成上略有出入，但读音基本相同，甚至可以说都源自希腊文"φιλοσοφία"；另一方面，该词"由 φίλος（Philos，爱）的派生词 φιλεῖν（Philein，去爱）和 σοφία（Sophia，智慧）组合而成"，意即爱智慧。作为一门"爱智慧"学科，在传统的汉文里暂时找不到对等范畴，于是"φιλοσοφία"

在明末清初传入中国的过程中，有人音译为"斐录琐费亚""斐禄所费亚""费罗所非亚"等，也有人意译为"理学""穷理学""爱知学"等（熊月之，2011：138—139）。最终，译名"哲学"从中脱颖而出，其贡献者是日本近代哲学开山鼻祖西周（1829—1897）。据学者考证，1870年之后西周就在《美妙学说》《百学连环》等著作手稿中将"Philosophy"译为"哲学"，并认为"哲学者百学之学也"（王守华，1989：33）；1874年刊行的《百一新论》中，他正式宣布"将论明天道人道，兼立教法的Philosophy译为哲学"（卜崇道、王青，2005：23）。另一方面，中国传统文化是以诸子百家思想为主干发展起来的，而且诸子百家在相互借鉴中各有侧重，即便是"于百家之道无不贯通"的杂家也不对应"百学之学"的哲学。

中国传统文化中没有完全对应西方"百学之学"的哲学，并不意味着没有"百学之学"的思想内容。事实上，中国传统文化的主干即诸子思想中都含有有关世界观和方法论的内容，并在此基础上建构成各具特色的诸子百家。换言之，"哲学的内涵是世界的，其在各地的名称总是带有各个地方的特色"（熊月之，2011：145）；反之亦然，所谓"哲学"在各地的称谓总是带有各个地域或各个民族的特色，但是其基本内容在世界各地都有一定的普遍性。顺着这个视角，"Philosophy"汉译名要有别于儒学、理学、道学等中国传统哲学思想流派之称谓，因为西方与东方相关理论体系相去甚远，尽管在一些根本性问题上都有所阐释和构建；另一方面，"Philosophy"汉译名要"根于东方又不同于传统东方，根于更老的东方（儒家原典）"（熊月之，2011：144）。19世纪70年代日本哲学大家西周在翻译西方术语"Philosophy"时就遇到了这么一个窘境，诚如中国社会科学院哲学研究所研究员、中华日本哲学会会长卜崇道所论：

> （西周）在翻译由西欧传来的新的学术用语时，一方面首
> 先要与江户幕府的公认思想朱子学的原有用语相适应，因为当
> 时的知识阶层已经接受了朱子学的影响；另一方面，为了与直
> 至明治初期一直对抗"洋学"之支配地位的国学以及延续着的
> "儒学"划清界限，遂决定使用"哲学"这一新的创造词语。
> （卞崇道，2007：10）

这个由日本人西周创译的"哲学"，起初也受到国人的一些误解、曲解乃至抵触，但是经日文中转并引入汉文后逐渐取代了当时中国已有的"理学""爱知学"等译名，从而广泛使用开来。究其原因，一方面是当时"日本在接引西方文化方面超过中国"（熊月之，2011：145），日本人对西方思想文化的理解和表达较为精准；另一方面，"哲学"作为术语其本身就植根于中国传统，其表述具有汉语言文化底色，在某种程度上迎合了中国人的措辞习惯与审美体验。甚至可以说，"哲学"虽是一个外来译名，却浑身散发出中国传统及汉语言文化气息。所谓"哲"，《说文解字》释为"知也。从口，折声"；换而言之，"哲"意即"知"。既然如此，古人为什么还要造出一个"哲"字呢？据西汉辞赋家扬雄所著《方言》："哲，知也……齐宋之间谓之哲"（华学诚，2006：9）。由此可以推知，"哲"本义就是"知"，只是这个"知"在中国不同地方有不同的读音罢了，如其在齐、宋之间常读为"哲"。那么何为"知"呢？《说文解字》释为："从矢……知理之速，如矢之疾也"——这在某种程度上能够反映出"哲学"的理性本真。正是在这个意义上，"Philosophy"于明清传入中国的过程中李之藻、艾儒略等人喜用"爱知学"，梁启超等人喜用"智学"来指称，但最终为西周创译的"哲学"所取代，可从侧面说明"哲学"要较"智学""爱知学"等更加迎合国人的措辞习惯及审美体验。

二、中西哲学对照

通过溯源"哲学"译名的来龙去脉，可以看出中国传统文化着实涉及相关哲学问题的阐述，但是与西方的哲学体系肯定不甚吻合，以至于常常听闻一种中国古代没有哲学的误解，如近代德国哲学家黑格尔（G. W. F. Hegel，1770—1831）曾论断中国古代有宗教但无哲学，再如当代法国哲学家雅克·德里达（Jacques Derrida，1930—2004）于 2002 年访华时曾说"中国古代无哲学而有思想"，尽管德里达所说时常被理解为褒奖和赞扬。这种误解要么是主观无意但客观孤陋寡闻所致，要么是客观知己知彼但主观有意为之，无论是哪一种情况，都不利于中西思想文化尤其是哲学领域的对话与沟通，因为"如果中国古代没有哲学，中西哲学会通岂不是根本就不存在；而如果'中国思想'与哲学在本质上完全不同，也就否定了中西思想会通的可能，如果把现代汉语的中国哲学表达当作'汉话胡说'，认为'古语体系'才是中国思想的正道，这样的'中国思想'岂不是自我孤立于世界文明之林之外？"（赵敦华，2019：7）。事实上，中国传统文化主干即诸子思想中都有相关世界观和方法论的内容，都会涉及一些哲学问题的深入阐述，并在此基础上建构成独具特色的诸子百家，因此诸子百家的代表人物个个都是颇有造诣的思想家——千百年来得到的广泛认可，只不过在明清之前所谓"哲学（Philosophy）"之称谓还未传入华夏，诸子百家的代表人物也就没有所谓的"哲学家（Philosopher）"之头衔。

毫无疑问，中国自古至今都有哲学；另一方面，古时哲学思想及体系与近现代西方哲学思想及体系不可苛求等同，毕竟时间上相距千百年，空间上相距千万里。我们不妨把中国古代圣贤在哲学思想及体系构建方面取得的独特硕果统一称为中国传统哲学，以示与西方哲学存有不同，当然也存有相同之处。这里需要先行说明两点：（1）中国传统哲学主要是以《易经》及诸子百家思想为主干发展起来的，而且诸子典籍相互援引，但在借鉴中各有侧重，而且都不限相关哲学问题的阐释。《易经·系辞》有言"形而上者谓之道，形而下者谓之器"，诸子思想也都有"道"和"器"的探讨。其中，"道"为本，主要探讨相关哲学领域的一些根本性问题；"器"为末，主要探讨哲学领域内外的一些枝末性问题。当然，诸子对"道"之理解与阐释不尽相同，也就决定了其对"器"之建构与运用存有差异，因此两相结合也就形成了摇曳多姿的诸子思想。此间历史长达数千年，直至明朝中期西方所谓的"哲学"称谓与理念都没有传入中国，因此期间诞生并发展起来的诸子思想就不宜采用西方"哲学"之标准进行衡量，更不宜简单地采用西方唯物主义与唯心主义的二分法来机械地进行剖析。（2）自秦汉起中国进入大一统的封建王朝时期，尤其元光元年（公元前 134）汉武帝采纳董仲舒建议，罢黜百家，独尊儒术，而后诸子百家中只有儒家思想成为封建正统思想。进而言之，汉武帝罢黜百家之后，哲学领域的探讨及其硕果仅限于儒家及相关思想，时而因统治现实需求被掺杂进法家、道家、阴阳五行家等的一些相关思想，已非春秋战国时期的儒家思想。进而言之，中国传统哲学成果在汉武帝之前主要有《易经》和诸子百家典籍，在汉武帝之后主要限于儒学及相关典籍。也因为这方面原因，最终堪称完美创译"哲学"的日本人西周在接触西方哲学初期将其"理解为儒学，更为确切地说是理解为宋学所谓的'性理之学'，并以理气、心性之学作为基础来理解它"（陈晓隽、吴光辉，2016：24），而且"曾经考虑过将其译为'儒学'"（孙彬，2010：126）。

三、传统哲学思想

如前文所述，中国传统哲学肯定关照并涉猎了西方哲学的主要内容，但其思想体系和发展脉络具有自身的独特性，不宜照搬使用西方所谓哲学的框架和标准去衡量和剖析，而宜按照自身的框架体系和发展脉络来学习和认识。限于篇幅和主题，下面仅在前文概述的基础上梳理中国传统哲学的发展脉络，兼而陈述相关精华内容。中国传统哲学发展历程大致可分为四个阶段，即自远古至西周的萌发期，春秋战国的奠基期，两汉隋唐的发展期和宋至明清的高峰期。

1. 自远古至西周的萌发期。远古时代限于生产力发展及先民认知水平，思想意识领域大都是原始性宗教天命观占主导地位，即人命取决于上天，上天才是世间万物主宰等类似的思想观念；由夏商进入西周后，中国社会的生产力水平以及认知水平有所提高，通行的奴隶制度经过一段时间发展后开始走向没落，"哲学思考也开始挣脱天命观念的束缚，走向独立发展的道路，并且愈益繁荣"（宋志明，2013：41）。哲学探索在自远古至西周萌发期最为丰硕的成果，即阐述天地世间万象变化的古老经典《易经》，常被誉为"经典中之经典，哲学中之哲学，智慧中之智慧"。事实上，大家常说起且能见到的所谓《易经》是《周易》，此外还有两部已经失传的《易经》，即神农时代的《连山易》和黄帝时代的《归藏易》。《周易》可进一步分为《经》和《传》，前者主要是六十四卦，每卦有六爻，共计三百八十四爻，以期指导人们进行生产和生活时趋吉避凶，蕴含着对自然万象及其变化规律的探讨和阐释；后者含有文辞共十篇（又称《十翼》），主要是把六十四卦和三百八十四爻上升到理论高度进行概括、说明及解释。可以说，《周易》字里行间散发出古人的智慧，现今众多耳熟能详的精辟语句，如"一阴一阳之谓道""天行健，君子以自强不息""地势坤，君子以厚德载物""积善之家，必有余庆；积不善之家，必有余殃""易，穷则变，变则通，通则久"等，如若追根溯源的话，都是源自《周易》；另一方面，《周易》的主旨及精髓直接为后人所借鉴、传承并有所发展，出现了儒门易、道家易和筮术易三支易学。《易经》所探索的天地世间万象及其运行规律直接成为后人继续思索的对象，其所运用的阴阳、五行等范畴直接催生了诸子思想的一些关键术语，其所蕴含的朴素而又深刻的自然法则与和谐辩证思想直接滋养了后世的诸子百家思想，在某种意义上堪称中华文化的总源头。

2.春秋战国的奠基期。先需要说明一点，正统历史叙事是将春秋和战国统称为东周，以与西周相呼应；此处为统一相关主题句措辞的风格起见，采用"春秋战国"四个相关历史时期的汉字。春秋战国时期是中国历史发展至关重要的一道分水岭，是奴隶制度被封建制度取代的过渡阶段，对中国社会的政治、经济、思想、文化等各个领域都产生了重大影响。就思想文化乃至哲学领域而言，其标志性成果就是百家争鸣及由此产生的诸子典籍。所谓"百家争鸣"，即春秋（公元前770—前476）和战国（公元前475—前221）时期不同学派的知识分子彼此诘难、相互争鸣，绽放出绚丽的思想花朵，因此结出累累硕果。据《汉书·艺文志》记载，有名有姓的诸子近二百家，另据《隋书·经籍志》《四库全书总目》等记载诸子有上千家，但通常认为有十二家影响较大，流传较广，并发展为自成体系的独特学派，分别是儒家、道家、墨家、法家、兵家、名家、阴阳家、纵横家、杂家、农家、小说家和方技家。限于篇幅和主题，以下仅简明扼要地逐一介绍对中国传统哲学产生过重大影响的四大学派，即儒家、道家、墨家、法家。

（1）儒家。儒家到西汉时被汉武帝推为封建正统思想，其后的大多数朝代都有所发展乃至创新，此是后话，将在两汉隋唐的发展期和宋至明清的高峰期进一步细说。此处仅说春秋战国时期的儒家，其创始人就是被世人尊称为"至圣"的孔丘（常称孔子），其余四位代表人物是"复圣"颜回、"宗圣"曾子、"述圣"子思和"亚圣"孟子，合称儒家"五圣"，另外战国时期荀子亦是代表人物；儒家经典有"六经"，即《诗经》《尚书》《仪礼》《乐经》①《周易》《春秋》；儒家崇尚"礼乐"和"仁义"，

---

① 常言"四书五经"，其中"五经"不包括《乐经》，因其于秦朝就永远地失传了。

主张"德治"和"仁政"，提倡"忠恕"和"中庸"，重视社会道德伦理教育和个人自身修养提高，其核心是"仁"，辅之以礼、义等，以期维系社会群体的稳定与安宁。

（2）道家。道家的创始人是老子，姓李名耳，字聃，常被尊称为老聃。重要代表人物有老子、庄子、列子、杨朱等，道家经典有《老子》（又名《道德经》）、《庄子》（又名《逍遥游》）、《列子》等。道家崇尚自然，认为万物皆由自然化生，强调道法自然、顺其自然，提倡清静无为，政治上追求"无为而治"，其核心是"道"，辅之以自然、无为等，试图探索宇宙万物的本质、起源、构成、变化及其规律。另需补充的是，老子之后道家内部分化成四大学派，即庄子学派、黄老学派、宋尹学派和杨朱学派。

（3）墨家。墨家的创始人是墨子，姓墨名翟。墨家代表人物有墨子、禽滑釐①、孟胜、田鸠等，墨家经典有《墨子》《胡非子》《随巢子》等。墨家倡导"兼爱""非攻""尚贤""尚同""明鬼""天志""非乐""非命""节葬""节用"等，其核心是"兼爱"，辅之以"节用""尚贤"等，以期通过求真务实来实现国邦安宁、众生平等的社会理想。墨家发展可分为前期和后期，前期主要涉及政治思想、社会伦理及认识论问题，后期主要涉及逻辑学和科技领域。

（4）法家。法家的创始人"不可确考，当推春秋时期的管仲和子产"（宋志明，2013：42），代表人物有李悝、商鞅、慎到、申不害、李斯、韩非等，其中韩非堪称集大成者，法家经典有《商君书》《韩非子》《管子》《申子》《慎子》等。法家在经济方面重农抑商、奖励耕战，在政治方面主张设立郡县、推行严刑峻法，在思想教育方面主张以法为教、以吏为师、禁断百家争鸣，其核心是"法治"，以期实现富国强兵的初衷。

---

① 传说禽滑釐是墨子的首席弟子，曾求学于子夏（孔子弟子），自转投墨子后便一直潜心墨学。

　　3.两汉隋唐的发展期。秦朝统一六国后焚书坑儒，文化专制主义使得中国传统哲学一度转入消沉；汉朝推翻秦朝后百废待兴，"与民休息"引发黄老之学兴盛起来，但并没有发展成为统治阶级意识形态的主体，到汉武帝为稳固及发展大一统王朝就采纳董仲舒的建议"罢黜百家，独尊儒术"，使得儒学很快成为封建社会的主流意识形态。董仲舒对先秦儒学进行了改造，提出天人感应学说，突出三纲五常等道德规范，最终演变成以儒家宗法思想为核心、杂以阴阳五行及君权神授等思想的帝制神学体系。两汉之后的魏晋，玄学兴起，强调经典《周易》《老子》《庄子》（常称"三玄"），热衷于探讨名教与自然的关系问题，其中名教即儒家所提倡的道德规范，自然即道家所坚持的自然本体论学说。整体观之，大多数玄学家都认为名教与自然存在相容性，试图以道家的本体论去论证儒家的道德规范，从而贯通儒家和道家思想。有学者考证，"几乎与玄学同时，从道家思想中演化出了道教；除了中国本土的宗教之外，从印度传来的佛教也得到长足的发展，遂形成儒、释、道三教并立的局面"（宋志明，2013：43）。到了隋唐时期，佛教传入以及与中国传统文化融会贯通渐成高潮，甚至出现了独具中国特色的佛教宗派，如以玄奘为代表的唯识宗、以惠能为代表的禅宗等。相较而言，先秦时期思想激荡，百家争鸣；汉唐时期以儒家为正统，儒、释、道并行。先秦哲学突出天人关系，涉及宇宙观、方法论、本体论、人生论、知行论等各方面内容，但深度不够；汉唐哲学接受天人合一观念，经学家着重关注政治制度化、伦理规范化等问题，玄学家着重关注有无之辨、动静之辨、体用之辨等本体论问题。可以说，本体论问题是从魏晋盛行玄学时开始真正成为中国传统哲学的核心话题，"正是由于对本体论问题的关注，才引进佛教真俗二谛的哲学思维模式和超越的本体论学说，促使中国哲学的抽象思维水平有了很大的提高"（宋志明，2013：44）。

　　4.宋至明清的高峰期。在前一个阶段，儒家正统地位率先得以确立，

随后魏晋玄学基于道家思想促使道教兴盛起来，还有印度传入的佛教，
亦与中国传统文化融会贯通并在隋唐年代达到高潮。这种儒、道、释并
行趋势于中国封建正统思想（儒家）而言着实是一次严峻的挑战和考验：
儒家如若因循守旧乃至故步自封，就会丧失其在中国社会主流意识形态
的主导地位，被道、释取而代之——这会有碍于中国封建社会的稳定和
发展；另一方面，儒家如若推陈出新乃至吐故纳新，就会克服自身不足
并吸纳他者长处，从而完成自我超越——这会有利于中国封建社会的稳
定和发展。正是在这种大背景下，两宋至明清时期中国传统哲学发展开
始自我超越并达到巅峰。概而言之，这一阶段的儒家融会贯通道、释两
家，在自我超越的过程中创立了崭新的儒学形式，即宋明理学——成为
中国传统哲学最后的辉煌。广义的宋明理学①又分为三个学派，即程朱理
学、陆王心学和张王气学。

（1）程朱理学。程朱理学主要由北宋程颢、程颐两兄弟开创，另外
周敦颐、邵雍、张载三人亦有重要贡献，此五人合称北宋"五子"；传至
南宋时由朱熹集大成，故有"程朱理学"之称谓，因之朱熹又有"朱子"
之尊称。程朱理学对道、释的本体论做出有力回应，坚信"理"是形而
上的本体，属于最高范畴，并断言"天下只有一个理"，所以通过推究事
物的道理（常称"格物"），可以达到认识真理的目的（常称"致知"）。
程朱理学为统治阶级服务，将"天理"阐释为君臣、父子、夫妻等人伦
之理，进而倡导"理在气先""理一分殊""存理灭欲"等观念。从北宋
二程兄弟开创时起，"程朱理学在意识形态领域占统治地位长达700年
之久，对中国封建社会后期的政治、经济、文化产生了巨大的影响"（宋
志明，2013：44）。

（2）陆王心学。陆王心学主要由南宋陆九渊开创，传至明代王阳明

———————

① 广义的宋明理学包括部分清代学者的学术成果。

集大成，故称为"陆王心学"。陆王心学提出"心"或"良知"乃是最高范畴，强调道德实践的自觉性，突出儒家哲学的内在品性，同时将禅宗佛性修养理论改造为儒家心性修养理论，较为成功地把释、道视域下的超越本体转化为内在本体。可以看出，陆王心学也是从儒家学派中分化出来的，在南宋就与陈亮、叶适所倡功利学、程朱理学鼎足而立，"在明朝则与理学分庭抗礼，在宋明几百年中也是一个显学，是很有影响的学派"（周桂钿，2017：178）。

（3）张王气学。张王气学主要由北宋张载开创，传至明末清初王夫之集大成，故称为"张王气学"。张王气学承袭中国传统哲学相关"气"的探索成果，重申"气"才是最高本体范畴。张载认为太虚即气、气化万物、认识过程分为闻见之知和德性之知①等，其思想论述重新恢复了中国传统哲学中朴素唯物主义的权威；王夫之接着深入阐述太虚本动、静由动得、行可兼知等，其思想见解推动了中国传统哲学中朴素辩证思想的发展。可以说，张载的气本体论"开创了中国古代朴素唯物主义思想发展的新阶段"，王夫之心物辩、名实辩、理势合一等见解"构筑了中国哲学史上最完备的朴素辩证唯物主义体系"（宋志明，2013：45）。

总而言之，正统儒学发展到宋、明、清开始超越自我，在贯通及融合道教和佛教相关哲学精要的基础上吐故纳新，发展出三大学派。三大学派中，程朱理学在哲学基础与价值追求等方面与传统儒学最为相像，成为正统；陆王心学与之进行"兄弟之争"，到明代王阳明先生时已是风靡天下；张王气学虽未有程朱理学和陆王心学之风光，亦在某种意义上代表了中国传统哲学发展的最高阶段。可以说，以儒为底色，在儒、释、道融会贯通的基础上形成的宋明理学，"不但保持了儒家在意识形态领域中的主导地位，而且在哲学研究领域中也取得了主导地位"（宋志明，

① 通俗地说，即感性认识和理论认识。

2013：45—46）。

四、"天人合一"详论

远古时代无文字记载，只能通过神话传说探窥一鳞半爪。如盘古开天辟地本质上是天、地、人的叙事。再如共工怒触不周山：昔者共工与颛顼争为帝，怒而触不周之山，天柱折，地维绝，天倾西北，地覆东南，自此天道左行，地道右迁，人道尚中——此种叙事开始出现天道、地道和人道的雏形，其探索或阐述则进一步加深。然而，远古时代人们思维受限于见识和认知，认识和探讨事物往往较为孤立，即便认为天、地、人各有其道，但天道、地道、人道大都各行其道，其时哲学作为一个严密的思想体系远未成形。到了商末周初，《周易》用文字较为抽象地总结和阐释了天道、地道、人道及其之间的关联，认为天道、地道和人道可以会通，人就可以向天、地问道，可以通过法天正己、尊时守位、知常明变以建功立业乃至改变命运。此等思想见解达到了较高水平，初步满足哲学应具有的思想深度和系统性要求；另一方面，《周易》有较为成熟的图文记载，可传于后世并直接给后人提供理论高地以继续探索，较早地启动了中国传统哲学的发展。如果以《易经》为中国传统哲学的标志性起点，那么中国传统哲学从一开始就摆脱了天命观念的束缚，较早地走上了以探索天地世间万象及其运行规律为己任的独立发展道路。其后，无论是百家争鸣、独尊儒术、魏晋玄学、儒释道并行，还是宋明理学，天人关系一直是中国传统哲学的一个核心命题。换个视角，世界四大文明古国①仅有中国延续至今，因此中国传统哲学在世界上历史最为悠久而且一直延续至今，对天人关系的思索与探讨最为持久，所涉派别及代表

---

①　四大文明古国，一般是指古巴比伦、古埃及、古印度和古中国；四大文明古国，实际上对应着世界四大文明发源地，即两河流域、尼罗河流域、恒河流域和黄河流域。

性人物可谓数不胜数，相关思想内容更是博大精深。下文仅限"天人合一"层面展开小范围内的论述。

有学者指出，"天人合一"是"中国文化精神的内核"（李明军，2015：21），当然也可视其为中国传统哲学的一个核心话题。欲全面地理解"天人合一"，首先需要知悉文字"天"在中国传统思想中的丰富内涵。文字是人类进入文明时代的主要标志，自此相关生产经验和社会知识就可以超越时空局限传至后人，使得后人发展始终能够站在前人的肩膀上，所谓"日拱一卒无有尽"，最终给人类社会带来的促进作用可谓功莫大焉。汉字是一种典型的意音文字，本质上表意属性占优，其创作及呈现形式在某种意义上能够显露中国古人的思考过程及认知理念。通常认为汉字有约6000年的历史，但现存最早的汉字则是公元前1300年左右出现的甲骨文，稍后出现金文，西周时演变成大篆，继而被秦统一六国后的小篆所取代；秦朝实行"车同轨、书同文"也使得便于书写的隶书流行起来，至西汉出现草书，东汉出现楷书和行书，后一直沿袭至今——后人将大篆和小篆全称为篆书，将甲骨文、金文、篆书、隶书、草书、楷书、行书合称为"汉字七体"。在这个发展演变过程中，一般认为甲骨文、篆书、隶书、楷书较为关键。然而换个视角，既然要凭借汉字来探寻古人的思想，那么自然是越早的字体越能说明实情；另一方面，就汉字的创立、规范及统一而言，甲骨文、金文和篆书着实构成汉字发展史上最为重要的奠定阶段，而且此三者的象形、表意成分明显多于其后具有明显符号性的隶书、草书、楷书和行书。现对甲骨文、金文和篆文（小篆）做进一步说明：甲骨文是商朝王室刻画在龟甲或兽骨上，用于占卜及记事所用的文字，使汉字从无到有构建起来，无疑具有开创性的重大意义；金文是商周时期铸刻在青铜器上的铭文，所记内容较为宽泛，能够在一定范围内反映当时的社会生活情况；小篆又称秦篆，是秦朝承袭金文及大篆，并融会各地字体风格而形成的统一字体，在汉字发展史上甚为关键。另需要补充说明，就汉字的起源而言，现存较有影响力的说法有仓颉造字说、八卦说、结绳说、刻画说、刻契说和图画说等；就汉字的造字方法而言，"六书"得到世人的广泛认同，由《周礼》最早提出，之后由许慎通过《说文解字》进一步完善，即象形、指事、形声、会意、假借和转注——这些都是中国传统思想文化的因子，故一并提及。

下文先基于"天"的甲骨文、金文和篆文①，初步探寻中国传统思想视域下"天人合一"的基本内涵。汉字"天"的甲骨文是"🤸"，金文是"🧍"，篆文是"兲"。从前往后逐个观其字，甲骨文"🤸"笔道细、直笔多、转折处多，金文"🧍"笔道肥粗、弯笔多、团块多，篆文"兲"笔道线条化、规整化、匀称化。这些差异与甲骨文刻于甲骨、金文铸于铜器、篆文写于竹帛有关，也与汉字方块化、符号化、规范化、简洁化的发展趋势密不可分。进而言之，甲骨文"🤸"具有开创性，既抽象又形象，直接奠定了"天"的基本形状和未来的发展可能；金文"🧍"基本继承了其甲骨文的开创性成果，而且因笔道可粗、弯笔可多及团块可有等原因形体上更加象形、匀称和美观；篆文"兲"对其金文进行了结构抽象、笔画精简、笔画规范，其字结构上由复杂渐变为简单、形体上由图形渐变为笔画，本质上由象形逐渐转向象征，也就意味着符号性逐渐增强。由此可见，汉字"天"在创立理论及表意内涵上，其篆文、金文和甲骨文可谓一脉相承，而且其甲骨文要更加朴素、更为原始、更具形象。鉴于汉字以象形、表意为要，故欲了解"天"的本义，尤其是想通过这个汉字来探寻中国古代传统思想中的"天"之内涵，就有必要先考察其甲骨文，没有甲骨文则可参照金文，没有金文则可参照篆文。甲骨文"🤸"是一个站立的人形，双腿两边张开，双臂向外伸开，头顶着重加上

---

① 与甲骨文及金文并称的篆文通常分为小篆与大篆，然而小篆是在大篆的基础上演变而来，笔画相对简省，而且字体规范统一，故在选取"天"字体时仅取小篆，以代表其篆文，行文间或以"篆文"相称。

一个方框（金文中是一个团块，篆文中则成了一横，可见字的形象性渐弱、符号性渐强），意指人头之上的天空。因此，"天"首先是自然的天，其色、其形、其态及其与万物的关系便成为古人考察及思考的直接对象。其色，如《庄子·逍遥游》言："天之苍苍，其正色邪？"其形如早期盖天说"天圆如张盖，地方如棋局"。然而，圆形的苍天与方形的大地无法和谐、平衡共存，因此古人想象天是一把大伞，高悬于空，地有八根柱子，支撑着其上空的天，于是有了女娲氏炼石补天和共工怒触不周山等神话传说。其态，如元气说，东汉思想家王充先言"天之与地，皆体也"（《论衡·道虚》），复言"夫天覆于上，地偃于下，下气蒸上，上气降下，万物自生其中间矣"（《论衡·自然》），是说：天是客观存在的物质实体，与地一样都依靠气而存在；下气上扬成为天，上气下沉成为地，天地成则其间万物生。从中可以看出，元气说视域内，天之态更近乎气；另一方面，所涉思想还顺带简述了天地及气与万物之间的联系。具体涉及人的，有"天地合气，命之曰人"（《素问·宝命全形论》）等传统主流思想言论。要而言之，中国传统思想尤其是传统哲学主流认为天地因气而生成、天地合气生万物、人乃万物之首，那么人体与天地同样有阴阳相搏、有五行运行等。在此基础上就可进一步推论：既然天和人都由气化生而来，那么天与人之间就会有感应，此其一；其二，如果采用二分法审视人自身与人之外，人之外即是自然环境，以天为代表，那么以天为代表的自然环境发生变化时，人自身也会随之发生相应变化，所以说"自然界变化对人体的影响，是'天人合一'的第一层含义，这也是古代中医和养生学的理论基础"（叶君远，2015：3）。

下文说说"天人合一"的第二层含义，即人文内涵。可以想象，远古先民受限于自身认知水平、当时社会生产力尤其是科技发展水平，大都自然地持有原始宗教性质的天命观，对人身之外的大自然尤其是高悬于空的天充满了敬畏。于是乎，自然意义上的天就变成了一种神秘莫测的终结性、隐性力量，不仅决定着个人的贫富、贵贱和生死，甚至决定着人间政权及王朝的盛衰、兴败和更替。例如，《尚书·召诰》言"有夏服天命"，说的就是夏朝用世袭制代替禅让制，对外宣称是受天之命；再如《孟子·离娄上》言"顺天者存，逆天者亡"，更是把天推向极致。之后，随着人类认知水平、社会生产力尤其是科技发展水平的提高，原始天命观的宗教性抑或神秘感逐渐褪去，鉴于现实需求的一些哲理思考被充实进来。例如，为迎合汉武帝大一统王朝建设之需要，儒家代表人物董仲舒重释经典，建立起以"天人感应"[①]理论为基础、以"三纲五常"为核心的正统思想体系：大一统王朝是"天地之常经，古今之通谊"，自然环境的千变万化和人类社会的兴衰治乱都取决于"天"的意志，所谓"王道之纲，可求于天"；进而言之，君主帝王受命于天，代表天对社会进行统一管理，故君主帝王又别称"天子"，君权神圣也就不可侵犯了。仅就董仲舒所倡"天人感应"而言，主要有两个方面的内容：（1）自然灾害与统治者失误存有因果关联，详而言之，如果天子违背了天意，不施仁义，上天就要降临灾异，进行谴责，此即灾异谴告论。（2）天有阴阳，人亦有阴阳。气是中介，兼有刑德作用，正所谓"阳为德，阴为刑"；同理，人的道德行为亦能引起气之变化从而相互感应，正所谓"世治而民和，志平而气正，则天地之化精，而万物之美起。世乱而民乖，志僻而气逆，则天地之化伤，气生灾害起"（董仲舒《春秋繁露·五行变救》），此即"天人同类"。客观而论，董仲舒把"天"构建为至上、终极之神，一可基于所谓"君权神授"为君王尊位及其统治提供理论支撑，二可基于所谓"天人感应"为限制及约束君权提供重要凭借。这两点作用看似相互矛盾，实则哲理层面上就可自圆其说，并可和谐共存，在现

---

① "天人感应"：意即自然万物与人相通，相互感应。"天人感应"思想自古有之，孔子、墨子等诸子言论中亦时而涉及，因为天人关系是中国传统思想文化尤其是中国传统哲学视域下的一个常见课题。

实方面迎合了大一统王朝健康统治之需。因此，董仲舒以"天人感应"为基础构建的思想体系虽有一些不利于思想创新的局限性，但其客观上为中国封建社会正统儒学体系的建构做出了重要的理论贡献，在其后中国历代君主施政方面也产生了重要影响。天命由此演绎成天意，到北宋则被理学家阐释为天理，如程颐、程颢就将天理视为其哲学的终极范畴，所谓"万物皆是一个天理"，随之进一步阐释天理永恒存在，无所不在，体现在社会伦理层面，亦体现在人的心性之中，因此天与人之间必有感应；到南宋则被理学家进一步阐释为太极，如朱熹倡议用太极代换天理，认为太极"总天地万物之理"，随之进一步阐释"其张之为三纲，其纪之为五常，盖皆此理之流行"（《御纂朱子全书》卷六六）。总之，"天"及其与"人"的关系一直是中国传统思想尤其是中国哲学领域一个绕不开的重要课题，无数圣贤及善于思考人士前赴后继地根据社会政治、思想、文化等现实需求对之进行往复阐释，从而使得"天人合一"渐具较为丰富的人文内涵。

古人《说文解字》即是极好的案例，因此通过对"天"字义的说解可进一步感知"天人合一"较早、较为纯朴的人文内涵。《说文解字》由东汉经学家和文字学家许慎所著，系中国第一部分析字形、说解字义的权威专著和工具书。当然，距今 1900 余年的《说文解字》难免存有一些缺陷："东汉时期，钟彝铭识罕见，甲骨文远未出土，作者无缘目睹某些字的原始字形，解释本义不免产生错误。此外，许氏将儒家、道家以及阴阳五行、谶纬诸说运用到说解文字中，乃受时代局限所致"（许慎，2007：2—3）。客观而言，《说文解字》"通过对小篆形体的分析，说明造字的本义，从而可明白引申义、假借义由来；同时汇集十分丰富的古汉语语言及词汇数据，因此它是研读古代语言文字、整理古代文化遗产必备的基础书，是探研古文字学不可或缺的阶梯。又因其内容还蕴藏着不少有关古代社会生产、社会制度、科学、医疗等众多珍贵资料，也成为后世研讨中国古代历史的重要参考书籍"（许慎，2007：2），其造诣后世无人敢望其项背。要而言之，许慎是经学大师，所生活的汉代是中国正统思想文化发展的关键期，且其所著《说文解字》是迄今最早的语言文字类工具书，共此三项可在一定程度上确保其对文字的说解相对权威、可信和恰当，亦可借此进一步了解早期的相关人文内涵——甚或说，许慎的说解在某种意义上都会留有当时的人文烙印。在分析许慎说解"天"之前，尚需先行补充一点说明：前文相关段落基于"天"之甲骨文、金文和篆文的观察分析，初步探寻出"天人合一"的基本内涵。如果把前文所涉"汉字七体"，即甲骨文、金文、篆书、隶书、草书、楷书和行书，放到汉字字体演变的历史进程中，就会看出甲骨文、金文和篆书大抵可以归为古文字，隶书、草书、楷书和行书可以归为今文字，而且通常认为在形体上实现了根本转变的隶书是古文字与今文字的一道分水岭。其实，汉字字体的演变有内在的沿袭性，只是有时程度大些，有时程度小些罢了，因此宜把篆书（尤其是小篆）和隶书视为古文字向今文字的过渡型字体较为合适。这个论断与秦末"小篆是规范的正体，隶书是应急的俗体"之历史实况是相吻合的（闫顺玲，2018：110），毫无疑问，两者相较而言，篆书（小篆）靠近古文字，而隶书则更靠近今文字。许慎《说文解字》选择篆书（小篆）作为汉字剖析对象的部分原因即在于此，希望最终能够尽可能地回溯各个古老汉字的原义，当然也能在一定范围内透露古人思想的一些实情。现可观察许慎对汉字"天"的说解：

　　天　天　颠也，至高无上。从一、大。他前切（tiān）。（许慎，2007：1）

按许慎编纂安排，单体字称文，合体字称字；前者通常指涉象形字、指事字，后者通常指涉会意字、形声字①；说文重在字形分析，解字重在字义解释——是故，在许慎看来，文与字不同，说与解也各有侧重。为便于统一表述，本文采用统称"文字"和"说解"，涵盖许慎所言全部内涵和外延。上例以空格为界可分成前、后两部，前部"天 页"为文字条目，后部"颠也，至高无上。从一、大。他前切（tiān）"为文字说解。再细加观察，文字条目部分"天"是后世编撰者为便于读者查阅及使用而添加上去的，"页"是原条目，即说解对象，由许慎排列。文字说解部分可按句点分成三小节，其第一小节"颠也，至高无上"是释"天"之义，第二小节"从一、大"是析"天"之形，第三小节"他前切（tiān）"是标"天"之音。就释义部分而言，篆文"页"连同前文所涉其甲骨文"𤆻"和金文"𡗗"②，本可直接暗示乃至显示"天"的基本意义，即人之上空，在语言生活中亦可类指或喻指上方，但许慎释义为"颠"，继而强调"至高无上"，就带有明显的人文烙印——也能在一定程度上反映当时的人们对"天"的价值取向和文化赋义，于是乎天命、天意、天理等概念在语言生活中都自然地具有了绝对的影响力和权威。就析形部分而言，"从一、大"之分析是较为精准的，得归功于篆文的符号抽象化和笔画规范化："页"无论从间架结构还是书写顺序，都可自然地分为两部分，即"一、大"。另一方面，甲骨文"𤆻"演变成金文"𡗗"，继而演变成篆文"页"，其形象性逐渐尽失，导致象形成了象征，最后演变成了符号乃至笔画；既然演变成了由笔画构成的规范化、符号化的统一性汉字，为便于理解、识记及检索等，拆析字形就应有其内在规律，主要目的在

---

① 六书，即象形字、指事字、会意字、形声字、转注字、假借字。其中，转注字、假借字本身并非新字，往往视为既定汉字的使用方法。

② 相较而言，"天"的甲骨文和金文要更为形象，会意性更强，但其篆文仍具形象，在一定程度上仍可会意。

于统一和使用。从这个角度看，"天"可以析为"一、大"①，也可以析为"二、人"，为什么许慎选择"一、大"呢？除却前文所涉"天"的间架结构和字形特征外，原因还有许慎及以其为代表的汉代人对"天"的人文解读——也是"天"所具人文内涵使然。详而言之，由甲骨文中天形"◖"和人形"个"分别演变而来的"一"和"大"完全是符号和笔画，但"一"和"大"在汉字体系中又都是单独的汉字，皆有字义："一"在中国传统思想文化领域，本义是具体数量即最小的正整数，而且具有"初始""本真"等传统人文内涵，如"是以圣人执一为天下式"（陈鼓应，2016：161），再如"一也者，万物之本也"（陈广忠，2016：714）。"大"本义与"小"相对，是指在数量、面积、体积、力量、强度等方面超过一般对象或所比较的对象，随着相关语言生活实践加深，"大"亦渐有"尊崇""敬慕"等传统文化内涵，甚至与"道""一"等都有相似的价值趋向，如"有物混成，先天地生。寂兮寥兮，独立不改，周行而不殆，可以为天下母。吾不知其名，强字之曰'道'，强为之名曰'大'"（陈鼓应，2016：169）。如此一来，"一"和"大"各自的人文内涵聚焦在一起，也就基本成就了"天"的人文内涵。巧合中又有必然的是，许慎拆"天"析形为"从一、大"，亦有"其大无有二也"的暗示，可与其解说"至高无上"甚相吻合，可谓天衣无缝——这可理解为许慎将"天"析为"一、大"而非"二、人"的另一重要原因。这种对"天"等相关传统文化内涵的深入理解，亦能促进我们对"天人合一"所具人文内涵的理解，同时在一定意义上亦将"天人合一"推向中国传统哲学研究的前沿阵地。

---

① 从"天"的甲骨文"个"和金文"个"来看，其字形最宜析为"一、大"；另一方面，鉴于符号化和规范化后的篆文"页"（以及其后演变成的隶书"天"、楷书"天"等），析为"一、大"要更为符合汉字的演变趋势。因此文中仅论根据字形宜析为"一、大"而非析为"二、人"的情况，进而在此基础上从侧面窥探"天"及"天人合一"的人文内涵。

第二节 《淮南子》之"道法自然"

一、《淮南子》哲学

《淮南子》以道家思想为底蕴，深入地探讨了天文、地理、政治、思想、军事、科技等领域内的诸多问题，可谓天地之理、人间之事、帝王之道等应有尽有，内容博大精深，被后世学者誉为"西汉道家言之渊府，其书博大而和有条贯，汉人著述中第一流也"（梁启超，1985：369）。仅就哲学思想而言，《淮南子》以道、道德、道家思想为统领，兼纳儒家、墨家、兵家、名家、杂家乃至阴阳家等诸子言论精华，最终自成一家之言。因此，阐述《淮南子》哲学，基于诸子百家思想展开是一种思路，具有一定的可操作性。另一种思路，就是按照哲学的样式及理念对《淮南子》思想内容进行概括和阐释，也具有一定的可操作性。我们选择后者，原因主要有：（1）第一节宽泛阐述中国传统哲学时，主要是基于诸子思想且以时间为序展开的，此处专论《淮南子》哲学再依诸子思想展开就有裹足不前的嫌疑了。（2）小节标题为"《淮南子》哲学"，只有以哲学样式及理念重新审视《淮南子》并展开相应探讨，方才名副其实，继而名正言顺。（3）按照哲学样式及理念来进一步探讨《淮南子》哲学思想内容，有助于打通《淮南子》研究与哲学研究乃至西方学界的关联，有助于推动《淮南子》哲学思想研究的现代化和国际化。然而，现代哲学理论体系日臻成熟，所涉问题日益增多，亦限于篇幅，此处《淮南子》哲学论述只能结合现代哲学样式和《淮南子》哲理探讨实情，着重围绕以下四个层面展开。

1. 宇宙观。先需说明，宇宙的起源及其方式一直是《淮南子》及中国传统哲学的重要命题，故而在此提出并作为一个独立的层面加以论述；

另一方面，所言宇宙观不同于哲学视域下的世界观，而且"世界"作为佛教用语于《淮南子》创作时尚未进入汉语言文化。宇宙的通常意义就是"包括地球及其他一切天体的无限空间"（中国社会科学院语言研究所，2016：1599），然而《淮南子》意欲探讨世间一切，是要在哲理上用这个术语涵盖一切的，故将宇宙阐释或定义为"往古来今谓之宙，四方上下谓之宇"。同时《淮南子》对宇宙起源及其过程进行追问，相关纲领性论述是："有始者，有未始有有始者，有未始有夫未始有有始者。有有者，有无者，有未始有有无者，有未始有夫未始有有无者。"（陈广忠，2012a：54）其实，这段精彩论述援引自《庄子·齐物训》，也从侧面说明了《淮南子》与老庄学派的密切联系。随后《淮南子》对相关阶段发展状态都有详细描述和深入阐释，有必要做一简要概述，以洞悉《淮南子》所持宇宙观。首先，宇宙演变在"始"与"未始"问题视域内可由近及远地分成三个阶段：（开）始；未始；未始前①。其中，于未始前阶段阳气在天中、阴气在地里，天地间仿佛无物又仿佛有物，呈虚无态；于未始阶段阳阴气逸出天地，于天地间相伴而行，呈现孕育态；于（开）始阶段无形物向有形物过渡，呈萌芽态，是阴阳合生成有形物的开端。其次，宇宙万物发展在"有"与"无"问题视域内可分成四种形态：有；无；无前；无前之前②。其中，于无前之前形态，原始气尚未分化阴阳，呈混沌态；于无前形态，气弥四方，陶冶万物之未竟；于无形态，气使得物以无形存在，呈浩瀚态；于有形态，有形万物生成。整体来看，"始"与"未始"涉及宇宙历时演变，关乎时间；"有"与"无"涉及万物发展形态，关乎空间存在。两相结合能较好地统一时空视角，继而深入探讨宇宙及万物的起源及其过程，而在这一过程，既源之于"气"，又受"气"之推动，世间万物方才是现在的模样。当然，该阐释想象性成分多，但缘着本真，跨

---

① 即《淮南子》言"未始有夫未始有有始者"。
② 即《淮南子》言"未始有夫未始有有无者"。

越数个阶段，最终溯源至气，于当时而言已是哲理思索的重大成果了，对后人开拓境界、探索宇宙有很大的启迪作用。

2. 本体论。本体论有"第一哲学"之美誉，是研究关于存在及其本质的理论。最早由德国哲学家郭克兰纽（Rudolphus Goclenius，1547—1628）提出，后经克劳伯、杜阿姆尔及康德等哲学家推动，成为哲学的重要组成部分。本体论有广义和狭义之别：宽泛意义上的本体论研究一切存在的最终本性，包括宇宙起源、演变和宇宙万物本性等话题，前者可视为宇宙观，后者可视为狭义上的本体论。由于前文已经阐述宇宙观，此处所释限于狭义本体论。《淮南子》延续了先秦以降中国传统哲学尤其是道家相关本体探讨的思想观念，认为"道"才是宇宙万事万物存在和嬗变的根本；另一方面，"道"永恒不变，存在于宇宙万事万物内，并通过宇宙万事万物的变化而得以体现。鉴于本体论视域内《淮南子》对"道"进行了深入探讨，并取得了较为丰硕的成果，对中国传统哲学产生了较大影响，我们将在下文单列一小节专门探讨《淮南子》对"道"的论述。

3. 认识论。整体观之，《淮南子》以悟"道"作为认识的最高目标，进而阐明认识的可能性、方式方法和功能作用等。首先，事物是可以最终认识的，关键在于弄清问题缘由。如《淮南子》一方面陈述事物纷繁复杂，难以识别，此是事实；另一方面又论述尽管认识事物有难度，但并非不可能，所谓"物无不可奈何"（《淮南子·人间训》）。以临河而钓为例，有人钓到鱼，有人钓不到，关键在于"审其所由"。其次，人们认识事物的方法是类推，但有适用前提。《淮南子》倡导以类推的方法认识事物，根据是事物具有以"类"方式存在的特性，所谓物以类聚；将类推作为认识方式推而广之，就可由个别推知一般，由部分推知整体，由外表推知内在，乃至由所见推知未见，与孔子"以小见大、以近知远"之智慧是相吻合的；同时强调"物固有似然而似不然者。故决指而身死，或断臂而顾活，类不可必推"（《淮南子·说山训》），是在暗示类推仅适用于认识同类事物，如何认识不同类事物，就要再次充分发挥人的大智慧和主观能动性了。再次，人们认识事物的目的在于用，以"合得失之势"。《淮南子》以人们喜欢学习御马而非御龙、喜欢学习治人而非治鬼为例，进一步阐明学习的直接目的就是要将所学运用于生活实践；继而总结"揽掇遂事之踪，追观往古之迹，察祸福利害之反，考验乎老、庄之术，而以合得失之势者也"（《淮南子·要略》）。进而言之，人们选取成功事迹、追寻往古印迹、考察祸福利害，并以老庄学说加以验证，就是一种实质性学习，以能够随后加以运用，以能够符合得失之势，表现出《淮南子》认识论所具有的入世情怀和人文精神。

4. 辩证法。《淮南子》以道家为底色，阐述中所体现的辩证思想极具中国传统文化乃至传统哲学的特色。首先，《淮南子》之《俶真训》《天文训》《览冥训》《精神训》《本经训》《氾论训》等诸多篇章中都承载了深厚的阴阳思想。如，"天地之气，莫大于和。和者阴阳调，日夜分而生物"（陈广忠，2012a：733）；再如，"积阴则沉，积阳则飞，阴阳相接，乃能成和"（陈广忠，2012a：733）。需要说明的是，《淮南子》思想及内容相对庞杂，有些地方阴、阳实指阴、阳二气，但这里更指两种力量、两种趋向，使得阴、阳超越了气的具体形态，成为更具形而上的传统哲学术语。这与《易经·系辞》"一阴一阳之谓道"的传统哲理具有一脉相承性。其次，《淮南子》论述宇宙及其间万事万物都在"道"的统领下不断"转化推移"，永不停止。这个不断更新的过程，可从"积"开始，即事物内部开始积累"转化推移"的力量，与当今常言"内因"较为近似；当内部积累超越极限时，就会向事物的反面转化，诚如斯言"天地之道，极则反，盈则损。五色虽朗，有时而渝；茂木丰草，有时而落；物有隆杀，不得自若"（陈广忠，2012a：1186）；由"积"至"极则反"，随后就进入下一轮更新发展了，其总体趋势是不断地自我更新，所谓"日滔滔以自新"。

此外，《淮南子》在社会管理、帝王统治及人性等方面也有不俗见解及论述，限于篇幅不便展开。需要说明的是，《淮南子》毕竟产生于两千多年前，限于当时生产水平、科技水平及认知水平，相关哲学论述不可能有马克思主义哲学及当代哲学的深度，但确能算作当时哲理思考的杰出成果。

二、《淮南子》之"道"

中国传统哲学与古希腊哲学都属于一种理性思维，意欲探明万物本原及其运行规律。作为中国传统哲学重要成员的道家，其许多观念和见解都为《淮南子》接纳并有所发展。自老子开创道家以降，"道"便成为一个最为上位的哲学范畴，是超越时空等一切的无限本体，无所不包，无处不在，无时不有，真所谓"道可道，非常道；名可名，非常名。无名天地之始，有名万物之母""有物混成，先天地生，寂兮寥兮，独立不改，周行而不殆，可以为天下母。吾不知其名，字之曰道""道生一，一生二，二生三，三生万物"[1]等。当然，老庄学派、黄老学派、杨朱学派乃至其他诸子学派及后人对道的理解与阐释不可能完全相同，《淮南子》也是既有继承又有丰富，暂分以下五个方面加以阐述。

1. 道之原始性。《淮南子》始终把道视为原始范畴，先天地而存在，是万物之母体，尽管因内容庞杂而导致各相关篇章论述略有出入。如：

> 天地未形，冯冯翼翼，洞洞灟灟，故曰大昭。道始于虚廓，虚廓生宇宙，宇宙生气，气有汉垠，清阳者薄靡而为天，重浊者凝滞而为地。清妙之合专易，重浊之凝竭难，故天先成

――――――――――

[1]　分别源自《道德经》第一章、二十五章、四十二章。

而地后定。天地之袭精为阴阳，阴阳之专精为四时，四时之散精为万物。积阳之热气生火，火气之精者为日；积阴之寒气为水，水气之精者为月。日月之淫为，精者为星辰。天受日月星辰，地受水潦尘埃。（陈广忠，2012a：103—104）

此为《淮南子·天文训》开篇之言，从天地尚未形成时的混沌状态开始，道生虚廓、虚廓生宇宙、宇宙生气，此为"道生一"阶段；在"一生二"阶段，气有清浊，清阳者上升为天，重浊者下沉为地，天地合精气形成阴、阳；随后是"二生四"阶段，阴阳聚合之气形成四季；最后是"四生万物"阶段，四季的消散之气形成万物，同时阳气聚热成火、火之精气变成太阳，阴气积寒成水、水之精气变成月亮，日月之精华生成星辰，于是上天有日月星辰，大地有水潦尘埃。在这个猜想色彩浓厚的论述中，其对宇宙万物本原及秩序的探源，道都是起点，最具原始性。

2. 道之抽象性。道作为《淮南子》用以构建自身思想体系的最基本的哲学范畴，当然地具有至高无上的抽象性，没有什么具体形态，却能把一切具体事物涵盖在内。例如：

夫道者，覆天载地，廓四方，柝八极；高不可际，深不可测。包裹天地，禀授无形；原流泉滂，冲而徐盈；混混汩汩，浊而徐清。故植之而塞于天地，横之而弥于四海；施之无穷，而无所朝夕；舒之幎于六合，卷之不盈于一握。约而能张，幽而能明；弱而能强，柔而能刚；横四维而含阴阳，紘宇宙而章三光。甚淖而滒，甚纤而微；山以之高，渊以之深；兽以之走，鸟以之飞。日月以之明，星历以之行；麟以之游，凤以之翔。泰古二皇，得道之柄，立于中央；神与化游，以抚四方。（陈广忠，

2012a：1—2）

此为《淮南子·原道训》开篇之言，意欲通过阐释道的无限抽象性来建构起这个最基本的哲学范畴。道，空间上覆天载地，无所不包；功用上包裹天地，惠于万物。因此，道能大能小，无穷无尽，能约而张，能幽而明，能弱而强，能柔而刚；凭借道，山岳高耸，潭渊变深，野兽奔跑，鸟类飞行，日月发光，星辰运行，麒麟出游，凤凰翱翔。远古时代伏羲和神农，就是因为掌握了道的枢要，才能立于天地之中央，才能成功安抚天下之民众。全文大都是些具体事物，但均非描述道的具体形态，相反却在尽可能地暗示与显示道的抽象性，可谓莫不相关且无所不包。

　　3. 道之客观性。道是宇宙及其万物的本原，具有无上的抽象性，同时道又是客观存在，不以人的意志为转移，可谓无时不在，无处不有。如：

　　　　夫萍树根于水，木树根于土；鸟排虚而飞，兽蹠实而走；蛟龙水居，虎豹山处，天地之性也。两木相摩而然，金火相守而流；员者常转，窾者主浮，自然之势也。是故春风至则甘雨降，生育万物；羽者妪伏，毛者孕育；草木荣华，鸟兽卵胎；莫见其为者，而功既成矣。秋风下霜，倒生挫伤；鹰雕搏鸷，昆虫蛰藏；草木注根，鱼鳖凑渊；莫见其为者，灭而无形。木处榛巢，水居窟穴；禽兽有芄，人民有室；陆处宜牛马，舟行宜多水；匈奴出秽裘，干、越生葛绨；各生所急，以备燥湿；各因所处，以御寒暑；并得其宜，物便其所。由此观之，万物固以自然，圣人又何事焉？（陈广忠，2012a：16）

所引仍然源自《淮南子·原道训》，全文未现"道"字，却处处在说道：

从植物的生存特征到鸟兽的生活习性，从自然物理变化到四季更替现象，再到世人起居习俗，都是"莫见其为"而"功既成"，此即"自然之势""天地之性"。进而言之，世间万事万物之产生、发展、衰落乃至灭亡都是依其本性和趋势自然而然地悄然进行，圣人治理社会也不会去干扰事物的正常自然运行。这个无时不在、无处不有且制约着万事万物最终发展的隐形之手，即是所论之"道"。

4. 道之对立统一性。《淮南子》对"道"的认知、描述及构建始终暗含着一种和谐的存续状态，体现为两极的对立统一。如，"道至高无上，至深无下，平乎准，直乎绳，员乎规，方乎矩，包裹宇宙而无表里，洞同覆载而无所碍"（陈广忠，2012a：505）。字面意思就是道高深莫测，不能简单地描述为平的、圆的或直的、方的，相反既可是平的和直的，也可是方的和圆的。这种看起来两极对立、似非而是的和谐状态，远远超出了个人的经验感知，恰是道之对立统一性的具体体现。再如：

> 兵失道而弱，得道而强；将失道而拙，得道而工；国得道而存，失道而亡。所谓道者，体员而法方，背阴而抱阳，左柔而右刚，履幽而戴明，变化无常；得一之原，以应无方，是谓神明。夫员者，天也；方者，地也。天员而无端，故不可得而观；地方而无垠，故莫能窥其门。（陈广忠，2012a：852）

这是从兵法视角阐释"道"：士兵将领失去道就会变弱，得到道就会变强；国家统治失去道就会灭亡，得到道就会存续。所言之道，体圆法方，背着阴而抱着阳；左柔右刚，踩着幽暗而顶着光明，变化没有常规；掌握了道之根本，就可应对无穷变化。通过以上论述，可以看出，道常处一种阴阳、方圆、刚柔、幽明的对立统一状态，其中任何一极都不足以对其进行客观、充分的描述和阐释。正是道的对立统一性，使得其无所不包，而且可以应对无穷。这些论述所蕴含的丰富辩证思想，促进了中国传统哲学思辨的实质性提升。

5. 道之永恒性。《淮南子》在论"道"时通常兼采时空视角，以尽可能地全面阐释其本质特性。例如，"夫道者……包裹天地，禀授无形；原流泉浡，冲而徐盈；混混汩汩，浊而徐清。故植之而塞于天地，横之而弥于四海；施之无穷，而无所朝夕"（陈广忠，2012a：1—2），主要是说道之存在在空间上无所不包，乃至万物尚未成形之际；道之使用在时间上无穷无尽，甚至无朝夕盛衰；好似泉水涓涓，时虚时实，又似急流汹涌，时浊时清。当然，以水喻道，意在描述道之特性，其中便有永恒性。再如，"是故能天运地滞，轮转而无废；水流而不止，与万物终始"（陈广忠，2012a：3），虽从言说道之功能开始，但两个比喻"轮转"和"水流"再次生动地描述出道之永恒性：如同车轮绕轴转行一样，又如水流向下运行一般，永不休止。进一步说，正因为《淮南子》把道视为至高无上之本原，具有原始性、抽象性、客观性，并能在对立统一中周而复始、循环往复地运行，从而使得所言之道循环运行、无休无止、永恒存在，随之道也就内存地具有永恒性了。

三、"道法自然"精要

客观而言，"道"之概念以及"道法自然"之理念均源自道家及其所倡思想，如《老子》第一章开篇言"道可道，非常道；名可名，非常名"。再如，《老子》第二十五章：

> 有物混成，先天地生。寂兮寥兮，独立不改，周行而不殆，可以为天下母。吾不知其名，强字之曰"道"，强为之名曰"大"。大曰逝，逝曰远，远曰反。

> 故道大，天大，地大，人亦大。域中有四大，而人居其一焉。
>
> 人法地，地法天，天法道，道法自然。（陈鼓应，2016：169）

由上可以看出，老子将道视为最高范畴，天地形成之前就已存在，亦是形成世间万物的根源；道浑然一体、无形无声，又循环运行、生生不息，于人的认识而言着实是高深莫测，只能暂时勉强称之为"道"——一旦称之为"道"，就不再是"常道"，不再是永恒不变之道。在老子视域内，道与天、地、人合称"域中四大"，并居首位，因此"人法地，地法天，天法道，道法自然"。如此追根溯源，一是客观展示"道法自然"之传统思想渊源；二是从源头上保障准确理解"道法自然"之精准内涵。如果从措辞视角孤立地分析"道法自然"，其义就是道效法大自然或道以大自然为自己的运行法则。这是较为典型的断章取义，因为在道家思想体系中道能够独自永存，无须效法他者，具有本原性，属于终极范畴，在其之上自是不存在一个更高的范畴；另外，引文中"域中有四大"说得非常清楚，即道大、天大、地大和人大之外再无对象存在，那么大自然也就不可能是道的效法对象。

"道法自然"可以说是道家的一个核心理念，虽仅四字却言简义丰，历朝历代均有不俗的阐释。综合来看，影响深远的见解有两派：其一是汉朝河上公把道法自然释为"道性自然，无所法也"（王卡，1993：103）。当代学者许抗生认同河上公之说，并进一步阐释，自然并非"道"外之物，而是"道"自身，"道"已是天地最后的根源，没有别物再可效法，所以只能效法其自身那个自然而然的存在而已（许抗生，1999：108—109）。其二是曹魏王弼《老子道德经注》言："道不违自然，乃得其性。法自然者，在方而法方，在圆而法圆，于自然无所违也。"（王弼，2008：64）当代学者王中江认同王弼之说，并进一步补充，"道不违自然"不是说"道纯任自己的自然"，"道自己如此"，而是说"道"纯任

"万物的自然"（王中江，2010：39）。综上所述，为正确领会道家"道法自然"之要义和精神，必须要遵循以下三条原则：（1）道家"自然"绝非现代汉语字典中解释的作为名词使用的"大自然"（nature）；（2）道家视域内"自然"的内涵虽然有时包含自然界的法则及规律，但绝不仅仅如此；（3）老子所倡"道法自然"不能仅仅理解为"自身""自己"，从而变成了道无以效法而只能"法自己"的牵强，"道法自然"应为"道法万物之自然"，万物之自然即万物的自在、自生、自化、自灭及循环往复。（章媛，2012：78）

《淮南子》"因其旨近《老子》、强调淡泊无为而常被归为道家"（丁立福，2019b：4），亦可以说是汉代道家集大成者。其所建构的"道"及"自然"范畴，其所阐述的"道法自然"之理念，在某种程度上都具有先前道家思想色彩。鉴于前文已经单独介绍《淮南子》之"道"，下文将着重论述两点：一是《淮南子》视域内的"自然"范畴；二是《淮南子》体现出的"道法自然"理念。

1. "自然"之含义。现代语言生活中，自然常用来指称现实实体及物的世界，也即万物及自然界。《淮南子》主旨在于探讨万事万物之本原及其本质规律，从而以备帝王统治之需。所以其所言"自然"，一定是在哲理意义上使用，而非在日常用语上指称。另外，刘安编撰《淮南子》时道家哲学思想已经达到了较高水平，如前文所论老子言论中相关"自然"的认识。进而言之，《淮南子》视域内自然大都指事物原本固有的本性，乃至被拔高到最高的本体性即道及道之性。从这个角度看，所言"道法自然"之理念与道家所倡"无为而治"之精神是甚相吻合的。如《淮南子·原道训》言："夫萍树根于水，木树根于土；鸟排虚而飞，兽蹠实而走；蛟龙水居，虎豹山处，天地之性也……由此观之，万物固以自然，圣人又何事焉？"（陈广忠，2012a：16）引文举出系列案例，如萍扎根于水、树扎根于土，如鸟以翅膀翱翔、兽以脚趾奔跑，再如蛟龙处于水、虎豹居于山等，旨在论述万事万物都有各自天生秉性；进而言之，万事万物都是依照自身规律自然地发展运行的，即便圣人也没有依据去改变。再如《淮南子·齐俗训》说："且喜怒哀乐，有感而自然者也。故哭之发于口，涕之出于目，此皆愤于中而形于外者也。"（陈广忠，2012a：581）引文大意是说，喜怒哀乐都是有真情实感而自然地表现出来的，所以哭声从口中发出来，泪水从眼中流出来，这些都是内心的愤慨之情流露于外所致。由此可以看出，"自然"即指事物固有天性、应有本性，道同样亦有自身之秉性，那么"道法自然"首先就是效法道自身之本性，其次是效法抽象意义上的天性，这个抽象意义上的天性与万事万物之本性又存在一般与个别的联系。

2. "道法自然"之理念。《淮南子》虽然没有"道法自然"字样，但全文通过"无为"将道与自然紧密地联系在一起，并在多处进一步展开论述，从而让"道法自然"之理念得以充分地体现。如《淮南子·主术训》言："由此观之，无为者道之宗。故得道之宗，应物无穷。任人之才，难以至治。"（陈广忠，2012a：435）引文之前提供国有亡国之君而世无废弃之道、人有穷困之际而理无不通之时等论据，借此阐明无为是道的根本，得到道的根本就可应对万物无穷的变化，否则仅仅凭借个人才能很难实现大治的目的。进而言之，人需要遵天道、循天理，但并不意味着只能盲目地听之任之，相反人需要充分地发挥主观能动性，主动地去悟道，继而循道，方能最终达到人所期盼的"治"，也即真正意义上的无为而治。

再如《淮南子·诠言训》言："无为者，道之体也；执后者，道之容也。无为制有为，术也；执后之制先，数也。放于术则强，审于数则宁。"（陈广忠，2012a：831）引文大意是说，无为是道的主体，持后是道的功用；无为控制有为是策略，握后制约其先是运数；依靠策略就会强大，明察运数就会安宁。进而言之，人在面对身外世界时，要顺应天道自然，要实行无为而治，只有通过自然而然的方式去面对世界，才能和谐地与世界共存，从而达到真正意义上的天人合一。

又如《淮南子·诠言训》言："故圣人不以行求名，不以智见誉。法修自然，己无所与。虑不胜数，行不胜德，事不胜道。为者有不成，求者有不得。"（陈广忠，2012a：805—807）引文大意是说，圣人不用行止求名利，不用智术得荣誉；法出于自然，自己不加干预；思虑胜不过天数，止胜不过德性，行事超不过道术；做事有不成功的，希望有得不到的。进而言之，这种"不以行求名，不以智见誉"是圣人行为，也是超然的"无为"；即便是规范人们行为之法，亦是自然而成，不可违背规律强行为之，否则就不是"法修自然"，更不符合"道法自然"。

综上所述，《淮南子》继承了道家精髓，以无为为其主旨，将天道之无为演绎成人道之无为，以求人道符合天道，自始至终地贯穿了"人法地，地法天，天法道，道法自然"这一道家理念要义。可以说《淮南子》倡导"无为"是为了践行"无不为"，倡导"天道"是为了宣扬"人道"，将出世与入世统一到一个新的高度，是对传统道家的一大贡献。

第四章 《淮南子》国外译介研究

第一节 东方近邻《淮南子》译介

一、国外译介研究之必要

前文已经探讨,《淮南子》研究正趋上涨,综述相关研究成果历来是推陈出新,如台湾学者于大成在 20 世纪 70 年代推出《六十年来之淮南子学》[①],90 年代其门生陈丽桂又推出《〈淮南子〉研究八十年》[②]。大陆对《淮南子》研究文献进行综述常散见于硕、博士学位论文(马庆洲,2001;孙纪文,2004;杨栋,2007;川津康弘,2008;陈辉,2013),较早全面梳理《淮南子》研究成果的首推杨栋硕士学位论文《二十世纪〈淮南子〉研究》,其精华部分凝练后发表在核心刊物《古籍整理研究学刊》[③];随后高晓荣《新时期大陆学界〈淮南子〉研究综述》[④]、马庆洲

---

① 详见于大成、陈新雄主编:《淮南子论文集》(第一辑),台北:西南书局有限公司,1979 年,第 132—176 页。

② 详见林徐典编:《汉学研究之回顾与前瞻(下册)》,北京:中华书局,1995 年,第 310—318 页。

③ 详见《古籍整理研究学刊》2008 年 1 期,第 78—88 页。又,杨栋:《二十世纪〈淮南子〉研究》,东北师范大学硕士学位论文,2007 年。

④ 详见《安徽文学》2008 年 2 期,第 307—310 页。

《六十年来〈淮南子〉研究的回顾与反思》①、查海敏和黄建荣《近三十年
国内〈淮南子〉研究述评》②、单长涛《近三十年来国内外〈淮南子〉生
态思想研究述评》③、孙天牧《回顾与展望：民国以来〈淮南子〉研究引
论》④等作品，分别从不同视角对不同阶段的《淮南子》研究文献做了较
为全面的梳理，以便于后人了解，并继续开拓。除却学术水平不论外，
上述综述性文献明显存在两点不足：（1）基本是一些定性综述，几无从
计量层面进行宏观综述。这一不足已在本书第一章第四节中加以弥补，
尽管相关视角还可以再行拓展。（2）基本是聚焦国内研究成果的一些综
述，鲜有涉猎国外研究及其译介成果者。即便是被认为经典之作的于大
成《六十年来之淮南子学》，也只提及马来西亚郑良树先生的《淮南子斠
理》，还是因为郑良树是于大成的同门友人。由此基本可以推断，国内绝
大多数相关《淮南子》研究成果的综述文献都有意回避了国外研究成果
的梳理，更遑论专门综述国外《淮南子》的研究成果了。原因不外乎语
言障碍和国外相关文献不能及时获得，这就更加突显出梳理国外《淮南
子》研究的必要性和重要性。

　　事实上，在国内众多相关《淮南子》的综述文献中还是有一篇专门
综述国外研究成果的学术论文，即戴黍《国外的〈淮南子〉研究》⑤，重
点梳理了日本和西方一些学者的相关研究成果。然而，该文刊于 2003
年，如今已过去 20 载——这 20 年内西方分别诞生了《淮南子》第一
部法语全译本 *Philosophes taoïstes II: Huainan zi* 和第一部英语全译本 *The
Huainanzi*，理应大大地便利了西方学者对《淮南子》研究的深入和拓展。
所以，亟须把最新相关研究成果介绍到国内，这也是本章所要涉及的内

① 详见《文学遗产》2010 年 6 期，第 137—148 页。
② 详见《哈尔滨学院学报》2012 年 5 期，第 65—69 页。
③ 详见《鄱阳湖学刊》2015 年 1 期，第 59—66 页。
④ 详见《安徽理工大学学报》（社会科学版）2017 年 3 期，第 8—14 页。
⑤ 详见《哲学动态》2003 年 4 期，第 44—47 页。

容，但是限于本书主旨和篇幅，只能侧重于国外《淮南子》的译介成果。

就《淮南子》向外译介传播而言，已经远远落后于一些中国传统典籍，也落后于《道德经》《庄子》等道家典籍。整体观之，在东方，《淮南子》在唐朝时就传入了日本，相对较早。然而，日本直到公元 9 世纪左右才创立了假名，此后日文发展又历经了较长的一段时期，直接导致直到 20 世纪初才出现日语节译文。至于西方，更是晚至 21 世纪初方才出现法语全译本和英语全译本。再说国内学人对《淮南子》国外译介的了解，许多仍停留在戴梅可教授在其论文《国外的〈淮南子〉研究》中的梳理，时有以"讹"传讹现象。例如，戴梅可教授在其文中提及，"《淮南子》受到西方学者的关注较晚。到目前为止，西文语种中还不见《淮南子》的全译本"（戴梅可，2003：45），使得一些学人到 2007 年依然相信"到目前为止，西文语种中还不见《淮南子》的全译本"（陈丽华，2007：46）。然而时过境迁，戴梅可教授在 2003 年所论无疑符合当时实情，但在四年之后还原样复述就有跟不上时代发展之嫌疑，就有"讹传"之可能；后人再原样复述，就真的成了以"讹"传讹了。可以说正是这种"讹传"，在某种程度上阻碍了《淮南子》翻译研究的及时开展。就在过去的 20 年，西方世界先后出现了第一部法语全译本和第一部英语全译本，而且国内也惊现了第一部英语全译本。这种历史性的突破是晚了点，但仍具有非凡的意义，值得我们去关注和探讨。

二、日本《淮南子》译介

日本与中国隔海相望，早在隋唐就向中国派遣大量的留学生，加强了两国间语言文化的交往。当然，隋唐前后日本基本是主动向中国学习，因而堪称优秀的中国传统典籍及其文化也就较为容易地传向日本，《淮南子》亦在其内，甚至比传入朝鲜还早。据学者考证，《淮南子》在唐朝初年就已经传入日本，"平安时代（八世纪末——十二世纪）传入日本的《淮南鸿烈解》（今已残）卷二十，藏于东京国立博物馆，已成为日本国宝"（马庆洲，2001）。可以说，《淮南子》在日本的流传和研究源远流长，相关文献大致可梳理成三类：一是考据类，主要是有关《淮南子》考证、校订、训诂和释义等的文献。有影响的如根逊志《手校淮南鸿烈解》（1764）、鹈饲信之《淮南鸿烈集训点》（1792）、久保爱《淮南子注考》（1795）、冈本保孝《淮南子疏证》（1878）、岛田翰辑《淮南鸿烈解旧书考》（1904）、（上坂氏显彰会史料出版部）《〈淮南子〉笺释》（2002）、池田知久《译注〈淮南子〉》（2012）等。二是义理类，主要是有关《淮南子》内容含义、思想观点以及语言修辞等的文献。有影响的如福永光司《气之思想：中国自然观及人类观的发展》（1984）、户川芳郎《〈淮南子〉所引的诗句》（1991）、楠山春树《〈淮南中篇〉与〈淮南万毕〉》（1992）、谷口洋《关于〈淮南子〉的文辞：在汉初的诸学合并与汉赋的成立》（1995）、向井哲夫《〈淮南子〉与诸子百家思想》（2002）、川津康弘《〈淮南子〉认识论研究》（2008）[①]等。三是译介类，又可分为节译本和全译本，节译本有楠山春树《淮南子》（1971，中国古典新书）和池田知久《淮南子——知之百科》（1989）等。全译本相对较多，主要有田冈岭云《和译淮南子》（1910，和译汉文丛书）、服部宇之吉《淮南子》（1911，汉文丛书）、菊池三九郎《淮南子国字解（上、下）》（1913，汉籍国字解全书）、后藤朝太郎《国译淮南子》（1920，国译汉文大系）、小野机太郎《现代语译淮南子》（1925）、户川芳郎等《淮南子》（1974，中国古典文学大系）、楠山春树《淮南子（上、中、下）》（1979—1988，新释汉文大系）等。其中，"新释汉文大系"提供注训点原文、带假名日文，并配备注释和今译；"汉文丛书""国译汉文大系""汉籍国字解全书"提供注训点原文、带假名日文，并配备注释。这

---

① 此文是作者于西北大学毕业的博士学位论文。

几个属于系列丛书的译本规模大，影响相对要广一些。另需提及的是，日本学者铃木隆一编《淮南子索引》（1975）和中国学者陈广忠编《〈淮南子〉研究书目》（2011），尽收截至当年《淮南子》研究最全文献，为广大学者从事相关研究提供了极大的便利。

近年，国内学者高旭携手孟庆波详细地梳理了17世纪迄今为止《淮南子》在日本学界的代表性研究成果，包括对《淮南子》的文献研究和思想文化研究成果。其中，前者属于考据研究，后者属于义理研究，是重点中的重点，至少涵盖哲学思想，政治思想，学术思想，伦理、文学、音乐、地理等思想，军事思想和其他文化蕴含六个方面。在全面梳理的基础上，两位学者还清楚地概括了日本学界《淮南子》研究呈现出的五大特点及局限：（1）日本学界《淮南子》研究业已形成自身的学术发展源流，也产生了一些具有代表性的学者和著作，但这已是17世纪以后的情形了；（2）日本学者《淮南子》研究普遍表现出对文献考证的重视，也能对《淮南子》文本思想进行较透彻的理论阐释，但其研究主题的选择与中国学者较为接近，缺乏更具启发性的独特学术视阈；（3）日本学界《淮南子》研究成果虽然比较丰富，但总体上研究成果多元化的学术内涵仍存在不少薄弱之处，有待更多日本学者积极参与开拓和发展；（4）日本学界《淮南子》研究同中国学术界相仿，整体而言缺乏跨国性学术交流的主动意识，在一定程度上限制了在适时的域外传播中发挥出更为积极的学术影响；（5）日本学界对自身《淮南子》研究的学术史总结，缺少应有的自觉意识，使得未能有力地推动日本《淮南子》研究进一步深入发展。然而瑕不掩瑜，"在亚洲地区，日本是除中国以外，少有的长期关注、重视和研究《淮南子》一书的国家，而且其汉学界在《淮南子》研究上的卓越成就，从整体到局部，实际上都已成为中国学术界需要认真对待的学术存在，有着极为重要的借鉴启示作用"（高旭、孟庆波，2019：121）。这是迄今为止，梳理日本学界《淮南子》研究成果最为翔实的一篇学术论文，其第一作者高旭现为安徽理工大学教师，专攻秦汉思想文化史，尤其是《淮南子》及其相关研究；第二作者孟庆波现为中国矿业大学教师，专攻中外文化交流史，尤其是海外汉学及其研究。应该说，两位学者深度合作，不仅较为全面地考察了《淮南子》在日本学界的研究文献（高旭、孟庆波，2019），而且较为全面地考察了《淮南子》在西方学界的研究文献（孟庆波、高旭，2018），只是对《淮南子》译介的关注相对少了一些。

三、苏俄《淮南子》译介

先行说明一点，此处苏俄不局限于政治概念，更多是地域概念。在政治上，"俄罗斯苏维埃社会主义共和国"简称为"苏维埃俄国"，故又可进一步简称为"苏俄"。历史上的"苏俄"为1917年列宁领导十月革命所建，终于1991年叶利钦解散苏联，同时领导俄罗斯苏维埃联邦社会主义共和国最高苏维埃改"苏俄"为"俄罗斯联邦"。1992年俄罗斯第六次人民代表大会最后决定"俄罗斯联邦"和"俄罗斯"是具有同等地位的正式国名，从此历史上的"俄罗斯"称呼重新回归俄罗斯人民的话语生活。下文所涉《淮南子》译介诸多成果主要出现在苏俄时期，但是向前可追溯至俄罗斯帝国，往后亦涉及现在的俄罗斯，故采用"苏俄"一说，兼指这三个时期，最宜理解为地域概念。

苏俄与中国疆土接壤，两国间语言文化交流自然不可避免。俄国译介中国传统典籍，最早可追溯至18世纪初东正教教徒研究和译介《大学》和《中庸》等儒家典籍，甚至可以说，俄国从17世纪末18世纪初两国有正式的外事接触，即"1689年中俄签订尼布楚条约起，就已关注中国古代的文学典籍了"（李明滨，2007：35）。19世纪后，俄国对中国传统典籍的兴趣开始拓展至诸子百家典籍，尤其是先秦诸子典籍。1950年司徒卢威汇编出版的《古代世界史文选》便包含了《淮南子》节译文，是世上迄今尚可目睹的最早俄译文了。1987年李谢维奇汇编出版的《圣贤著作选·中国古代散文》，堪称苏联译介中国诸子百家典籍的大型选集，分为三编：第一编"儒家圣贤典籍"，选译了《论语》《礼记》《孟子》等儒家经典；第二编"道家圣贤典籍"，选译了《道德经》《庄子》《申子》《列子》《抱朴子》《淮南子》等道家经典；第三编"各派思想家典籍"，选译了《孙子》《墨子》《国语》《朱子》《韩非子》《战国策》《吕氏春秋》等诸子经典。其译者阵营中有一位译者值得本书引介，即节译《淮南子》的波梅兰采娃。波梅兰采娃（Померанцева Лариса Евгеньевна，1938—），1963—1964来中国北京大学研修，1965年毕业于莫斯科大学，随之留校在东方语言学院任教至今，"1964—1997年的三十多年中她翻译了《淮南子》整部巨著"（古红云，1998：44），成为苏俄颇有造诣的知名汉学家，更是首屈一指的《淮南子》研究专家。波梅兰采娃对《淮南子》情有独钟，持续关注、译介和研究达半个世纪之久：1964年开始接触并关注《淮南子》；1965年大学毕业论文即以《淮南子》为主题；1970年在《远东文学研究的理论问题》上发表学术论文《淮南王刘安的历史传记及对其生平事迹的不同说法》；1972年以论文《论公元前二世纪中国古代文献〈淮南子〉》获得语文学副博士学位；1979年她出版专著 *Pozdnie daosy o prirode obščestve I iskustve "Huainan'czy."*，并选用了《淮南子》第一、二、六、九、二十一篇的节译文；1985年发表了学术论文《〈淮南子〉与司马迁传记中的人和世界》；直至1997年，完成《淮南子》的所有俄译文。另外，波梅兰采娃还影响并培育出一批精通中国传统典籍文化的学者，如其学生葛利高利翻译了《吕氏春秋》等汉学典籍，成为俄罗斯目前最活跃的汉学家之一。2016年莫斯科举办中国文化中心成立四周年庆祝大会，同时揭晓第二届"品读中国"文学翻译奖获奖名单，波梅兰采娃翻译的《淮南子》获得"最佳中国古典文学译作奖"，即是对其数十年如一日地译介并研究《淮南子》所做贡献的认可。

四、马来西亚《淮南子》译介

马来西亚位于南海之滨，是中国的海上邻居，明、清两代一度是南方人下"南洋"谋生的聚集地之一。近代史上，福建、广东和台湾地区的居民经常闯荡"南洋"，使得"南洋"邦国与中国交往甚密。就马来西亚而言，其华人华侨约占总人口的三分之一，大都信奉多神教，其宇宙观念，"自然、社会和人三位一体的交感世界承经典《淮南子》而来"（林宛莹，2014）。另一方面，马来西亚自16世纪起就先后被葡萄牙、荷兰、英国和日本侵占，直至1957年独立建国，其间几无《淮南子》的译介和研究。及至现当代，在华裔后人中出现了一位颇有成就的《淮南子》研究专家，即郑良树先生。郑良树（1940—2016），祖籍广东潮安，出生于马来西亚新山，是马来西亚最有声望的汉学家之一。弱冠之年负笈台湾大学，先后获文学学士、文学硕士和文学博士学位，是荣获台湾大学文学博士学位的第一位海外华裔；毕业后回马来西亚教授中文，1988年后到香港大学和香港中文大学任教授。郑良树先生兴趣广泛，中国典籍、南洋小说、散文创作及书法绘画等大都涉猎过。他天赋甚高，又极为勤奋，大学时期便出版专著《淮南子通论》（1963），后继续深造完成硕士学位论文《淮南子斠理》（1967）和博士学位论文《战国策研究》（1971），由此可见其对中国传统典籍的娴熟和精通。仅就《淮南子》译介和研究而言，郑良树先后撰有学术论文《淮南子传本知见记》（1967）[①]、《〈淮南子〉对儒家的批评》（1967）[②]、《刘绩本淮南子斠记》（1967）[③]、《淮南子注校诸家述评》（1968）[④]、《屈赋与淮南子》

---

① 详见《"中央"图书馆刊》1967年1期。
② 详见《孔孟月刊》1967年4期。
③ 详见《幼师学志》1967年3期。
④ 详见《"中央"图书馆刊》1968年3期。

（1976）[①]、《刘安与淮南子》（1983）[②]、《古籍真伪考辨的过去与未来》（1990）[③]。其中，影响最大的首推其硕士学位论文《淮南子斠理》，全书以《淮南子》道藏本为基础，或加以详细考校，或加以版本对比，颇具特色。可以说郑氏的治学之路始于校勘和研究《淮南子》，而后拓展至先秦两汉诸子典籍，兼创作散文和南洋小说，然而终其一生却没有将《淮南子》译成马来语，让人略感遗憾。

　　本节最后需要特别补充一点，理论上《淮南子》会最先传向历史上跟中国交往相对密切的国家，尤其是朝鲜、日本及俄国等与中国相邻的东方诸国。有学者调查，现藏于日本东京的朝鲜活字本《淮南鸿烈解》，"二十八卷，约成于 1670 前后"（陈广忠，2011：61），尽管只存留60%，依然是历史珍宝，这也能从侧面说明《淮南子》确实较早地传入近邻朝鲜和日本等国。然而，朝鲜、韩国及越南等邦国虽有金容燮、朴胜显、朴文铉等个别学者探讨《淮南子》，但整体上数量较少，也没出现有影响力的译介作品，只能涉而不论了。

第二节　欧美远邦《淮南子》译介

一、英语世界《淮南子》译介

　　据考证，17 至 18 世纪之交英国人安德鲁·迈克尔·拉姆齐（Andrew Michael Ramsay）就"曾熟读《老子》、《易经》、《淮南子》和《礼记》等中国

---

① 详见《大陆杂志》1976 年 6 期。
② 详见郑良树编著：《竹简帛书论文集》，北京：中华书局，1982 年。
③ 详见《文献》1990 年 2 期。

典籍"（张思齐，2010：207），然而他没有把这些典籍翻译成英文。可以推测，《淮南子》在欧美国家的最早译文应该是其零星篇章的节译，迄今有据可查的最早英译文应是 China Review 第九卷刊发的 The Principle of Nature: A Chapter from "the History of Great Light", by Huai-Nan-Tsze, Prince of Kiang-Ling[①]，由英国人福斐礼于 1881 年所译。福斐礼（1846—1909），早年来华经商，后弃商从文，1873—1885 年先后成为 Shanghai Evening Courier（《通闻西报》）和 The Celestial Empire（《华洋通闻》）等英文报刊主笔[②]，乃至 North China Daily News（《字林西报》）的总主笔。同期的 1879—1881 年，福斐礼接连给 China Review（《中国评论》）选译道家典籍的部分精华；1884 年，他将这些译文连同刚译出的《道德经》汇集成译著 Taoist Texts: Ethical, Political and Speculative（《道书：伦理、政治及思辨》），共涉 10 部道家典籍，分别是《道德经》《阴符经》《胎息经》《心印经》《大通经》《赤文洞》《清静经》《鸿烈传第一篇》《素书》《感应编》，成为当时英语国家了解中国道家思想的主要译本之一。其中《鸿烈传第一篇》即前文所提《淮南子》最早的英译文，也即其第一篇《原道训》的译文，开《淮南子》在英语世界译介之先河，福斐礼也因此成为英语世界翻译《淮南子》的第一人。

半个世纪后，英国人莫安仁（1860—1941）开始关注并翻译《淮南子》，1934 年在其专著 Tao, the Great Luminant: Essays form the Huai Nan Tzu（1934）选译了《淮南子》第一、二、七、八、十二、十三、十五和十九篇。如果说福斐礼是英语世界翻译《淮南子》的第一人，那么莫安仁则可称为英语世界大规模翻译《淮南子》的第一人。然而，莫安仁译文较为随意，缺乏连贯性，时有误译，而且与原文风格出入较

---

① *China Review*, no. 9 (1880–1881): 281–297.

② 指旧中国报刊界实行第一撰稿人制度下的报刊负责人，既需要负责报刊的编辑出版，又需要亲自操笔撰稿。

大，诚如英国著名汉学家鲁惟一（Michael Loewe, 1922—）评论的那样，莫安仁译文"是一个开辟性的尝试，但因为译者神学方面的先入之见对原文的过分自由翻译而使其价值受损"（鲁惟一，1997：20）。客观而言，莫安仁意欲译出《淮南子》诸多篇章的尝试，引领了西方世界对中国典籍文化感兴趣的一批学者加入翻译《淮南子》的行列，共同为《淮南子》在欧美远邦的译介和传播做出了不应被忽视的贡献，直至全译本的出现。综而观之，1935—2009 年英语世界《淮南子》节译篇章主要有：第三篇（Chatley，1939）、第十一篇（Wallacker，1962）、第十七篇（Birdwhistell，1968）、第十六篇（Sailey，1971）、第十篇（Harper，1978）、第六篇（Le Blanc，1985）、第九篇（Ames，1983）、第三至五篇（Major，1993）、第十五篇（Ryden[①]，1998）、第一篇（Ames & D. C. Lau，1998）。他们都译成英文，所以合在一起论述。其中安乐哲、马绛、华立克、伯德威斯特尔（Anne Birdwhistell）、孙立哲（Jay Sailey）、夏德安（Donald Harper）都是美国人，查特莱（Herbert Chatley）和雷敦龢（Edmund Ryden）是英国人，白光华是加拿大人，刘殿爵是中国人。这段时期《淮南子》英译主要有以下特征：（1）译者数量虽有所增多，但仍局限于从事相关《淮南子》、道家乃至秦汉思想文化史研究的少数汉学专家及学者。（2）目标语言英语继续呈强势[②]，但是传统的国外汉学研究中心已经由欧洲转移至美国。上述九位译者中，除刘殿爵之外的九位英美人士中仅查特莱和雷敦龢是英国人，白光华是加拿大人，

---

① 雷敦龢，1958 年生于英国英格兰，1996 年获得伦敦大学亚非学院汉学博士学位，现任台湾辅仁大学社会科学院中国文化研究中心主任，教授。

② 世界上将《淮南子》全部译成法语的第一人是加拿大学者白光华，其早年翻译和研究《淮南子》第六篇的博士学位论文是译成英文并用英语进行论证的，即是最有力的证明，详见：Charles Le Blanc, *Huai-nan Tzu: Philosophical Syntheses in Early Han Thought: The Idea of Resonance (Kan-ying) with a Translation and Analysis of Chapter Six*, Hong Kong: Hong Kong University Press, 1985.

其余六位都是美国人，意味着美国随着超级大国地位的确立涌现出一批擅长研究中国典籍及其古代思想文化的汉学专家。（3）节译文主要集中在前十一篇，但是选篇较为随意。上述九位译者是按照翻译《淮南子》相关篇章的时间先后顺序列出的，共涉及第一、三、四、五、六、九、十、十一、十五、十六和十七篇。除第三篇较为特殊外①，其余篇章的选译应该有译者刻意回避重复翻译的可能。（4）翻译往往是因汉学研究而起，抑或说节译文往往是特定汉学研究的副产品。部分地因为这个缘故，节译篇章选择便没有什么顺序可言，也没有及时地出现通俗全译本。进而言之，诸多因素尤其是没有全译本，在某种程度上限制了《淮南子》在欧美国家的迅速传播和深入研究。

没有英语全译本的窘况在 2010 年得以彻底改变，因为英语世界在这一年出版了《淮南子》的第一部全译本 The Huainanzi，由马绛领衔团队翻译，而且国内也在这一年出版了第一部全译本《淮南子（汉英对照）》，由翟江月和牟爱鹏联袂合译。因研究之需，这两个全译本将在下面章节重点对照着展开论述。但是本小节重在梳理国外《淮南子》译介研究，且马绛领衔翻译的 The Huainanzi 又是一个标志性成果，在此不得不扼要陈述一些译介过程中的主要信息。马绛是美国知名学者和作家，1973 年哈佛大学博士学位论文是 *Topography and Cosmology in Early Han Thought: Chapter Four, of the Huai-nan Tzu*，1993 年出版专著 *Heaven and Earth in Early Han Thought: Chapters Three, Four, and Five of The Huainanzi*，共同构成其研究《淮南子》的代表作。马绛通过这两部著作，在介绍"天"和"地"概念的基础上，较为深入地论述了汉代

---

① 查特莱约于 1939 年译出了第三篇（未出版），后交给马绛并引发了其研究《淮南子》的热情，再后来马绛在自己相关《淮南子》研究的博士学位论文中选译了第三、四和五篇，后文有所论及。

初年道家视域中的天地观，而且较为严谨地翻译出《淮南子》第三、四和五篇。研究与翻译历时 20 年，也是翻译《淮南子》第一阶段的成果。1994 年，马绛携手好友罗浩教授组建《淮南子》翻译团队，还进一步吸纳了桂思卓教授、助理教授麦安迪博士 [1] 等专家参与其中。马绛领衔的翻译团队，1995 年正式着手翻译，历时 15 个春秋，于 2010 年全部译完并由哥伦比亚大学出版社出版。译本 The Huainanzi 包括 3 页的简要致谢、40 页的长篇序言、829 页的译本正文和三个附录，共计 988 页；就译本正文而言，每篇译文前都提供了各篇题解、概要、主旨、渊源及其在全书中的来龙去脉等阅读所需之信息，译文中还提供了大量详细的脚注。整体观之，The Huainanzi 提供了相对忠实、通顺的译文，而且为便于阅读，译文还在翻译正文本中提供了较为周详的序言、篇章导读、脚注和附录等副文本，在美国汉学界引起了高度的关注。先后有 Michael Nylan（2011）、Nathan Sivin（2011）、Mark Csikszentmihalyi（2012）、James D. Sellmann（2013）等人撰写书评，其中詹姆斯·塞尔曼（James D. Sellmann）评论该译本"是过去 40 年以来汉学研究发展的有力证明，也将是未来一段时期的权威译本"（Sellmann，2013：267）。此外，马绛等译者还从全译本中抽出精华部分，继续授权哥伦比亚大学出版社单独发行其精华本 The Essential Huainanzi（2012），主要变化如下：（1）篇幅上大力精简，由全译本 988 页精简为精华本的 250 余页；（2）内容上大为浓缩，其序言、脚注、附录乃至译文篇幅都大为缩减；（3）价格上大幅下降，由全译本的 75 美元下降至精华本的 24.5 美元。正因为如此，本书用以对比研究的只能是全译本而非精华本。

---

[1]　现为纽约城市大学布鲁克林学院历史学教授，时为助理教授。

二、法语世界《淮南子》译介

1814 年 12 月 11 日，法兰西学院在德·萨西教授的建议下创办
"鞑靼—满文"汉语言与文学讲座，26 岁的雷慕莎（Jean-Pierre Abel-
Rémusat，1788—1832）不负众望地走上讲坛，成为西方文化史上第一位汉
学教授，由此法国乃至欧洲逐渐发展成为世界汉学研究中心。法国汉学
界先后走出了弗朗索瓦·儒莲（Stanislas Aignan Julien，1797—1873）、苏
尔梦（Claudine Salmon，1938— ）、巴斯蒂（Marianne Bastid-Bruguière，
1940— ）、白乐桑（Joël Bellassen，1950— ）等汉学大师，即便是后期美
国汉学研究崛起，法国仍在研究中国宗教、古代思想文化史方面毫不逊
色。进一步说，"法国在世界汉学研究的重要地位的确立，与其在道教研
究方面取得的丰硕成果密不可分"（胡锐，2014：79）。

反而观之，在世界汉学研究领域，法国在道教、中国宗教乃至古代
思想文化史研究方面一直具有传统优势，及至当代，成就最为突出的法
国汉学家就是其道教研究的旗手施舟人（Kristofer Marinus Schipper[①]，
1934— ）。1976 年，他在欧洲汉学大会上发起"道藏工程"，将《淮南
子》作为汉代道教典籍之一列入，引起了更多汉学家的关注并加入译介
和研究的行列中，但是《淮南子》法语全译本的诞生还是要等到 21 世
纪。近些年研读国内外相关《淮南子》研究文献时发现，2000 年以来
我国至少有两篇以上的博士学位论文提到：20 世纪 90 年代法国学者译
出了《淮南子》的全文（孙纪文，2004；川津康弘，2008）。这种说法
显然是以讹传讹，亟须纠正过来。经过广泛阅读和跟踪，该说法最早源
自 1996 年"第一届道家文化国际学术研讨会"上华裔澳大利亚学者柳存

---

① 　祖籍荷兰，法国高等研究院特级教授，还是中国道教正一派道士。

仁的发言："三年前 Claude Larre，Isabelle Robinet，Elisabeth Rochat de la Vallée 三位译出了《淮南子》(*Les grands traités du Huainanzi*)，是一部很有用的好书，这对道家文化有贡献"（柳存仁，1998：5）。事实上，"三年前"即 1993 年上述三位学者仅仅把《淮南子》第一、七、十一、十三和十八篇译成了法语（Larre, Robinet & Rochat de la Vallée，1993），不过在整个 20 世纪的法语世界确实也算是翻译《淮南子》的最大成果了。另，所涉三位译者也都是比较有名的汉学家，擅长汉学尤其是中国道教思想文化的研究：顾从义（Claude Larre）曾译评《道德经》，瓦勒（Elisabeth Rochat de la Vallée）曾与之联手合译《黄帝内经》，罗比内特（Isabelle Robinet）则是大名鼎鼎的汉学家贺碧来，尤其擅长道教研究。早在 1977 年，贺碧来就发表了 *Les Commentaires de Tao tö king jusqu'au VIII siécle*（《八世纪前〈道德经〉注本》），受到英国东方学专家巴瑞特（Timothy Hugh Barrett）和法国知名汉学大师侯思孟（Donald Holzman）的一致好评。

实际上，法语世界在顾从义、瓦勒和贺碧来联手推出《淮南子》节译本之前 20 多年，加拿大学者白光华就迷恋于研究和译介《淮南子》。白光华生于加拿大东北部的纽芬兰省——这是一个通行法语和英语的省份，白光华稍加努力就精通法语和英语。1956 年白光华从蒙克顿大学（Université de Moncton）获得文学学士；随后，前往魁北克大学（Université du Québec）和蒙特利尔大学（Université de Montréal）学习神学与哲学，其间对中国及其古代思想产生浓厚兴趣，尤其喜爱《老子》等典籍。为进一步学习汉语和深入研究中国古代哲学，白光华曾前往台湾游学三年，广泛而系统地阅读《论语》《孟子》《荀子》《老子》《庄子》《淮南子》等古代典籍，其时曾得到台湾《淮南子》研究大师于大成教授的指点——其博士学位论文完善后出版的致谢中，重点感谢的两位老师分别是担任其导师的卜德教授和亦师亦友的于大成教授；随后他返回美国，跟随宾夕法尼亚大学（University of Pennsylvania）卜德[①]教授攻读中国哲学博士，用时三年围绕《淮南子》第六篇注释和翻译完成了博士学位论文《淮南子——汉代早期思想的哲学性综合：感应学说及对第六章的翻译与分析》。博士毕业后，白光华先后在宾夕法尼亚大学、蒙克顿大学教授中国哲学与古代思想文化史方面的课程，1978 年应蒙特利尔大学校长之邀负责筹建东亚研究中心，1983 年受加拿大政府之邀出任驻华大使馆秘书，1985 年重返蒙特利尔大学东亚研究中心工作，直到退休。白光华是当今译介传播《淮南子》最有成就的汉学家之一，标志性成果有两项：（1）1985 年出版专著 *Huainanzi: Philosophical Synthesis in Early Han Thought: The Idea of Resonance (Kan-ying) with a Translation and Analysis of Chapter Six*（《汉初思想的哲学综合〈淮南子〉：感应学说与第六篇的翻译及分析》），开启翻译《淮南子》的征程。该专著是白光华在博士学位论文的基础上几经完善而成，"初稿完成于 1977—1978 年……后出任加拿大驻华大使馆秘书的 1983—1985 年再次修订"（Le Blanc，1985：ⅶ），最终由香港大学出版社出版。白光华把《淮南子》置于汉初思想的历史背景中加以研究，论述了源自早期阴阳五行及道家思想的"感应"实是《淮南子》所倡思想的核心概念，"感应"联系着万事万物，因此"感应"学说将中国传统哲学之宇宙整体观往前推进了一大步。此外，白光华还提供了较为准确的第六篇《览冥训》译文——尽管是英译文，却由此开启了自己翻译《淮南子》的历程。（2）2003 年与雷米·马修联手出版《淮南子》的法语全译本 *Philosophes taoïstes II: Huainan zi*[②]，成为法语世界的第一部全译本。该译本主要包括序言、译

---

① 卜德（Derk Bodde, 1909—2003），宾夕法尼亚大学汉学教授，美国东方学会主席（1968—1969），20 世纪美国著名汉学家之一。

② cf. [Canada] Le Blanc, Charles & Rémi Mathieu (trs. & eds.). *Philosophes* （转下页）

文、人名汇总及术语索引四大部分，其中序言较为详细地交代了《淮南子》问世时的思想文化历史背景、翻译的目的和方法，每篇译文也都提供相关其在东、西方译介及研究状况的导言和详细注释。确切地说，两人携手翻译《淮南子》始于20世纪90年代；两人或译或注或编，历经十余年终为法语世界献出较为优秀的全译本，诚如国外《淮南子》翻译权威马绛教授所言，"译文整体上既准确又得体"（Major，2004：345），国内《淮南子》研究权威陈广忠教授也评论"白光华法译《淮南子》为当今最佳之《淮南子》译本"（陈广忠，2011：29），而且也是迄今为止唯一的法语全译本。另值一提的是，两位合译者一直在持续关注、研究《淮南子》、道家乃至中国古代思想文化史，且成果颇丰。其中，白光华早年曾在蒙特利尔大学创建东亚研究中心，1985年自驻华大使馆返回加拿大后就一直在该中心"传道授业"，一边为蒙大学生开设"中国历史与文化""道家的宇宙观"等汉学课程，一边从事汉学研究乃至著书立说。到目前为止，白光华或编或著的相关汉学作品多达十余部（篇），所管东亚研究中心也发展迅速，现有十多位汉学教授，二百多名学生。另一位合译者雷米·马修（1948—），法国厄尔省人，毕业于巴黎东方语言文化学院[①]并获俄语和汉语语言文化专业博士学位，前法国国家科学研究中心（Le Centre national de la recherche scientifique）东亚文化研究所主任，著名汉学家兼翻译家。马修擅长研究中国传统文化尤其是先秦典籍及其思想文化，除合译《淮南子》外，他还广泛涉猎《诗经》《楚辞》《离骚》《山海经》《搜神记》等传统典籍，共出版相关著作二十余部，包括《楚

（接上页）*taoïstes II: Huainan zi.* Paris: Éditions Gallimard, 2003.

①　巴黎东方语言文化学院（L'Institut national des langues et civilisations orientales）：又名国立东方语言文化学院，索邦巴黎西岱大学联盟成员之一（Sorbonne Paris Cité），是专门研究东欧、亚洲、非洲语言及其文化且在国际上享有极高声誉的法国国家级研究机构，法国当下三分之一的外交官都出自该学院。

辞》（译注）、《列子》（译注）、《道德经》（译注）、《山海经》（译注）、
《搜神记》（译注）、《穆天子传》（译注）、《六朝志怪文学》（译注）、《古
代中国神话传说集》（译著）法语译介作品。更难能可贵的是，马修谙熟
中国传统文化，对中国亦十分友好，不仅持之以恒地译介中国传统典籍，
还身体力行地主动为中国文化乃至中国"游说"，为此曾出版专著 *L'éclat*
*de la pivoine: comment entendre la Chine*①，旨在告诉西方读者该如何理解
正在崛起的当代中国。总而言之，白光华和马修同为当代法语世界的知
名汉学专家，为中国典籍及其传统文化在法语世界的译介、传播和研究
做出了卓越的贡献。

另外，法国巴黎大学中法汉学研究所编《淮南子通检》（1944）、日
本学者铃木隆一编《淮南子索引》（1975）、中国台湾师范大学陈丽桂教
授编《〈淮南子〉研究八十年》（1995）和中国安徽大学陈广忠教授编
《〈淮南子〉研究书目》（2011）都先后编录了截至出版当年最全的《淮
南子》研究文献。

本节最后亦需特别说明一点，相对于"近水楼台先得月"的朝鲜、
日本、马来西亚等邻邦而言，欧美国家与中国远隔重洋，迥然相异的东、
西方语言文化之间交流又要艰难一些，从而使得欧美国家接触、译介、
研究《淮南子》要晚于东方邻邦。到明、清两朝，中国与英、法、德等
西方国家交流因诸多原因而显被动，甚至可以说中国传统典籍在欧美的
译介和传播最初是西方殖民和传教布道的副产品。在此之后，随着道家
思想尤其《道德经》逐渐获得西方各国认可，《淮南子》才逐渐赢得一些
学者关注、研究，直至翻译出版节译本和全译本，英文和法文都有。在
《淮南子》向欧美远邦译介传播的过程中，做出重要贡献的有英国福斐

---

① cf. Rémi Mathieu. *L'éclat de la pivoine : comment entendre la Chine*. J.-C. Lattès,
2012.

礼、莫安仁等人，美国安乐哲、马绛等人，还有加拿大学者白光华。另，德语世界少有《淮南子》译文，仅见美国国会图书馆馆藏的节译文《淮南子·墜形篇》(1917)；进而言之，德语等非英语、非法语国家和地区几乎没有值得一提的《淮南子》译介成果，故不再展开。

第五章 《淮南子》孪生译本出版与接受研究

第一节 孪生译本出版发行策略

翟译本 *Huai Nan Zi* 是"大中华文库"系列的精选典籍，由广西师范大学出版社 2010 年出版，恰巧与马译本 *The Huainanzi* 几乎同步面世，使得对比研究更富有意义。广西师范大学出版社创建于 1986 年，于 2009 年扩建成广西师范大学出版集团，成为广西首家出版集团乃至中国首家地方大学出版集团。广西师范大学出版社兼顾为教学科研服务和社会效益优先的原则，侧重于教育教学、学术人文和珍稀文献等相关书籍的出版，在海内外享有一定声誉。截至目前，约二十家有影响力的出版机构先后通过竞标成功参与"大中华文库"典籍译本的编辑出版，广西师范大学出版社即是其中一家。另外，翟江月参与翻译及出版的《管子》（翟江月今译，翟江月英译，2005）、《吕氏春秋》（翟江月今译，翟江月英译，2005）、《战国策》（翟江月今译，翟江月英译，2008）和《朱子语类选》（翟江月、马晓艳今译，王晓农英译，2014）等也都属于"大中华文库"系列。

马译本 *The Huainanzi* 是"Translations from the Asian Classics（亚洲经典译丛）"系列的重要作品，由哥伦比亚大学出版社 2010 年出版。

进而言之，哥伦比亚大学出版社创建于 1893 年，堪称百年老"店"，在出版原创性作品方面颇有声誉。它隶属于哥伦比亚大学系统，但独立运营，且不以营利为目的，旨在促进文学、史学、理学、经济学兼及其他学科的发展。所言"亚洲经典译丛"正是哥伦比亚大学出版社重点规划的拳头产品，自 20 世纪 60 年代起至今已经遴选、策划并出版了 100 多部亚洲代表性经典作品，涉及中国、日本、朝鲜、印度等国家和地区，当然大部分作品源自中国典籍。顺便提及，领衔主译马绛教授在该出版社出版的译著除 *The Huainanzi*（2010）和 *The Essential Huainanzi*（2012）外，还有 *The Dao of the Military: Liu An's Art of War*（2012）和 *Luxuriant Gems of the Spring and Autumn: Attributed to Dong Zhongshu*①（2015）也都属于"亚洲经典译丛"。

通过对比可以发现，两译本选择的出版社都有一定声誉，在人文学术出版领域有一定成就和经验积累，而且分别将各自出版的译本都纳入了自己重点打造的丛书系列。其中马译本所属"亚洲经典译丛"系列历时近 60 年，迄今精选出版了 100 多部亚洲代表性经典作品；而翟译本 *Huai Nan Zi* 所属"大中华文库"系列出版历时近 30 年，迄今已经精选出版了 100 多部堪称代表中华文化的典籍。单从数据上分析，"亚洲经典译丛"历史更为悠久。另外，"亚洲经典译丛"并没有拟定一个有限数量的出版目录，只是根据著作实际情况逐年调整和出版，然而"大中华文库"却事先规划了一个涵盖 110 部（种）典籍译本的出版目录，只是将汉英对照出版归为第一期，汉外②对照出版归为第二期罢了。总之，两译

---

① 由 Sarah A. Queen 和 John S. Major 合译。

② 汉外对照是指汉语典籍的非英语译本，"大中华文库"所规划的对照版本涉及九种语言，除汉语和英语外还有另外七种语言，具体而言，包括汉西（西班牙语）对照、汉法（法语）对照、汉俄（俄语）对照、汉阿（阿拉伯语）对照、汉德（德语）对照、汉韩（韩语）对照和汉日（日语）对照。

本编辑出版都走了品牌路线，无疑将会极大地促进译介传播。

两译本出版在走品牌路线的同时，都较为理性地控制了其首次发行数量。其中，翟译本 *Huai Nan Zi* 于 2010 年 5 月首次印刷 2000 册，相较于同为"大中华文库"系列之《老子（汉英对照）》《论语（汉英对照）》《孟子（汉英对照）》《战国策（汉英对照）》《楚辞（汉英对照）》等典籍而言都要少①；至于马译本 *The Huainanzi* 发行量就更少了，其于 2010 年 4 月首次出版仅印刷了 600 册，与那些动辄发行上万的畅销译本相比简直天壤之别，如笔者手头的这本《昆虫记》（陈筱卿译），人民教育出版社 2017 年 8 月第一版首次就发行了 160000 册。即便就绝对数量而言，翟译本 2000 册的首次发行量和马译本 600 册的首次发行量都不算多，也可以说是比较稳妥的印刷数量。究其原因，主要有：（1）《淮南子》最初没有及时传播开来，且其"貌"不详，使得其在国内外的认可度及知名度相对受限。《淮南子》成书不久，汉武帝因政治统治需求而"罢黜百家，独尊儒术"，自然也就将这部堪称道家集大成之作束之高阁。随后王朝更替，这部典籍竟然遗憾地湮灭于历史尘埃，甚至迄今也只能根据许慎校注和高诱校注而揣测其大致原貌。这些使得《淮南子》在国内外的认可度及知名度要相对有限，而且较为滞后。（2）大众对《淮南子》的内容及语言显然较为生疏，难有购买的动力和阅读的兴趣。《淮南子》成书已有 2000 余年，其所论内容和所用语言都与现今有着天壤之别，即便是当今国人也较难有阅读兴趣和动力，更遑论外国读者了。即便是译成现代白话文或现代英文，其中所含有的特有术语以及具有时代及民族特征的论述内容，仍会在一定程度上让现代读者望而却步。（3）学界对《淮南子》的实质性研究相对滞后得多，未能给预期读者提供必

---

① 同为"大中华文库"系列之《老子（汉英对照）》《论语（汉英对照）》《孟子（汉英对照）》《战国策（汉英对照）》《楚辞（汉英对照）》等典籍的首次印刷量大都在 3000 册。

要的帮助。《淮南子》在学术上的真正发掘应在改革开放之后，其在国外相关学术的实质性研究方面更要滞后。具体而言，改革开放之前近两千年的《淮南子》考据研究，主要目的是通过校勘、考证和修订等使之尽量按原貌传承下来——这个领域西方学者着实不太关注；另一方面，《淮南子》义理研究真正开始于改革开放之后，至此才深入地探讨其本身所具有的学术内涵及其内容意义——这个领域西方学者倒是关注，但起步确实严重滞后。相较于《论语》及《道德经》等典籍而言，《淮南子》实质性研究要严重滞后，从而未能跟随着时代进步而向预期读者提供必要的帮助性内容阐释和批判性阅读视角，致使最终未能借助于学术研究成果让更多的读者真正了解《淮南子》的思想内容。上述种种因素，使得《淮南子》的国内传播和研究相对有限且滞后，更遑论国外相关《淮南子》的传播和研究了，直接导致包括普通大众和专家学者在内的读者群不大，所以说翟译本 2000 册的印刷量和马译本 600 册的印刷量较为稳妥。

客观而言，马译本第一版首次仅印刷 600 册，此举颇值学习。首先，出版社及译者直面现实的勇气值得学习。所涉哥伦比亚大学出版社在美国算是一家百年老"店"，在全球亦有一定的知名度；所涉译者团队包含四名主译、两名助译，前后历时十五年之久。但现实是《淮南子》在欧美的读者群主要还是限于汉学专家以及对此有一定兴趣的研究人员，决定了马译本 *The Huainanzi* 在英语世界的销量不容乐观。然而，哥伦比亚大学出版社没有太顾及自己的"颜面"，*The Huainanzi* 译者团队也没有太计较自己的付出，相反是直面对实际读者群的评估，试探性地仅仅印刷了 600 册。其次，出版社及译者依据市场行情采取相应对策的务实作风值得学习。首次试探性地印刷 600 册，本身就是对图书市场及其阅读行情的客观评估和尊重。两年后，出版社及译者又努力推出了《淮南子》节译精华版 *The Essential Huainanzi*（2012），以便于那些仅需阅读部分相关核心内容，或希望便于携带，或希望降低阅读成本的预期读者，所以节译本 The Essential Huainanzi 既出精装本（Hardcover），又出平装本（Paperback），甚至还出有电子书（E-book）。最后，出版社及译者的文化担当值得学习。仅从发行 600 册合计，出版社和译者显然无法赢得多少利润，至于他们是否还有其他收入就不得而知了。进而言之，哥伦比亚大学出版社不以营利为目的众所周知，以马绛教授领衔的译者团队浸淫中国典籍多年亦是客观事实，最终促使他们为之精耕细作应是文化担当——自觉地担当起传承和传播他者文化，从而丰富美国文化的一份责任。

至于两译本之实际销售和接受，确实难以精准地评估和对比，最可靠的就是限于发行量客观描述。"大中华文库"之翟译本 Huai Nan Zi 于 2010 年 5 月首次印刷了 2000 册，十余年过去了尚未有脱销的消息，应该不会好于当初预期。实际上，国内的当当网、中国图书网、亚马逊网等翟译本 Huai Nan Zi 入驻过的商城网店大都还有库存，而且也只有精装本一种版本待售，由此可以推测，迄今翟译本的实际销售应该不会超过 2000 册，尽管有国家领导人出访时携其作为"国礼"相赠，亦有国家汉语国际推广领导小组办公室将其送与海外孔子学院。相应地，马译本 The Huainanzi 于 2010 年 4 月首次发行 600 册，三个月内销售一空，于是开始再次印刷。至于其后哥伦比亚大学出版社总共印刷了几次，共计多少册就不得而知了。笔者曾写信向译者咨询相关情况，马绛教授于 2018 年 7 月 30 日回信答复如下：

> The initial print run for our *Huainanzi* translation was 600 copies. Those books sold out very quickly, and Columbia University Press has reprinted the book a couple of times after the first printing sold out. Total sales so far are about 1200 copies. The book is still in

print, and will remain in print for a very long time, with additional reprints as necessary. (This is a good feature of American university presses—they generally keep their books available for a long time.) Reader response to the translation has been very positive. It has received very favorable reviews in several American professional journals.

由此可知，哥伦比亚大学出版社首次印刷迅速脱销，要好于当初预期。随后，哥伦比亚大学出版社继续印刷了多次，截至目前约卖出 1200 册。另外，哥伦比亚大学出版社将长期确保马译本 *The Huainanzi* 在图书市场的供应，且闻售罄就会立马再印。此外，《淮南子》全译本即 *The Huainanzi* 配套推出了相应的电子版本，还有节译本及其电子版本——如果把这些都计算在内，可以有把握地推测包括全译和节译在内的《淮南子》马译本实际销售量会超过 2000 册。总之，就首次出版后的实际销售以及再次印刷而言，马译本 *The Huainanzi* 要好于翟译本 *Huai Nan Zi* 是毋庸置疑的。

第二节 两译本学术界接受实情

但凡涉及宏观类描述和论述大都存在代表性和精准度的问题，此处"两译本学术界接受实情"和下一小节"两译本读者圈接受真相"亦是如此，只能采取不完全列举的方式做一陈述，以求"管中窥豹"。这个"管"暂定为同行专家评价，因为"一部译作出版后，同行专家评价对于该译本的接受、传播直接发挥着推介推广的作用"（殷丽，2017：36），反之，该译本接受和传播的实际效果也可从同行专家的评价中窥得一斑。

对于中国典籍的海外传播来说，中国学者、外国汉学家、翻译家及评论家等同行评价尤为重要。本书借助 JSTOR、Academic Search Complete 和中国知网等数据库，对正式发表在国内外学术期刊上的同行专家书评进行了较为全面的检索和研判，数据更新至 2018 年 6 月 16 日，总共查找到 9 篇同行专家评价。其中，国内同行专家书评 2 篇，国外同行专家书评 7 篇，具体情况统计成表 5-1：

表 5-1 《淮南子》译本书评一览

年份	期刊（出处）	出版社（主办方）	评论人	评论人单位
2010	Journal of the American Oriental Society, 130(2), pp. 306-309	American Oriental Society	Moss Roberts（罗慕士）	New York University
2011	Journal of Asian History, 45(1), pp. 193-194	Harrassowitz Verlag	Benjamin E. Wallacker（华立克）	Columbia University
2011	The Journal of Asian Studies, 70(2), pp. 533-534	Cambridge University Press	Michael Nylan（戴梅可）	University of California
2011	Religious Studies Review, 37(2), p. 150	Wiley-Blackwell	Russell Kirkland（柯克兰德）	University of Georgia
2011	China Review International, 18 (4), pp. 436-443	the University of Hawaii Press	Nathan Sivin（席文）	University of Pennsylvania
2012	Journal of Chinese Studies, (54), pp. 323-328	Chinese University Press	Mark Csikszentmihalyi（齐思敏）	University of California
2013	Dao, (12), pp. 267-270	Springer	James D. Sellmann（詹姆斯·塞尔曼）	University of Guam
2014	《淮南师范学院学报》，17（3）：72—75	淮南师范学院	丁立福	淮南师范学院 / 上海外国语大学

续表

年份	期刊（出处）	出版社（主办方）	评论人	评论人单位
2016	《湘南学院学报》，37（6）：64—67	湘南学院	杨凯	中国药科大学 / 南京大学

在分析和论述上表统计结果之前有必要补充说明，当下中国文化"走出去"的诉求和呼吁一浪高过一浪，所言典籍对外译介正是中国文化"走出去"的重要途径。为此，中国英汉比较研究会之下专设典籍英译专业委员会，从而引领开展相关典籍英译、典籍翻译乃至海外汉学研究的各级各类学术活动；相应地，《中国翻译》《外语教学理论与实践》《上海翻译》《东方翻译》《燕山大学学报（哲社版）》等学术刊物纷纷开设"典籍翻译研究""汉籍外译""中国文化走出去"等专栏，极大地推动了典籍对外译介研究。在这一历史性过程中，涌现出一大批长期关注、研究乃至亲手译介中国文化典籍的专家学者，国内以杨宪益、许渊冲、林戊荪、谢天振、潘文国、汪榕培、王宏印、何刚强、罗选民等为代表，国外以狄百瑞、施舟人、顾彬、安乐哲、葛浩文、罗慕士、白光华、马绛等为代表。要而言之，在中国文化"走出去"的大背景下，国内外众多学者积极参与的中国典籍对外译介活动正方兴未艾。就《淮南子》翻译而言，或由国内学者翟江月和牟爱鹏主动对外译介，或由外国汉学专家马绛等积极译入，都在预期范围之内。接下来面对中外产出的《淮南子》英译本，中外学界都应该积极关注、探讨并推介之，中国学界理当更为积极才是，毕竟译介出去的典籍和"走出去"的文化是我们的，而且对外译介典籍和中国文化以提升中国软实力已成为我们这个时代的诉求和使命。然而让人惊诧的是，上述所涉相关《淮南子》英译本的 9 篇书评没有一篇是有关国内出版之翟

译本 *Huai Nan Zi* 的评价，全都是对马译本 *The Huainanzi* 的评价。国内外学界都关注美国出版的马译本自是无可厚非，而国内两位学者的评价稍晚于国外同行亦在情理之中。然而，国内外学界都不去关注中国出版的翟译本就有些不正常了，尤其是中国学界对自己倾力打造的"大中华文库"之翟译本置若罔闻、集体漠视就更不可思议了。问题要么出在翟译本翻译质量水平上，要么出在翟译本出版推广渠道上，此是另外一个极具探讨价值的重大话题，限于本小节篇幅和主旨姑且涉而不论。

话说以同行专家评价为标杆来评估《淮南子》两译本在学术界的接受情况，而有关翟译本的同行评价却尚未发现，故而只能阐述马译本在学术界的接受情况了。上表中所检索并统计的正式书评，可分别从评论数量、评论人员和评论内容三个层面展开论述。（1）评论数量：相当可观，美国同行评论多于且领先于国内同行。自马译本 *The Huainanzi* 于2010年4月面世，截至2018年6月共有9篇正式的同行评价见刊。前文已经论述，中国典籍译本在国外的读者群主要限于汉学专家以及对此有一定兴趣的研究人士。进而言之，中国典籍译本的国外读者数量相对较少，马译文各种版本加在一起售出了2000册左右，而在这2000位左右的读者中竟然产出了近十篇正式的学术性书评，能在一定程度上说明国内外学界对马译本给予了及时乃至迅即的关注。即便在绝对数量上，马译本作为中国典籍译本能有近十篇同行专家的正式评论，已是相当可观。另外，译本 *The Huainanzi* 毕竟由美国汉学家马绛领衔翻译，且由美国哥伦比亚大学出版社在其国内出版发行。换而言之，所涉2000位左右的读者主要是美国读者，美国同行评价数量绝对地多于中国同行评价，而且在时间上也稍领先于中国同行，是比较符合实情的。（2）评论人员：大都是对中国典籍译介较有兴趣且有一定深入研究的专家学者，具有一定的代表性。先说表中七位美国同行专家，均就职于美国较有影响的高校，而且其本人也都是精通中国典籍乃至古代思想文化史的汉学专家，堪称美国汉学界的精英。不妨就此机会逐一简要地介绍这七位知名汉学家，同时亦可使相关论述更有说服力。最早给予同行评价的罗慕士，纽约州立大学教授，早在 1976 年就相对集中地选译了《三国演义》的第 20—85 回，15 年后将其全部译成英文，到 1999 年又在全译本基础上经删节再次修订其节译本，可见其对典籍《三国演义》可谓数十年如一日般孜孜不倦。华立克，伯克利加利福尼亚大学东方语言博士，哥伦比亚大学教授，相关代表作有 *Liu An, Second King of Huainan*（1972）、*Han Confucianism and Confucius in Han*（1978），另外其本人翻译了《淮南子》第十一篇《齐俗训》并出版过相关专著 *The Huai-nan-tzu, Book Eleven: Behavior Culture and the Cosmos*（1962）。戴梅可，哈佛大学东亚研究博士，加利福尼亚大学教授，研究领域为汉代历史、中国早期思想史和中国艺术及考古，相关代表作有 *The Shifting Center: The Original "Great Plan" and Later Readings*（1992）、*The Five "Confucian" Classics*（2001）、*Yang Xiong and the Pleasures of Reading and Classical Learning in Han China*（2011）、*Exemplary Figures: a complete translation of Yang Xiong's Fayan*（2013）和 *The Chinese Pleasure Book, to be published by Zone Books*（2018）等。柯克兰德，印第安纳大学汉语言文学博士，佐治亚大学教授，广泛涉猎儒家、道家乃至亚洲宗教研究，相关代表性著作有 *Taoism: The Enduring Tradition*（2004），曾与人联合主编期刊 *the Journal of Daoist Studies*（2015）。席文，哈佛大学科技史博士，宾夕法尼亚大学教授，广泛涉猎中国科技及医学历史、中国宗教和哲学等，公认为是继李约瑟之后西方最负盛名的中国科技史专家，相关代表性著作有 *Science and Civilisation in China*（2000, Vol. 6）、*The Way and the Word: Science and Medicine in Early Greece and China*（2002）、*Granting the Seasons: The Chinese Astronomical Reform of 1280, With a Study of*

Its Many Dimensions and A Translation of Its Records（2008）等。齐思敏，斯坦福大学亚洲语言学博士，加利福尼亚大学教授，钟情于中国文化，尤其擅长研究中国古代宗教、哲学及其文化，著有 *Religious and Philosophical Aspects of the Laozi*（1999）、*Material Virtue: Ethics and the Body in Early China*（2004）和 *Readings in Han Chinese Thought*（2006），曾负责编辑《中国宗教研究集刊》[①]。詹姆斯·塞尔曼，夏威夷大学中国哲学博士，关岛大学教授，擅长《吕氏春秋》、儒家、道家及其典籍研究，相关代表性著作有 *Timing and Rulership in Master Lü's Spring and Autumn Annals*（2002）。综上所言，上述七位汉学家基本代表了美国学界相关中国典籍和古代思想文化史研究的主流声音。再说表中两位中国同行专家，也都就职于国内高校。其中，杨凯是中国药科大学英语教师，时在南京大学攻读博士学位，对莎士比亚十四行诗、李白诗歌及《淮南子》等经典的翻译有一定研究；丁立福是淮南师范学院英语教师，时在上海外国语大学访学，并从事安徽省哲学社会科学规划项目"《淮南子》对外传播暨翻译研究"的研究。简言之，杨凯和丁立福正在深入地学习和研究典籍译介，是国内最早关注并研究《淮南子》英译本的两位同行，迄今算是国内《淮南子》翻译研究的代表。（3）评论内容：美、中两国同行专家都给予了较高的评价。大体包含四个层面的中肯评价：首先是肯定马译本的突破性意义，诚如塞尔曼所言，"该译本是《淮南子》的第一部英语全译本"（Sellmann，2013：267），罗慕士进而指出，"这部公元前 2 世纪道家思想纲领性著作第一次被全部译成英文并出版，对于汉学界以及更多对中国悠久且复杂的历史感兴趣的读者

---

① 即 *Journal of Chinese Religions*，是在中国宗教研究领域较有影响的一家学术期刊，曾用名 *Society for the Study of Chinese Religions Bulletin*，1973 年创刊至今，现任总编为德国莱比锡大学柯若朴（Philip Clart）教授。

而言，确实是一件值得大书特书的大事"（Roberts，2010：306）。其次是对马译文给予了相当高的评价，如罗慕士认为"整体而言译文清晰、准确，而且可读性强"（Roberts，2010：308），再如齐思敏认为"译文忠实可靠、干练流畅，预期阅读几不含糊"（Csikszentmihalyi，2012：325），总之如塞尔曼所言，"译文各方面都出色"（Sellmann，2013：269）。再次是肯定马译本的诸多闪光点，如席文所言，"译本的编辑和出版都达到了很高的水准。纸张质量上乘，排印清晰精美，价格按当今标准极其合理，毕竟是近千页的学术专著"（Sivin，2011：441），再如相对较为全面的罗慕士评论："译本配备了深入的引言、详尽的关键词附录、广泛的参考书目、详细的索引，而且充分地叙述了《淮南子》的版本源流，还有益地调研了基于著作本身性质及价值开展的学术论争。"（Roberts，2010：306）最后不忘突出马译本于将来相关研究的意义，"译本把《淮南子》二十一篇都译成了注释详尽的英文，将极大地便利和促进未来的汉学研究"（Wallacker，2011：194），"全译本的出版有助于英语读者的全面研读，亦便于相关汉学专家的深入研究"（丁立福，2015：75）。

总而言之，能够代表国内外研究《淮南子》翻译的同行，就马译本 *The Huainanzi* 撰写了无论是相对数量还是绝对数量都较为可观的正式评论，而且评价较高。由此可以推定马译本在学界基本获得了认可和好评，诚如席文所言，"英译本为《淮南子》这部划时代典籍赢得了其应得的广泛认可，同时也为专家提供了研究资源"（Sivin，2011：438），有理由预期学界将会有越来越多的专家加入研究《淮南子》译介的行列。

第三节 两译本读者圈接受真相

经检索查找，马译本 *The Huainanzi* 和翟译本 *Huai Nan Zi* 在美国亚马逊网和中国亚马逊网上显示的所有评论只有 6 条及相应评分，而这 6 条评论及相应评分都是美国亚马逊网上的相关马译本的评论及相应评分，此其一。其二，由于销售平台的特性及其对评论真实性的严控，使得亚马逊网上大部分产品的实际售出数量与所得的用户评论数量极其不对称，有时"真实销售 100 个都未必能够收到一个 Review，甚至有卖家吐槽，自己某个产品已经卖出了 2700 个，却没有收到一个 Review"（赢商荟老魏，2018）。鉴于以上这两个事实，本小节只能以马译本 *The Huainanzi* 在美国亚马逊网上赢得的评论及相应评分为素材，做一孔之见的专门分析，兼而对照着翟译本 *Huai Nan Zi* 做一些相关读者接受的对比分析，拟从评论的相关内容和评分的相关数据两个视角展开。

以美国亚马逊网站 2018 年所存 6 篇评论[①]为代表，基本可以看出英语国家的读者较为一致地对马译本 *The Huainanzi* 给予了良好评价，其中不乏诸如"有用（useful）""很好（very good）""优异（excellent）""极好（splendid）"等的肯定乃至推崇。现摘录这些评论制作成表 5-2：

表 5-2 （美国）亚马逊网用户相关马译本评论一览

Customer 1	Rev. Paul Fohlin	Time	January 16th, 2016
Theme	A holistic view of the ancient Chinese thought		

---

① 似可推断美国亚马逊网的绝大部分用户都是英语国家人士，本书所涉相关评论人员绝大部分应是英语国家人士，但没法确保全是美国人，如评论人 Phil Nugent，根据美国亚马逊网的相关记录应是英国南安普顿市（Southampton）人。是故，美国亚马逊网用户在某种程度上可以代表英语国家，尤其是英、美用户。

续表

Review	This book is an encyclopedia woven together with the riches of ancient Chinese philosophy. I have had a copy of the first chapter, the Yuan Dao, for years; and now I am thrilled to have the complete book to enrich my knowledge of these subtle understandings of reality as viewed by the Daoist philosophers. It is about the best book I own on Daoist Philosophy; excepting *the I Ching* in the Bolinger Series and *the Chuangtzu* translated by Angus C. Graham.		
Format	Kindle Edition	Verified	Yes
A. C. R[①]	★ ★ ★ ★ ★	Helpful	4 people
Comment			
Customer 2	Phil Nugent	Time	October 31st, 2012
Theme	REQUIRED reading for Sinophiles		
Review	This book is a welcome addition to available translations of Chinese philosophies. At long last the whole of the *Huainanzi*, the Han synthesis of political philosophy, cosmology etc. has been well translated with an introduction and explanation to each chapter. It is a very satisfying read and study. Much to be recommended.		
Format	Hardcover	Verified	Yes
A. C. R	★ ★ ★ ★ ★	Helpful	2 people
Comment			
Customer 3	Elisabeth Rochat de la Vallee	Time	July 27th, 2013
Theme	Very good and useful translation of a major text		
Review	Recommended for all those who are interested by ancient Chinese thought, including those who try to understand the thought behind ancient Chinese medicine.		

① Abbreviation for "Average Customer Review".

Format	Kindle Edition	Verified	Yes
A. C. R	★ ★ ★ ★ ★	Helpful	5 people
Comment			
Customer 4	Cloud Combustion	Time	September 17th, 2010
Theme	Measuring China up		
Review	As a stage in human history, this book is about good government, geography, mythologic *fengshui*, and the national products pages of the local atlas. For a political primer it is not quite charmingly vague, and awkwardly rephrases Laozi's *Daodejing*··· (I can feel some dispair in that) It has a sparkling section on trees like jujube, chestnut, willow, almond, pear, peach, elm, catalpa, soapberry, cudrania, sophora, and sandalwood. Which suggests a USA climate like North Caroline, Georgia, and Mississippi··· (Makes me feel like a fortunate gardener) For further reading, there is David Hawkes' translation of "Chuci—the Songs of the South", and a French science institute's translation of "Shanhaijing"!		
Format	Hardcover	Verified	Yes
A. C. R	★ ★ ★ ★ ☆	Helpful	2 people
Comment			
Customer 5	Anna	Time	January 5th, 2011
Theme	An excellent work for scholars and students alike		

Review	This book took over ten years to complete, and the dedication of the authors is clear from the first page. The introduction to the *Huainanzi* is clear and nuanced, and would be appropriate for scholars of China and also those who know little about the field. The translation of the text is splendid: it shows that the original text was not simply a text but was also poetry. The footnotes are carefully crafted and useful for the reader. The introduction to (almost) each chapter is a very useful tool for the reader unfamiliar with the material. Even though the chapters were translated by different scholars, I was also impressed with how consistent the translations were written. The only criticism I have with the structure is the addition of Chapter sections. I think the introduction to the chapters is sufficient for smooth reading. The text of the *Huainanzi* itself is fascinating. The purpose of the book was to aid the emperor with rulership, and so it is filled with advice, knowledge about the cosmos, and strategic designs. It was compiled by Liu An during the Han Dynasty and is thus composed of information from a variety of sources—thus it has often been described as an "encyclopedia". Actually, one can see from the translation that there is an agenda within the text: an agenda for how to properly rule China. Aside from the topic of rule, the *Huainanzi* includes a great deal of philosophical material on the cosmos and how humans fit into the Way (*Dao*). There is a detailed description of the formation of the cosmos and its eventual transformation. Chapter 3 is dedicated to astronomy and astrology. Time and space, yin and yang, human consciousness—all covered in the first half of the text. The second half is dedicated to rule, but these philosophical concepts are still at the core of such discussions. All in all, I believe this book is essential for all scholars of China. The *Huainanzi* was greatly influential throughout later periods of Chinese history, and so gaining a clear understanding of the principles held within is important. But even nonspecialists have much to gain from the *Huainanzi*, especially if they are interested in early philosophy.

Format	Hardcover	Verified	No

续表

A. C. R	★ ★ ★ ★ ★	Helpful	20 people
Comment	1. I haven't read the *Huainanzi*, but I'd like to note that Roger Ames' book *The Art of Rulership* discusses book nine of the *Huainanzi*, the one focusing on political theory. ——by T. Carlsson, 6 years ago		
Customer 6	John Wu	Time	January 15th, 2012
Theme	Missing the rhythmic beauty of *Huainanzi*		
Review	Three translation criteria clash in *The Huainanzi* (Columbia UP, 2010, p. 33); "keeping all Chinese words" spreads "standard English" to thin out "parallels, verse, aphorisms." Now de-zinged, its faint rhythm has no rhyme-punch. Poet must give Chinese alive in English alive. Western government has no cosmology; "government in *Huainanzi*" is no hefty politics in it. Translation is no explanation. Wordy pages must cut in half. Fake exactitude is eked out of 4 people's laborious 12 years! Sad. Kuang-ming Wu		
Format	Kindle Edition	Verified	No
A. C. R	★ ★ ★ ☆ ☆	Helpful	6 people
Comment	1. Horrible review, has no meaning and barley readable. ——by Amazon Customer, 4 years ago 2. Show us how it's done Mr Wu! Pick a favourite passage that they translated badly, and give us your version in "English alive". Then we can all see what you mean. ——by Prokopton, 5 years ago		

现就上述相关评论内容展开论述：（1）评论人员中有 4 人已经确认购买（Verified Purchase），但从其评论内容来看，所有 6 人无疑大都阅读了马译本，因为其评价往往言必有中，而且与译本密切相连。限于篇幅仅讨论两条没有确认购买的用户评论，一条评分是 3 星，另一条评论是 5 星。前者批评译本第 33 页确立的三个翻译标准相互冲突、译文韵

律弱于原文，并基于翻译并非解释的立论批判译文冗长、应削去一半等；后者盛赞其对学者和学生而言都是一部杰作，并逐一评价译本前言及脚注、篇章前言、译文文本及内容等，共用 370 个单词，不亚于一篇小型作品。可见，即便是没有确认购买的两位用户，其评论亦是基于译本侃侃而谈，或贬或褒，但都言之凿凿，富有建设性。（2）从评论类型上看，有 83% 的评论是正面评论（Positive review），只有 17% 即 1 条评论属于负面评论（Negative review）。即便最后一条评论内容上基本都是否定和批判，但用户评分仍有 3 星，也不算差。按照亚马逊网的星级评分标准，3 星属于一般性评价，也就是说内容上批判归批判，评论人对购买和阅读马译本 The Huainanzi 并不感冒，没有明显的负面情绪体验，整体上还算能接受。（3）所言评论内容，可从以下几个方面加以深度观察分析：一是对《淮南子》典籍的仰慕，如 Rev. Paul Fohlin 评论《淮南子》是一部基于中国古代哲学丰富内容编织而成的百科全书；Anna 认为，《淮南子》著作本身引人入胜，其目的即是帮助皇帝驾驭统治，故而满篇都是进谏规劝、宇宙奥义和战略策划等。二是对马译本的整体评价，如 Elisabeth Rochat de la Vallee 评论马译本是这本重要典籍的一个极好且有用的译本；Anna 认为马译本对学者和学生而言都是一部杰出的译作。三是对马译本具体层面的中肯评价，如 Rev. Paul Fohlin 购到这部道家典籍的全译本极为激动，因为多年来只拥有其第一篇《原道训》；Anna 进行了较为全面的评论，马译本前言清晰、精准，几乎每篇①的译文前都配有十分有用的篇前言，译文连贯性好，唯一批判的是译文章节划分是画蛇添足，因为每篇译文的前言足以确保通顺地阅读。四是批判中暗含着完善的机遇，如刚才所言，Anna 认为译文的章节划分纯属多余；John Wu

---

① 实际上，马译本除第十六章和十七章译文共用了一个介绍性前言外，其余每篇的译文都有自己的介绍性前言。Anna 敏锐地发现了这个事实，评论时用语"（almost）each"不可谓不严谨，从侧面也能说明其购买和阅读之认真。

批判最严厉的就是译文"丧失了《淮南子》原文的韵律美",用语啰唆、冗长,所定三条标准在译文中互相冲突。我们应该理性地审视这些批判,所提问题基本是存在的,换个视角则正是今后完善《淮南子》翻译之处。例如,在体裁上《淮南子》大多数篇章都属于散韵结合的汉赋——汉赋作为两汉文学成就的杰出代表,行文讲究铺陈、辞藻富丽且追求音韵节奏。客观而言,翻译时要在行文、用语及韵律等方面完全保留汉赋这种极富汉语言文化特质的文体特征,就会像翻译唐诗宋词一样棘手。然而,棘手并不意味着放下,批判初衷当是继续完善,故言批判马译本 The Huainanzi 的评论中暗含着将来完善的机遇。(4)对所涉 6 条评论的内容,均有人给出回应。经统计,这些评论共赢得 39 人称赞有用,兼有 3 人给出具体的回应,也即对这些评论留有文字性的回应。此外,所有 6 条用户评论中,有 3 条是针对马译本 The Huainanzi 的精装本纸质图书(Hardcover),有 3 条是针对亚马逊自己开发的相应电子图书(Kindle Edition),各占一半。当然,纸质版本和电子版本在内容上是一样的,但若据此推论,国外尤其是欧美等发达国家的图书市场上电子图书正悄然兴起,那么"大中华文库"之典籍译本就非常有必要研发相应的电子图书。进而言之,研发典籍译本的电子图书亦是典籍乃至中国文化"走出去"在新科技时代的一条重要途径。

在用户评分方面,亚马逊网站为读者设计了对所评图书进行客观评价的量化等级体系,也即采用星级评价体系供读者表达其满意的程度。评分等级由高至低分别为 5 星、4 星、3 星、2 星和 1 星,分别代表很满意、满意、一般、不满意和很不满意五个等级。科学而言,顾客满意程度是一种真实的自我体验和心理状态,但是对这种心理状态也要进行量化的等级界定,否则就无法对顾客满意程度进行尽可能的客观评价,由此产生了相对合理的五个级度和七个级度①。另需补充说明的是,亚马逊

---

① 七个级度分别是很不满意、不满意、不太满意、一般、较满意、满意和很满意。

网站不是采用原始数据平均值而是使用机器学习模型来计算商品的星级评分，其机器学习模型是在全面考虑评论的时间、客户的建设性投票和评论是否来自经验证的购买等因素后给出的综合评价，相对较为科学和客观。就美国亚马逊网站显示的马译本 *The Huainanzi* 用户也即读者星级评分情况来看，伴随着 6 篇评论而给出 6 次星级评分中，有 4 个 5 星，1 个 4 星和 1 个 3 星。由此可以推断，从美国亚马逊网站购买马译本的读者中，83% 的读者有满意体验，其购买及阅读称心、愉悦，有望向亲朋好友推该译本，另有 17% 的读者感觉一般，没有明显正面或负面的情绪体验，其购买及阅读虽不算好，但也不算差，还说得过去。因此，整体而言英语世界的读者对马译本是能接受的。

这种基于数据的客观阐述有一定的说服力，唯一不足的是给予评分的读者数量少，貌似没有实质的代表性。这个问题可从以下两个方面做一些解释和说明：（1）亚马逊公司（Amazon）是美国乃至全世界最有影响力的网上书店，其对客户评论有着严格的管理和规范，故其上相关用户评分具有相当的代表性。亚马逊于 1995 年由杰夫·贝佐斯（Jeff Bezos）创办，初衷是建成 "全球最大书店（Earth's biggest bookstore）"，后随着业务扩展而重新定位为 "网络最大零售商（The Internet's No.1 retailer，2000）" 和 "全球最以客户为中心之企业（The world's most customer-centric company，2001）"。从中可以看出两点：亚马逊已由最初只经营图书销售的网店发展成一家品种齐全、规模宏大的网络电商，图书业务仍是其最重要的拳头产品之一，其于 2004 年看中并收购中国主要经营图书音像等产品的卓越网店就是一个明证。换而言之，在读者心目中亚马逊仍具有绝对的代表性，此其一。其二，亚马逊早在 2011 年就开始认可并倾心打造 "全球最以客户为中心之企业"，特别看重客户的购买和消费体验，所以对客户的评论及评分都设计了较为科学、客观且严厉的管理规范，也就是说亚马逊上显示的客户评论及评分一般都真实、可信，从而在一定程度上能反映出客户也即本书所言马译本 *The Huainanzi* 读者的接受情况。（2）参与客户评分的读者数量确实不算多，但是相对同类典籍译本的读者评分来说亦不算少。例如，在亚马逊网上先在搜索框内键入并检索到"The Huainanzi"，继而在"politics & Social Science: Philosophy: Eastern: Taoism"中检索同类图书，共得道家图书中相关《淮南子》的四本同类著作和相关读者评论及评分信息[①]，简列成表5-3：

表5-3 （美国）亚马逊网用户相关《淮南子》四本同类著作评论一览

Title	*The Huainanzi*	*Heaven and Earth in Early Han Thought: Chapters 3, 4, and 5 of the Huainanzi*	*Huai-nan Tzu: Philosophical Synthesis in Early Han Thought*	*The Huainanzi and Liu An's Claim to Moral Authority*
Author	J. Major, S. Queen, A. Meyer, H. Roth	John S. Major	Charles Le Blanc	Griet Vankeerberghen[②]
Series	Translations from the Asian Classics	SUNY series in Chinese Philosophy and Culture		SUNY series in Chinese Philosophy and Culture

---

① retrieved on 19th September, 2018；下同。
② Griet Vankeerbergen：汉文名方丽特，普林斯顿大学东亚研究博士（1996），加拿大麦吉尔大学（McGill University）副教授。代表作 *The Huainanzi and Liu An's Claim to Moral Authority*（《〈淮南子〉和刘安对道德权威的诉求》）（SUNY Press, 2001），曾与前文所及戴梅可教授合编 *Chang'an 26 BCE: An Augustan Age in China*（《公元前26年的长安：奥古斯都时期的中国》，2014），还发表了与《黄帝内经》《淮南子》及《史记》相关的书评和研究文章共20余篇。

续表

Press		Columbia University Press	SUNY Press	Hong Kong University Press	SUNY Press
Date		2010	1993	1985	2001
Reviews	amount	6	2	1	0
	5 stars	4	1	0	0
	4 stars	1	1	0	0
	3 stars	1	0	1	0
	2 stars	0	0	0	0
	1 stars	0	0	0	0
	bar graph	5 star 66% 4 star 17% 3 star 17% 2 star 0% 1 star 0%	5 star 50% 4 star 50% 3 star 0% 2 star 0% 1 star 0%	5 star 0% 4 star 0% 3 star 100% 2 star 0% 1 star 0%	
Average Review		4.4 out of 5 stars	4.5 out of 5 stars	3.0 out of 5 stars	

上表所涉四部图书中，后三部是三位汉学家在当年博士学位论文的基础上扩充和完善而成，除白光华所著之外的三部图书均纳入了较有影响的"丛书"系列；另外，编辑出版的四家出版社在人文学科出版领域都有一定影响。要而言之，所涉四部图书或译或著，对西方汉学家来说都是具有一定创新性的经典著作。马译本 *The Huainanzi* 出版时间最迟，但获得的评论数量最多，相应的用户评分经综合考虑评论时间、用户建设性投票以及是否来自经验证的购买等因素后仍排名第一[①]。这说明，在美国典籍译本的用户评论受限于汉学读者群规模，但相对而言马译本 *The Huainanzi* 无论在评论数量还是评分等级上，在同类图书中是居于首

————————

① 所涉四部图书在上表中的排序即是根据亚马逊网给出的用户评分综合排名而定。

位的。(3)为了说明马译本 *The Huainanzi* 在美国亚马逊网所获得的用户
评论情况良好，不妨趁此机会调研一下翟译本 *Huai Nan Zi* 乃至所有"大
中华文库"系列在中国亚马逊网的评论情况。此处需要补充说明，之所
以不选择调研翟译本 *Huai Nan Zi* 乃至所有"大中华文库"系列在美国亚
马逊网的评论情况，是因为所有"大中华文库"系列译本在美国亚马逊
网的用户评论为 0，没有能够用以对比分析的数据，自然也就没有实际
意义了。现于中国亚马逊网图书搜索框键入"大中华文库"，得到 213 条
记录，经逐一人工辨认后排除 12 条记录，然后按照亚马逊网提供的用户
评分进行排名，翟译本 *Huai Nan Zi* 名列第 58 位。现连同排名前 20 的译
本一并按降序简列成表 5-4①。

先分析排名前 20 的情况：从语种版本上看，汉英对照 13 本，汉德
对照 5 本，汉法对照 1 本，汉日对照 1 本。这种分布基本反映出"大中
华文库"典籍译本各语种之间的实际情况，只是德译本略为强势；此外，
《论语》的德译本、日译本和英译本均名列其中，说明《论语》对外译介
依然是遥遥领先。《论语》德译本排名第一而其英译本排名第十九，推
测应与印刷版次有关——经查，《论语》汉英对照本第一版付梓时间是
1999 年，中国亚马逊网显示相关统计数据及记录结果的是用户对 2008
年第二版反馈的情况，也就是说相关第一版的数据并没有进行累加，因
此排名稍后也就在情理之中了。从读者评论数量上看，排名前 20 的典籍
译本共获得 73 条评论，平均为 3.65 条；所获评分合有 93.4 星，平均为
4.67 星。这个分析结果与马译本 *The Huainanzi* 在美国亚马逊网所获得的
用户评论大致相当（用户评论有 6 条，用户评分是 4.4 星）；换而言之，
马译本 *The Huainanzi* 在美国亚马逊网所获得的用户评论是 6 条，喜欢程

---

① "大中华文库"图书都是汉外对照版，故为节约篇幅，表中所涉书名之后小括号
　内只注明相应的外语语种，所涉译者也就仅指外语译者，不包括现代白话文译
　者，即今译者。

表 5-4 （中国）亚马逊网用户相关 "大中华文库" 评论一览

书名	译者	出版社	年份	评论数	客户评分	平均星	销量排名
论语（德）	卫礼贤	外语教学与研究出版社	2010	6	★★★★★	5	342015
红楼梦（法）	李志华 雅歌	人民文学出版社	2012	5	★★★★★	5	221800
史记选（英）	杨宪益 戴乃迭	外文出版社	2008	4	★★★★★	4.8	226427
老子（德）	卫礼贤	外语教学与研究出版社	2010	3	★★★★★	5	408377
千家诗（英）	许渊冲	中华书局	2006	4	★★★★☆	4.7	522308
儒林外史（英）	杨宪益 戴乃迭	湖南人民出版社	2011	4	★★★★☆	4.6	1224679
天工开物（德）	潘吉星	广东教育出版社	2011	14	★★★★☆	3.9	620582
孙子兵法（德）	钟英杰 G. Kneussel	军事科学出版社	2009	3	★★★★☆	4.6	275326
文赋·二十四诗品（英）	哈米尔 翟理斯等	译林出版社	2012	2	★★★★★	5	109926
陶渊明集（英）	汪榕培	湖南人民出版社 外语教学与研究出版社	2005①	2	★★★★★	5	127481
战国策（英）	翟汇月	广西师范大学出版社	2008	2	★★★★★	5	136568

① 中国亚马逊网可能显示有误，第 1 版第 1 次印刷时间应是 2003 年，其 ISBN：7-5438-3216-X/I·350

续表

书名	译者	出版社	年份	评论数	客户评分	平均星	销量排名
孟子（德）	卫礼贤	外文出版社	2009	2	★★★★★	5	787176
论语（日）	孔健	湖南人民出版社	2009	2	★★★★★	5	1153549
诗经（英）	汪榕培	湖南人民出版社	2008	4	★★★★☆	4.2	398572
水浒传（英）	沙博理	外文出版社	2008	4	★★★★☆	4.2	509240
长生殿（英）	杨宪益 戴乃迭	外文出版社	2004	4	★★★★☆	4.1	558736
本草纲目（英）	罗希文等	外文出版社	2012	2	★★★★★	4.6	571372
中国古代寓言选（英）	杨宪益 戴乃迭	外文出版社	2008	3	★★★★☆	4.2	328497
论语（英）	韦利	湖南人民出版社（第2版）	2008	2	★★★★☆	4.5	372826
庄子（英）	汪榕培	湖南人民出版社	2009	1	★★★★★	5	67845
…	…	…	…	…	…	…	…
淮南子（英）	翟江月	广西师范大学出版社	2010	0			345634

度是 4.4 星级，在中国亚马逊网显示的 200 余部"大中华文库"典籍译本中基本能排进前 20 名。另一方面，翟译本 *Huai Nan Zi* 在中国亚马逊网的用户评论或喜欢程度则要排至第 58 位，且无读者留有相关评论，其情势相对落后。事实上，所有"大中华文库"中也没有多少典籍译本赢得了国内读者的广泛关注。

另据亚马逊网的显示，马译本 *The Huainanzi* 没有推销至中国亚马逊网，翟译本 *Huai Nan Zi* 虽销售于美国亚马逊网，却几无读者问津。这个结果，貌似与图书销售区域、译者的文化身份乃至语言身份有一定关联。对此，需进一步做如下分析：（1）就马译本 *The Huainanzi* 而言，其在版权页明确标示"Printed in the United States of America"，若要到中国出版发行，自然会涉及版权的输出和输入等程序抑或障碍；同样，翟译本 *Huai Nan Zi* 虽未在版权页明确标示"限于中华人民共和国境内发行"，但若要卖到美国图书市场，仍需要获得对方批准等。另一方面，马译本 *The Huainanzi* 的翻译初衷就是要向美国及其读者译介这部道家经典，不到中国销售自然无可厚非；然而，包括翟译本 *Huai Nan Zi* 在内之所有"大中华文库"的使命就是"全面系统地翻译介绍中国传统文化典籍……向全世界展示，中华民族五千年的追求，五千年的梦想，正在新的历史时期重放光芒"（杨牧之，2010：8），若不想方设法去海外销售、到海外销售不出去、海外用户反馈不佳抑或读者无动于衷，都将不能实现预期的初衷，那么耗费巨大人力、财力和物力翻译出版的"大中华文库"又有什么意义呢？要而言之，相关版权输出等麻烦不应构成"大中华文库"之典籍译本在海外遇阻的根本原因。（2）就典籍译者的文化身份和语言身份而言，*The Huainanzi* 的译者都是美国知名汉学家，均是以英语为母语，其遣词造句抑或译文通常较为符合英语读者的阅读期待和审美体验。相应地，*Huai Nan Zi* 的两位译者，尤其是主译翟江月教授，堪称中国典籍专家，都以汉语为母语，其译文或英语行文会带有一些汉语特征，自然也就离母语为英语的读者要相对陌生一些。但上述概括仅是一般的、感性的，韩子满教授（2014：106）曾严谨地论证"根据文化身份和语言身份来确定中国文学外译的译者，并不科学"。同样的道理，中国典籍翻译并非一定要由欧美汉学家或者以英语为母语的外国专家来翻译，才能在国外产生深远影响。具体到《淮南子》，由外国人还是由本国人来翻译，由母语为外语的译者还是由母语为汉语的译者来翻译，并不必然地决定其译本在海外是否遇冷。总而言之，马译本 The Huainanzi 没有推销至中国，翟译本 Huai Nan Zi 虽销往美国却无人问津，其根本原因不在于版权输出或译者是谁的问题，而在于译本是否迎合了海外学术界及图书市场的需求，在于译者是否具有敏锐的跨文化意识并将其贯穿于整个译本——此是另外一个重要话题，暂不便展开论述。

综上所言，以上评分数据和评论内容具有一定的代表性。如果说美、英两国能够在一定程度上代表英语国家的话，那么就基本能说马译本 The Huainanzi 在英语世界是获得了一定程度的认可。最后有必要概括马译本 The Huainanzi 和翟译本 Huai Nan Zi 在国内外读者圈的接受情况：（1）马译本 The Huainanzi 在国外尤其是英语国家较受待见；（2）马译本 The Huainanzi 暂没有销售到国内；（3）翟译本 Huai Nan Zi 在国外几近无人问津；（4）翟译本 Huai Nan Zi 在国内也没有引起广泛关注。鉴于翻译《淮南子》的初衷就是要向外人和外界介绍相关道家典籍乃至中国文化，译者、赞助人、出版社乃至相关各方俱要想方设法让译本吸引国外读者，因此马译本 The Huainanzi 暂不销售到国内乃至翟译本 Huai Nan Zi 在国内没有引起广泛关注都不是重要问题，相反英译本在英语世界的接受倒是非常关键。相较而言，翟译本 Huai Nan Zi 在国外几近无人问津的窘况着实应该引起译者、赞助人、出版社乃至相关各方认真思考，而不应仅限于译者和学界的努力。

第六章 《淮南子》孪生译本所属典籍译介研究

第一节 基于"大中华文库"的典籍译介现状

一、典籍对外译介溯源

本书用以对比研究的翟译本 *Huai Nan Zi* 即属"大中华文库",而翻译出版"大中华文库"又是当今中国推进典籍乃至中国文化"走出去"的重要途径。为使结论更具有现实意义和借鉴价值,接下来将以"大中华文库"为例着重探讨典籍对外译介的现状和问题。

中国典籍对外译介历来已久,有学者将其追溯至中国翻译史上佛教典籍的翻译,甚至说"公元647年玄奘就将《道德经》译成了梵文,此为中国文化典籍首次走出国门"(赵长江,2014:41)。这种观点值得商榷,其因有四:(1)佛经翻译在中国历史上主要是由梵文译成汉文,抑或说佛教典籍最初是由印度传入的,也即佛经翻译主要是在译入而非译出意义上言说的。(2)中国翻译史上佛经翻译相对较为封闭,与中国典籍尤其是中国传统典籍对外译介关联不大。甚至可以说,佛经翻译时期个别中国典籍的对外译介几乎可以忽略不计。(3)上文所涉最早之《道德经》梵文本早已散佚,当今无人知其庐山真面目,自然无法对其进行探讨和研究。（4）所谓佛经翻译式微于宋代、结束于元代，与当今所言中国典籍对外译介没有历史的沿袭性。反而言之，当今所言中国典籍对外译介自然就没有必要追溯至佛经翻译年代了。

鉴于以上分析，中国典籍对外译介的起始时间应在中国佛经翻译之后，约为明代西方传教士来华之际。如北京外国语大学中国海外汉学研究中心主任张西平教授在探讨中国典籍海外传播的路径和方法时，曾考证"中国古代文化典籍首次翻译成欧洲语言是在 1592 年，由来自西班牙的传教士高母羡（Juan Cobo，1546—1592），第一次将元末明初中国文人范立本所编著的收录中国文化先贤格言的蒙学教材《明心宝鉴》翻译成西班牙文"（张西平，2015：79—80），所及 1546 年属于明嘉靖年间（1522—1566），已然处于明朝中后期，是传教士翻译了《明心宝鉴》。自明至清，不断地有传教士来华推介西方文明尤其是基督教思想和科技成果，同期他们也发现了以儒家思想为核心代表的东方文明。于是，他们开始学习、翻译包括《论语》《中庸》等儒家经典在内的中国典籍，由此开启中国典籍对外译介的大门，一直延续至今，绵延不断。

需要额外说明的是，明朝后期来华传教士开启的中国典籍对外译介这一历史进程中，起初是西方人为了传教布道，而后便是用坚船利炮推行其殖民主义，包括文化殖民主义。进而言之，直至新中国成立前，西方人对中国典籍的译介从来都是以自我为中心，不但没有平等地尊重和深入地了解中国典籍及其所承载的中国文化，反而是根据自己的需求时而误解、歪曲乃至肢解完整的典籍文化。新中国成立及其后 30 年，因特殊历史原因和政治大环境，未能有效地广泛开展中国典籍的对外译介，对之不必苛求。之后随着改革开放的开展和深入，中国政治、经济、军事、科技等实力大增，国家必然对相关文化有所诉求。要而言之，中华民族伟大复兴进程中必然要求中国文化实质性快速"走出去"，此时仅仅依靠西方少数汉学家和对中国文化感兴趣的翻译家自发地去零星译介中国典籍,显然力度不够,而且依然存在前文所论西方人士对中国文化的误解。因此,中国本土越来越多的学者和译者先后自觉地加入译介中国典籍的行列,尤其是近 30 年来国内许多学者都意气风发地参与进来,而且相互协作,开展了一个又一个规模较大的译介工程,如所涉"大中华文库"(1995[①])等。

因此,基本可以推断,通常所言"典籍翻译"应始于明朝后期来华传教士向西方译介中国传统文化典籍,其目标语当年是依据传教士国籍及其翻译目的而定,主要有拉丁语、法语、意大利语等西方国家语言,而后主要是英语。这一延续至今的典籍译介,鉴于翻译题材、译者阵营、翻译成果及其体现出的时代特征等诸多因素,大致可分为三个阶段,即发轫阶段、发展阶段及主动而为阶段。

1. 发轫阶段:自 16 世纪中叶至 19 世纪中叶。这一阶段,确切地说是中西文化初次照会,双方互有往来且持续较长时间,既有西方典籍的汉译,亦有中国典籍的对外译介。前者集中在宗教典籍以及当时较为先进的天文、数学、物理、地理以及工程器械方面的书籍,如传教士利玛窦用中文转述《天主实录》、利玛窦和徐光启合作主译《几何原本》、徐光启和传教士熊拔三合译《泰西水法》等;后者集中在儒、道等中国传统思想文化典籍,如传教士金尼阁用拉丁文翻译"五经",殷铎泽和郭纳爵用拉丁文合译《大学》[②]《道德经》[③]等。就译者阵营而言,往往是中外

---

① 此处圆括号内之年份表示自该年份正式启动,如 1995 年起"大中华文库"正式启动;下同。

② 改称为《中国的智慧》,1662 年刻印于中国江西。稍后,殷铎泽还用拉丁文独译《中庸》,改称《中国的政治道德学》,1667 年刻于中国广州(但未刻完),2 年后续刻于印度果阿。

③ 一般认为 16—17 世纪,来华传教士可能就翻译了道家典籍《道德经》,因难度大只限于拉丁文的节译,相关最早译文已不可考。在中国典籍对外译介传播过程中,法国从 19 世纪初一度成为欧洲的汉学中心,主要是法兰西学院在 1814 年设立欧洲第一个汉学讲席的大力推动。其第一任讲席教授是著名汉学家雷慕沙(转下页)

名家联袂出手、同台竞技，西方传教士以利玛窦、汤若望、南怀仁等为代表，中国士大夫以徐光启、李之藻、杨庭筠等为代表。就中国传统文化典籍的对外翻译而言，主要由来华的传教士承担；当然，传教士译介中国典籍的目的主要是学习、适应乃至超越中国传统文化思想，尤其是要超越儒家文化思想，进而用其所笃信的天主教取而代之，把中国变成"主"的天下。令人意想不到的是，明末清初中国传统文化思想非但没有被天主教取代，反而凭借传教士译介的典籍传到西方，在某种程度上促进了西方的思想启蒙乃至社会政治变革。

2. 发展阶段：自 19 世纪中叶至 20 世纪中叶。历史发展到 19 世纪尤其是 1840 年鸦片战争之后，中国外有西方列强的坚船利炮，内有日盛一日的封建腐败，社会形势骤然恶化起来。落后了就要挨打→挨打之后还

（接上页）（Jean-Pierre Abel-Rémusat，1788—1832），他本人从 1823 年起陆续选译了《道德经》第 1、25、41、42 章，另外其学生斯塔尼斯拉斯·朱利安（Stanislas Julien, 1797—1873），1842 年终于完成老师雷慕沙的遗愿，出版了全译法语本《道德经》。该译本参考数十种中文著述，纠正了雷氏相关研究和翻译的牵强附会之处，被公认为当时最佳译本，影响甚巨。在全译法语本之前，卜铁（Guillaume Jean Pierre Pauthier，1801—1873）于 1839 年出版了被视为欧洲第一个全译本的《道德经》，即拉丁语全译本《道德经》，不过其影响甚小，还曾受到朱利安的批评。

有关《道德经》在西方尤其是英语世界的译介，可参考辛红娟、高圣兵：《追寻老子的踪迹》（详见《南京农业大学学报》（社会科学版）2008 年 1 期，第 79—84 页）。另，《追寻老子的踪迹》一文言"早在 1817 年，朱利安就出版了一个富有影响的法文《道德经》译本……其弟子儒莲（Stanislas Julien）于 1842 年发表《道德经》全译本"，其对"朱利安"和"儒莲"的表述有误。斯塔尼斯拉斯·朱利安常用中文名正是儒莲，但其自出生至 1821 年出任法兰西学院希腊语助教前几乎没有接触过汉语，直到 1823 年参加雷慕沙讲座时才跟随其学习汉语和满语，1824 年着手开始其第一部译作，即拉丁语译本《孟子》；1832 年在雷慕沙逝世后继其师任法兰西学院汉学讲席教授，并于 1833 年被选为法兰西学院院士，成为继雷慕沙后最知名的法国汉学家。1872 年，法兰西文学院以其名设立儒莲奖（Prix Stanislas Julien），被公认为汉学界的诺贝尔奖，后世的汉学家理雅各、翟理斯、高本汉、霍克思、施舟人及中国的王静如、冯友兰、饶宗颐曾获此奖。从上述基本情况来看，1817 年无论是年龄、学识还是经历，朱利安都没有翻译《道德经》的条件和可能。

得割地签约→签约丧权就会导致更加落后→再次落后就要再次挨打……中国似乎陷入了无法破解的恶性循环。幸运的是，以魏源等为代表的仁人志士开始主动地"睁眼"看世界，进而开启了向西方寻求救国救民之征程。在这一历史背景下，国人掀起了译介西方典籍的高潮，出现了严复、林纾等著名翻译家，相较而言，中国传统典籍的对外译介较少受到国人的关注和投入。然而另一方面，译介西方典籍促使新思潮、新学派此起彼伏，也带动了印刷、出版事业兴旺起来——学术兴盛和出版发展恰好为来华传教士和外交官译介中国典籍提供了沃土，造就了理雅各、翟理斯等著名翻译家。这一阶段大体持续到新中国成立前，一些中国典籍，尤其是儒家"四书"开始全面译介到西方，也着实标志着西方开始从文化思想角度认识这个古老的国度。只是到了20世纪初，这一阶段的典籍翻译开始出现些许变化，原先主要由来华传教士和外交官扛着的中国典籍翻译大旗开始转交至海外汉学家和中国翻译家手中，如辜鸿铭、林语堂，翻译题材也随着社会形势由宗教翻译、世俗化翻译开始转向学术化翻译。

3. 主动而为阶段：自20世纪中叶新中国成立至今。第二阶段中国翻译家参与其中，典籍翻译由世俗化转向学术化，为今日主动而为的典籍翻译准备了优秀的翻译人才，并培育了良好的对外译介氛围。这一阶段最大的特征就是中国翻译家主动而为，积极地向外译介中国的传统文化典籍，力求有效地推动中国文化真正"走出去"。其中，标志性的起点应是英文版《中国文学》创刊。1951年由英伦归国的知名作家叶君健在文化部副部长周扬的支持下，成功创办英文版《中国文学》，并于1964年增加法文版，开当代国人主动译介和向外传播中国文学作品之先河。《中国文学》最初是年刊，1954年改为季刊，1958再次改为双月刊，1959年再度改为月刊；及至20世纪80年代，《中国文学》进入发展全盛时期，时任主编杨宪益倡议将《中国文学》译载过但尚未出版过的优秀作品先行汇集出版，后又陆续遴选一些现当代和古代优秀作品翻译出版，是为蜚声海内外的"熊猫丛书"，主要有英文和法文版，兼有少量德文和日文版。2001年由于种种原因中国文学出版社被撤销，其麾下的《中国文学》和"熊猫丛书"也随之停刊，其间《中国文学》共出刊590期，发行到100多个国家和地区，"熊猫丛书"共出版190多种，出版到150多个国家和地区。此一"刊"和一"书"共译载文学作品达3200篇，共介绍作家和艺术家2000多人次，有力地向世界展现了现当代及古代中国的思想文化面貌。当然，《中国文学》和"熊猫丛书"对外译介的重头戏是现当代优秀文学作品，也包含相当数量的优秀传统典籍，从中也走出一批有重要影响力的翻译家，国内以杨宪益、戴乃迭夫妇为代表，国外以沙博理 ① 为代表。当下，尤其是随着改革开放的迅速展开和国家政治经济的快速提升，中国文化"走出去"亟须全力推进，依靠海外汉学家凭兴趣而为就显得过于单薄了，是故中国官方和民间正积极统筹和组织协调典籍翻译，如"大中华文库"（1995）、"中国当代文学百部精品对外译介工程"（2006）、"中国文化著作翻译出版工程"（2009）、"国家社会科学基金中华学术外译项目"（2010）、"丝路书香工程"（2014）等一系列典籍翻译工程正在有条不紊地展开。在这种态势下，国内一些热衷于传统典籍研究及其译介传播工作的专家学者，开始以一个群体积极参与进来，其标志是2002年在中国英汉比较研究会下设二级机构"典籍英译专业委员会"，同年成立中国典籍翻

---

① 沙博理（Sidney Shapiro，1915—2014），犹太人，二战期间曾加入美国陆军，退伍后在哥伦比亚大学和耶鲁大学学习汉语和中国历史文化。1947年来到中国，见证了新中国的成立，后于1963年加入中国籍；翻译了《林海雪原》《春蚕》《家》《创业史》《新儿女英雄传》等大量现当代中国文学作品，其翻译的《水浒传》堪称巅峰之作，因此杰出成就，由中国翻译协会于2010年授予"翻译文化终身成就奖"。

译研究会①，迄今已经组织召开了十届"全国典籍翻译学术研讨会"②，正在群策群力地将中国文化典籍译介推向新高潮。了解这一阶段需要强调两点：（1）目前正处于中国翻译史上的第四次高潮，西学东渐与东学西渐正交织进行，相较而言，中国文化"走出去"显得尤为迫切，所以主动而为是时代使命。（2）在这个主动而为的典籍翻译阶段，国内名家无疑成了主流，如许渊冲、汪榕培、王宏印、林戊荪、王宏、李正栓、赵彦春等均取得了不菲成绩，但同样不可忽视占操英语为母语之优势的外籍专家，如安乐哲、罗慕士和葛浩文等。

当然，逻辑上典籍对外译介除了国人努力译出典籍外，还应包括国外专家译入中国典籍。前者是自觉行为，以文化担当为主旋律；后者是自发行为，多限于个人兴趣兼个别特定目的。在当下，以典籍译介为重要途径促进中国文化"走出去"是中华民族复兴的必然诉求，仅仅依靠国外专家译入中国典籍是远远不够的，亟须大批学有专攻的国人加入典籍译出行列，诚如中国英汉语比较研究会前会长所叹"中籍外译，此其时也"，因为"认真组织实施中译外工程，既是对外弘扬中国文化的需要，也是中国学者、特别是外语学者重新学习传统、重新体认传统的需要。这一过程尤其不是请外国人从事中译外所能替代的"（潘文国，2007：32）。限于主旨，下文仅探讨国人译介典籍的现状和问题。

---

① 原名为"中国典籍英译研究会"，2011年在湖南大学召开第七届全国典籍英译学术研讨会后改为现名。

② 最近的第十二届"全国典籍翻译学术研讨会"于2021年11月5—7日在鲁东大学召开，会议主题是"文化交流与文明共享"，涵盖新时代背景下中华典籍翻译与传播研究相关的重要议题，如中国传统文化复兴与典籍翻译研究、中华民族共同体意识与典籍翻译研究、中国实施文化"走出去"以来典籍及其当代研究成果外译研究、典籍翻译理论与实践研究、民族典籍翻译与传播研究、典籍翻译家研究、典籍翻译的跨学科研究、典籍翻译与中国翻译学派建设研究、典籍翻译人才培养与学科建设研究、新媒体时代的典籍翻译与新技术应用研究等。

二、典籍对外译介现状

中国综合国力及其国际影响随着改革开放的深入开展已经完成了质的飞跃，必然诉求中国文化"走出去"。其中重要一环就是把中国典籍有效译介出去，眼下国内学者积极主动、强势介入便是最好的例证。遍观国内，"大中华文库"无疑是目前国人推动典籍对外译介的重点工程，而本书用以对比研究的翟译本 *Huai Nan Zi* 即是"大中华文库"之一部。进而言之，"大中华文库"向上基本可以代表国人译介典籍的现状，向下基本涵盖《淮南子》《道德经》《论语》等重要典籍，因此以"大中华文库"为例或可展现中国典籍对外译介的"冰山一角"。

（一）译介规模之大

"大中华文库"在国务院新闻办公室和原国家新闻出版总署的推动下于 1995 年正式开启，计划精选《周易》《论语》《老子》《孟子》等 21 种思想类典籍，《诗经》《楚辞》《红楼梦》《西厢记》《唐诗三百首》等 55 种文学类典籍，《史记》《国语》《尚书》《春秋左氏传》等 10 种历史类典籍，《黄帝内经》《本草纲目》《天工开物》《九章算术》等 15 种科技类典籍，《孙子兵法》《六韬》《吴子·司马法·尉缭子》等 9 种军事类典籍，合计 110 种之多。这些堪称能够代表中国文化尤其是中国传统文化的经典古籍，采取古今对照、汉英对照的形式出版，是为第一期。1999 年元旦外文出版社出版"大中华文库"第一部，即《孙子兵法·孙膑兵法》。2000 年"大中华文库"第一辑图书全面问世，计有 11 种 32 册，涉及《老子》《论语》《孟子》《庄子》《荀子》《孙子兵法》6 种先秦诸子典籍和《西游记》《水浒传》《红楼梦》《封神演义》《儒林外史》5 种古典长篇小说①。此后，"大中华文库"系列图书有序推进，2004 年增至 24 种；

———————

① 深圳大学王辉老师的统计是"包括《论语》《老子》《孟子》《庄子》等七种先秦子书和《三国演义》《水浒传》《红楼梦》《西游记》等六部古典长（转下页）

2007 年整套全球首发，增至 51 种，仍限于汉英对照本。从 2007 年起，"大中华文库"正式着手筹划西班牙语、法语、俄语及阿拉伯语等联合国工作语言的对照译本，另行考虑增加德语、韩语和日语的对照译本。要而言之，2007 年起"大中华文库"第二期业已正式启动，与第一期同时进行，以期同时用 9 种语言向全世界展现中国文化。及至 2014 年 7 月，有学者统计"《文库》已经出版了汉英对照版 97 种，汉法对照版 11 种，汉西对照版 9 种，汉德对照版 8 种，汉俄对照版 3 种，汉阿对照版 6 种，汉日对照版 6 种"（许多、许钧，2015：14）。2018 年 2 月"大中华文库"西语版全球首发式上，《周易》《老子》《庄子》《孟子》《三国演义》《红楼梦》《西游记》《水浒传》《孙子兵法》等代表中国古代哲学、历史、文学、军事、科技等领域成果的汉西对照译本一一亮相，当是"大中华文库"第二期的又一阶段性硕果。截至目前，"大中华文库"第一期基本出齐①，第二期正朝纵深方向有序推进。

（二）译介期望之高

"大中华文库"自 1995 年正式开启，已运行近四分之一世纪，先后有季羡林、杨宪益、刘重德、任继愈、李赋宁、叶水夫、袁行霈、沙博理、李学勤等近百位学者参与进来，共有外文出版社、中华书局、商务印书馆、译林出版社、人民文学出版社、高等教育出版社、外语教学与研究出版社、世界图书出版公司、新世界出版社、军事科学出版社、岳麓书社、湖南人民出版社、辽宁教育出版社、广东花城出版社、广东教育出版社、广西师范大学出版社、四川人民出版社等近二十家出版单

（接上页）篇小说"，详见《盛名之下，其实难副——〈大中华文库·论语〉编辑出版中的若干问题》，载《华中科技大学学报》（社会科学版）2003 年 1 期，第 37—43 页。分类数据可能有误，故全部列举如上。

① 早在 2011 年就有报道，《大中华文库》第一期工程已经出版 89 种 170 册，"其余部分明年年内即将完成"（详见陈香《〈大中华文库〉汉英对照版 110 种即将出齐》，《中华读书报》2011 年 3 月 23 日 001 版）。然而，迄今未见"大中华文库"第一期 110 种典籍已经出齐的相关报道，但所剩无几应是客观事实。

位参与出版。"大中华文库"翻译出版涉及面之广、历时之久、耗资之巨、用心之精，都堪称"我国历史上首次系统全面地向世界推出的中国古籍整理和翻译的重大文化工程"（刘伟、王宏，2013：78），对此中国官方、学界和读者都寄予厚望。在其翻译出版过程中，时任国务院总理温家宝曾两次致信、一次批示，2011 年听取政府工作报告意见过程中谈到要扶持发展中国传统文化时，特别提及"大中华文库"；原国家新闻出版总署署长柳斌杰曾说，"大中华文库"的编辑出版"是非常有意义的一项工程，是让世界了解中国，让中国走向世界的一项重大工程"（陈香，2011）。2006 年国家主席胡锦涛访问美国时，非常自豪地把"大中华文库"之《论语》《墨子》《礼记》等典籍译本视为国礼赠给耶鲁大学；2009 年温家宝总理访问西班牙时把"大中华文库"之《论语》《史记》《红楼梦》《唐诗三百首》等典籍译本作为国礼赠给塞万提斯学院；时为国家领导人的李长春、李克强、刘延东等出访时都曾把"大中华文库"作为国礼送给对方；此外，国家汉语国际推广领导小组办公室也把"大中华文库（汉英对照版）"列为向海外孔子学院赠送的图书。另，"大中华文库"曾顺利进入"九五国家重点图书出版规划"（1995），并捧得第五届"国家图书奖"荣誉奖（2001）和第三届全国古籍整理优秀图书一等奖（2001）等重大奖项，可见学界乃至当局对"大中华文库"所选典籍对外译介的看重和着力推荐。

（三）国内贬褒不一

话说国内"学界和读者"，当下也习惯于如此措辞，但若基于逻辑进一步深思就会发现，严格意义上两者是有交集的，尤其是术有专攻的读者群往往是学界的重要力量，而参与其中的学界人士又往往成为第一批读者，故而宜合在一起加以阐述。为便于行文，还是需要换个视角先行分类，不妨把所涉中国学界和读者分为直接参与"大中华文库"翻译和出版活动的学人和未直接参与"大中华文库"翻译和出版活动的学人。

前者，即直接参与了"大中华文库"翻译和出版活动的学人，大都对之赋予热情厚望、倾注大量心血，总体上感到欣慰和满足。如，身为"大中华文库"学术顾问委员会之一的季羡林先生在文库启动之初就撰文表态，"对这样极有意义的壮举，无论如何评价，也不会过高的"（季羡林，1995：34）；再如"大中华文库"工作委员会主任兼编辑委员会总主编杨牧之在梳理新中国古籍整理出版工作时曾特别指出，"大中华文库（汉英对照）"在中国历史上是"首次系统全面地向世界推出的中国古籍整理和翻译的巨大文化工程，也是弘扬中华民族优秀传统文化的基础工程"（杨牧之，2018：12）。反观后者，也即那些并未直接参与"大中华文库"翻译和出版活动的学人，评价却大相径庭。如，深圳大学王辉老师在认真研读"大中华文库"之《论语》后发现：《论语》英译文采用了风行西方世界的韦利译文，但却在没有任何说明的情况下删除了韦利译文独具特色和极具学术价值的前言、附录、文本注（Textual Notes）和涉及礼仪的部分引言，精简并粗暴地合并了原有的脚注（Foot Notes）和附注（Additional Notes），而且译本未对此更动做任何说明。另一方面，译本之总序及前言中亦存在舍韦利译文而反取理雅各译文的不当倾向①，而且总序尤其是《论语》前言的英文翻译可谓破绽百出，"平均每页不下 10余处"（王辉，2003：41），包括许多书名音译而不能达意、回译疏于考证、缺乏常识、胡译乱译、用词不当、语法错误等诸多翻译和学术问题。再如，三峡大学陈述军老师在认真研读"大中华文库"之《红楼梦》汉英对照版后，发现其在副文本和翻译正文中均有错漏和疏失，有些还比较严重。具体而言，所涉前者即《红楼梦》的副文本中，前勒口处简介汉文有些措辞不够严谨、对应英译文存在不妥乃至语法错误，版权页地

---

① "大中华文库"之《论语（汉英对照）》选取了韦利译文而非理雅各译文，但是《论语（汉英对照）》前言所引《论语》部分语句的译文却选自理雅各译文而非译本所选用的韦利译文，可谓自相矛盾，故言其为"不当倾向"。其实，理雅各译文早于韦利译文，因过度依赖直译和注释而显得艰涩难懂。

名翻译相互冲突；总序翻译"并不是严格意义上的忠实翻译，而是改译或编译"（陈述军，2015：317），不合文库之"汉英对照"的自我定位，而且术语"鸦片战争"也出现了不一致的译文，即"the Opium Wars"和"the Opium War"（陈述军，2015：318）；前言及其英译也是失误连连，如误称霍译本为"第一部英文全译本"①，将"脂砚斋"误译成"Zhi Yanzhai"②，将"Shanghai"误排印成"Shanhai"；此外，译本注释和插图也存在较为严重的错误。所涉后者即《红楼梦》的翻译正文中，汉英对照时有疏漏，"多达数百处……总计达数千字"（陈述军，2016：264），具体表现在有汉语无英译、有英译无汉语、汉英内容不一、汉英对译借位、汉英"伪对应"等；英译文少数地方不够准确，"甚至存在明显的错译、漏译和前后不一"（陈述军，2016：268）；译文底本"有些地方没有完全做到'择善而从'"（陈述军，2016：271），因时代等局限似不必苛求译者；正文少数地方的汉语标点和分段有失妥当；正文部分的"排版印刷错误多达数百处"（陈述军，2016：276），包括汉文和英文排印、标点符号，尤其是英文拼写错误较为严重。

　　所及《论语》形式上仅为语录结集，但其所录孔子及其弟子言论却发展成为整个中国两千多年封建社会的正统思想，内容博大精深、充满睿智。《红楼梦》在形式上则属章回体长篇小说，所涉章回体小说脱胎于宋元年代的"讲史话本"，成熟于明清年代；曹雪芹著《红楼梦》恰是中国章回体长篇小说蓬勃发展的巅峰时代所诞生的巅峰作品，可谓"是我国历史上最伟大的文学著作之一，博大精深，享誉中外"（刘朝晖，2014：82）。进而言之，《论语》和《红楼梦》都是中国标志性典籍，都

---

① 《红楼梦》第一部英文全译本应是邦斯尔神父于20世纪60年代所译，只是因故没有出版罢了。

② 英译"Zhi Yanzhai"易让读者误以为此人姓为"脂"，名为"砚斋"，其实"脂"并非汉语中的姓氏，"脂砚斋"亦非普通姓名。确切地说，脂砚斋是个笔名，系《红楼梦》抄本系统《脂砚斋重评石头记》的评点者。

较早地被译成多种文字，尤其是英译本数量和影响很大。其中，《论语》早在 1687 年就被译成拉丁文了[①]，截至目前其"英译本已经超过 60 种"（黄国文，2012：65），较有影响的英译本有理雅各译本、威利译本、刘殿爵译本、林语堂译本、安乐哲及罗思文译本等；《红楼梦》最早于 1793 年传至日本，但最早译文则是德庇时的片段翻译（1830）[②]，截至目前其英译本"多达 16 种"（刘泽权、刘艳红，2013：128），较有影响的为霍克思译本、杨宪益及戴乃迭译本、邦斯尔译本等。应该说，有了这么多专家的多年努力及其差强人意的翻译成果为基础，"大中华文库"之《论语》和《红楼梦》等典籍译本当更加完善，然而令人遗憾的却如前文所论，直接参与"大中华文库"翻译出版活动的学人在为译本呐喊和欢呼，未直接参与"大中华文库"翻译出版活动但对此有一定研究的学人对译本却是几近批判和否定，甚至可以说"大中华文库"翻译出版并未在读者中间引起预期反响——这大概就是国人努力对外译介典籍的尴尬现状。

第二节 基于《淮南子》英译的典籍译介问题

一、翻译正文质量难保

所谓旁观者清，前述没有直接参与"大中华文库"翻译出版活动的

---

① 即 *Confucius Sinarum Philosophus*（《中国哲学家孔子》），由 Philippe Couplet 等人翻译。
② 详见刘泽权、刘艳红：《典籍外译"走出去"的思考与对策——以〈红楼梦〉为例》，载《中国矿业大学学报》（社会科学版）2013 年 1 期，第 127—131 页。

学人对相关典籍译本进行学术批判，大都基于对特定译本的深入研究，故而在某种程度上其批判意见不乏针对性和建设性。笔者即是这批普通学人中的一位，因工作于《淮南子》故乡并钟情于翻译教学，而长期关注并研究《淮南子》及其翻译。另一方面，《淮南子》是"秦汉时期对诸子思想综合和总结的重要著作"（杨栋，2018），却在诞生五年后因"罢黜百家，独尊儒术"而被漠然置之，其传承和译介较先秦诸子典籍更为滞后、更为艰难。就英语世界而言，直至1884年才出现相关"零星篇章的节译"（丁立福，2016b：74），至于全译本则更要迟至2010年美国学者马绛译本 *The Huainanzi* 的问世，巧合的是，同年国内第一个译本即"大中华文库"之 *Huai Nan Zi* 也由中国学者翻译出版。因此，以国内译本即翟译本 *Huai Nan Zi* 为例，对比着国外译本即马译本 *The Huainanzi* 深入探讨国人译介典籍的既存问题，就极具代表性和针对性了。

基于前文对马译本 *The Huainanzi* 和翟译本 *Huai Nan Zi* 之出版与接受的对比分析，大体可推断"大中华文库"之翟译本要稍逊一筹。翟译本 *Huai Nan Zi* 之出版与接受现状及问题，基本也就是国人译介典籍的现状及问题了。综合来看，国人操刀的包括"大中华文库"在内之诸多典籍译介，主要存在三大问题，即翻译正文质量难有保障、副文本厚度远远不够和出版推介缺乏策略。下文先探讨第一个问题。

"大中华文库"是当代中国"向海外推介中国优秀文化的一项国家层面的重大出版工程"（殷丽，2017：34），入选典籍译文都要经过出版社三审，外加"大中华文库"编委会邀请专家二审，理应能代表典籍对外译介的较高水平。从所选译文来看，有的源自名家名译，如《论语》韦利译本和《红楼梦》杨宪益及戴乃迭译本等；有的来自今人今译，如《淮南子》翟江月及牟爱鹏译本和《梦溪笔谈》王宏及赵峥译本。即便是名家名译，如《红楼梦》杨宪益及戴乃迭译本，仍存在"少数地方译文不够准确，甚至存在明显的错译、漏译和前后不一"（陈述军，2016：268），更遑论今人今译了。如深入思考下去可发现更有意义的课题，如现在看来名家名译中既存的明显失误要不要修正以及怎么修正，再如，如何才能在最大程度上确保今人今译的翻译质量，限于篇幅此处不便展开探讨。话题回到所论"大中华文库"之《淮南子（汉英对照）》，其主译翟江月教授在典籍研究和翻译领域可说颇有成就，仅其接手的"大中华文库"之典籍译本除《淮南子》（第一译者，2010）外，还有《管子》（独译，2005）、《吕氏春秋》（独译，2005）、《战国策》（独译，2008）和《朱子语类》（第一译者，2014），另外还主持了2014年国家社科基金中华学术外译项目"《中国审美文化史》"。如此丰硕成果固然可喜可贺，但能否有充足的时间和精力来保障译本之精雕细琢就让人担心了，万一保障不济如何来应付就不得而知了——与之相比，美国汉学家马绛教授带三位汉学家合作15年之久才翻译出版了全译本 *The Huainanzi*，不能不让人有所遐想。仅就其主译的 *Huai Nan Zi* 而言，译文时有一些可商榷之处，信手挑出两例如下：

【原文1】走不以手，缚手，走不能疾；飞不以尾，屈尾，飞不能远。物之用者，必待不用者。故使之见者，乃不见者也；使鼓鸣者，乃不鸣者也。（翟江月、车爱鹏，2010：1198）

【翟译文1】When running a man does not use the hands, none the less, if the hands are tied, a man cannot run quickly; while flying a bird does not use the tail; nonetheless, if it crooks the tail it cannot fly a distance. The function of things can only be brought into play by dint of those parts that seem useless. Hence, the parts that can be seen rest with those parts that cannot be seen by others. The thing that makes a drum gives off sound does not phonate itself. (Zhai Jiangyue & Mou Aipeng, 2010: 1199)

　　为避免引起争议而跑题，此处不论译文水平高低，仅指出译文措辞断句的明显不妥之处：对照原文，译文 1 的首句中两处分号断句相互冲突。若认可第一处分号，则其前后两个分句严格对仗，就意味着"while flying a bird does not use the tail"之后的标点应为逗号，以与"When running a man does not use the hands"之后的逗号相对应。若认可"while flying a bird does not use the tail"之后的分号，则与之相对应的"When running a man does not use the hands"之后同样该用分号，若此第一处分号就应为句号。再做进一步观察，"none the less"是一个副词性短语，不可当连词来连接两个句子，因此第一个"none the less"前应使用句号或最好使用分号，否则就犯了明显的英语初学者常犯的"逗号粘连"的句法错误。

　　【原文 2】兕虎在于后，随侯之珠在于前，弗及掇者，先避患而后就利。逐鹿者不顾兔，决千金之货者不争铢两之价。（翟江月、车爱鹏，2010：1268）

　　【翟译文 2】Suppose there were tigers and rhinoceroses chasing a man, although Marquis Sui's Pearl might be lying on the ground before him, he would not have time to pick it up, for he should avoid danger first before going after profits. A man chasing a deer will neglect a hare, and a man who trades goods as heavy as a thousand *jun* will not bargain for the price of a *zhu* or a *liang* of it. (Zhai Jiangyue & Mou Aipeng, 2010: 1269)

　　上例中"逐鹿者不顾兔，决千金之货者不争铢两之价"的翻译着实有待商榷：高诱曾为之作注"言在大不顾小"（转引自张双棣，2013：1861），此大、小之衡量对象应是价值而非重量。如此推论，一是后文"铢两之价"的中心语在"价"而非"铢两"；二是弃兔逐鹿的根本原因是鹿之价远大于兔之价，当然鹿的重量大于兔也是事实；三是可与前文"随侯之珠……就利"相呼应；四是汉语文化中"千金"本义就是指"很多的钱"，故又常常用来"形容贵重；珍贵"（中国社会科学院语言研究所，2016：1037）。进而言之，"千金之货"重在其货之价而非其重，故言"goods as heavy as a thousand *jun*"未能很好地译出原文本意。退一万步说，即便把"千金"理解成重量"千钧"或"千斤"，两者在汉语言文化里还是有细微区别的。前者即"千钧"固然可以实指重量，本义已经很少用了，却常用以"形容事态极其危险"，如"千钧一发"抑或"一发千钧"等；后者"千斤"亦可实指重量，现今仍然在用，但"多形容责任重"（中国社会科学院语言研究所，2016：1037），如"千斤重担"抑或"千斤责任"等。也就是说，"a thousand *jin*"相较而言比"a thousand *jun*"更适合用来表述重量。要而言之，翟译本 *Huai Nan Zi* 把"千金之货"之"千金"理解为重量而非价值，略嫌仓促；弃"千斤（a thousand *jin*）"而用"千钧（a thousand *jun*）"亦有商榷之处。如此看来，仅就该句译文而言翻译质量有待提高。

二、副文本厚度待增加

先行补充说明一点，所谓"副文本厚度"实际喻指副文本的翔实程度，当然也会随之影响到译本的整体篇幅。再继续探讨"大中华文库"，其所有典籍译本均采用"汉外对照"排版，甚是便于阅读。然而事实并非如此，"大中华文库"翻译出版的宗旨就是"向海外推介中国优秀文化"（殷丽，2017：34），其读者当如韩信点兵越多越好，可是其预期读者中大多数不懂汉语——他们在实际阅读过程中显然不会去参照对应的汉文，毕竟没有直接阅读汉文的能力。当然，也不排除预期读者中有少数懂汉语的人士，既然懂汉语他们也就不会借助译文来了解典籍内容，反而会求诸典籍原文。进而言之，真正去比照着既读译文又读原文的读者着实是少之又少，主要是一些汉学家和专攻翻译对比研究的学者——为这部分少之又少的读者对比研究之需，而让所有典籍译本篇幅增至两倍①，从出版成本上讲有得不偿失之嫌疑。现实情况也是如此，中国典籍在西方较为通行的译本常常是外国人译本，而外国人操刀的译本一般也不采用"汉外对照"版本。另一方面，如前所论典籍译本所面对的预期读者大多数没有阅读汉语的能力，对典籍内容及形式也较难理解，毕竟有古今之隔和中外之别。对这些读者来说，他们克服阅读之难不是对照原文，而是寻求相关典籍内容及形式的背景知识或进一步阐释——这些大多不宜强行塞进翻译正文，相反倒是可以通过副文本加以及时提供。进而言之，"大中华文库"用以与英译文对照排版的汉语原文及其今译于一般英语读者而言并没有多少价值，肯定不如诸如前言、脚注、附录、索引等副文本来得实用。这能从侧面说明，中国典籍在西方较为通行的译本和西方汉学家操刀的译本通常不采用"汉外对照"形式排版，但是非常重视副文本的配套，动辄前言数十页，注释上百条乃至千条。反观"大中华文库"典籍译本，新人今译本往往前言空洞、注释寥寥，即便是采用西方汉学家名译，也往往对其原有的副文本进行大幅删减。如，"大中华文库"之《论语（汉英对照）》采用的是英国汉学家韦利译本，被"大中华文库"收录出版时原有的前言、文本注、附录以及相

---

① "大中华文库"采用"汉外对照"排版，左侧为汉文，右侧为外文，故言篇幅增至两倍。

关礼仪的部分引言一并被删去，原有的脚注和附注经删减合并于翻译正文之后，原有的索引则被代之以译名对照表，故有学者强烈指责"文库本对韦注的取舍是没有道理的，既冤屈了译者，又迷惑了读者……韦译的注释经编者剪裁重组后附于书末，翻查起来很不方便"（王辉，2003：38）。至于"大中华文库"之翟译本 *Huai Nan Zi* 与国外汉学家领衔之马译本 *The Huainanzi* 在副文本上的差距可谓巨大：（1）种类上，仅就文字性副文本而言，马译本配备了致谢（Acknowledgements）、译本前言（Introduction）、篇章前言（Chapter's Introduction）、文本夹注（Textual Notes）、脚注（Foot Notes）、附录（Appendix）、索引（Index）以及亚洲经典译丛（Translations from the Asian Classics）书目等，可谓一应俱全；另一方面，翟译本仅配备了"大中华文库"总序（Preface To *The Library of Chinese Classics*）、译本前言（Introduction）和文本夹注（Textual Notes）。（2）篇幅上，仅就宽泛意义上的序言而论[①]，根据前文统计结果马译本之序言的总篇幅达 79000 余词，约是译本正文的 39.07%，意味着翻译团队每完成 10000 个单词英译文，就要为之撰写 3907 个单词的序言；另一方面，翟译本之序言的总篇幅仅有 12721 个单词，约是译本正文的 5.56%，意味着翻译团队每完成 10000 个单词英译文，则需要为之撰写 556 个单词的前言。（3）内容上，仅就前文所论注释而言，经认定的 1855 条马译本注释全面地涉及汉语言文化释疑、专有名词、背景信息、文内互文、文外互文和译校说明等类别及内容，而专有名词之下又较为全面地涉及人物、生物造物、天文地理、典籍和概念术语等类别及内容；另一方面，经认定的 581 条翟译本注释虽也大致可按上述类别及内容来分析，但主要集中在专有名词（514 条），相关文内互文、文外互

---

① 包括致谢、总序和前言。需要补充说明的是，马译本有单独的致谢，翟译本没有单列致谢，但其致谢内容放在了总序和前言中，故将致谢也纳入宽泛意义上的序言之外延。

文和译校说明的注释仅有 1 条，所涉专有名词中相关典籍的亦仅有 5 条。简言之，相较于马译本而言，翟译本的注释数量小，种类少，内容涵盖面较窄。因此，无论是理论上还是实际上，典籍对外译介都应在副文本配套上下足功夫，力争向译语读者提供包括前言、脚注、附录、索引等在内的厚实副文本，以为有效阅读提供帮助，也即降低难度。

三、出版推介缺乏策略

国人译介典籍，目前来看重翻译出版数量而轻出版推介措施，没有很好地借力于出版及传播领域的研究成果，从而使得相关典籍译本在图书市场尤其是国外图书市场销售往往呈自发状态，结果自是少有国外读者问津。这就意味着，眼下讨论典籍乃至中国文化外译时"不仅要关注如何翻译的问题，还要关注译作的传播与接受等问题"（谢天振，2014：3），甚至可以说后者更为薄弱，也就愈加需要重视。除去前文所涉翻译正文遣词造句要符合国外读者的用语习惯及审美品位等、副文本增设要能为国外读者顺畅阅读典籍译本提供额外语境信息和有效帮助之外，还要在典籍翻译出版、推介和接受方面多多研究译语读者及其阅读实情。就所涉翟译本 *Huai Nan Zi* 而言，选择有影响力的知名出版社、组稿成"大中华文库"等都是不错的措施，但与接受效果较好的马译本 *The Huainanzi* 之出版推介相比，仍需在以下方面继续努力：（1）图书装帧，应充分考虑译语读者的购买习惯和审美品位。具体而言，绝大多数读者尤其是英语读者更是习惯于从图书装帧获知图书相关信息——这会在一定程度上影响其购买意愿。如接受效果较好的马译本 *The Huainanzi* 之装帧，封面载有大幅的女俑图和小幅的铜镜图，与《淮南子》一道承载着汉代的习俗及其艺术；文字方面，不仅有名家推荐译本的同行评介，而且为原书名补配了一个副标题 "*A Guide to the Theory and Practice of Government in Early Han China*"。要而言之，马译本装帧图文并茂，基本能扼要地告诉读者图书的相关背景和内容。反观翟译本 *Huai Nan Zi*，统一采用"大中华文库"装帧，从而不能反映出译本的特质，而且"封面未列出英译者和今译者的名字，书套上也不遵从西方出版习惯加上评介性文字，全书压膜封严，不给读者任何必要信息"（王辉，2003：39）。（2）图书发行，需要顺应突飞猛进的现代科技，及时开发相应的电子图书，从而与纸质图书携手扬长补短，共同占领阅读市场。客观而言，通常所说发行图书一般是指纸质图书，但若历时性地综观就不难发现，图书载体也经历了由甲骨兽皮到竹简绢帛，再到纸张的变化轨迹。进而言之，随着高新科学技术的发展，图书的载体已经部分地转向了电子网络，也即出现了电子图书（E-book）。电子图书，通常是下载到电子存储器或在终端直接链接全文进行阅读，于读者而言极其方便、高效，而且成本相对又低，甚至有学者坚信"随着科技的发展，数字出版物的阅读终端未来将会越来越完善，用户体验将越来越好，价格将越来越低廉，普及率将越来越高，到那时候数字出版将完全超越或者取代传统出版"（孙新文，2018：100）。目前探讨电子图书是否会最终取代纸质图书肯定为时过早，但是眼下电子图书毫无疑问已经在阅读市场占有一席之地。前文已经论及亚马逊网上大部分产品的实际售出数量与所得的用户评论数量极其不对称，但用户评论数量毕竟能在一定程度上反映出相关图书的实际销售及阅读。仅以亚马逊网上 6 条相关马译本 *The Huainanzi* 的用户评论为例，其中有 3 位用户即读者是通过购买并阅读其精装版（Hardcover）给出评论，另有 3 位读者是通过购买并阅读其电子版（Kindle Edition）给出评论。由此似可推论，电子图书已经在美国等发达国家的阅读市场占有很大份额，乃至与传统纸质图书平分"市场"，所以出版发行典籍译本时亟须研发相应的电子图书。（3）图书推介，一定要多时空地充分发扬图书评论的魅力。图书评论，通俗地说就是从内

容特质和装帧形式等方面对图书所发表的感想及评判，往往成为"读者选读、图书馆选购、编辑出版发行工作者推销、阅读推广人推送读物的有益借鉴"（徐雁，2017：19），此即图书评论魅力之所在。顺着这个思路去理解，图书评论就不应限于期刊所发表的相关正式书评，还应包括前文所论用户的相关评论，以及图书勒口、封面封底、海报等空间实体乃至网络载体上的相关评论。如所论马译本 *The Huainanzi*，除去刊于期刊的 9 篇正式同行书评外，其封底载有世界知名汉学家叶山教授（Robin D. S. Yates）专门撰写的书评，其销售网站（美国亚马逊网）还专门从名家、名刊的书评中撷取 6 个精短语段作为编辑推荐点评（Editorial Reviews）——众多书评铺陈在预期读者可能接触到马译本的不同时空，定能在一定程度上影响其购买意愿。反观翟译本 *Huai Nan Zi* 装帧，仅在封面勒口对《淮南子》的简介中夹杂了高诱和梁启超等的评论，相应的不足之处一是评论数量少，二是混杂在简介中，三是勒口内折不宜为读者发现。另外，中外读者群对相关书评的阅读预期存有差异，"美国读者会更希望了解到详尽的图书内容，而不是笼统的评价和推荐。因此，对图书内容、作者乃至背景的充分介绍十分有必要。如能辅以更加个性化的营销，突出图书对个人的影响力，则会更加符合西方读者的习惯"（姚雪，2013：15—16）——进而言之，欲使典籍有效对外译介，不仅需要配套一定数量的书评，而且需要相关书评能够迎合译语读者的阅读期待。

四、实际译介效果堪忧

逻辑上，令人担忧的典籍实际译介效果是前三个问题导致的结果，但是不佳的结果仍可视为既存的严重问题，故列为第四个问题，一并论述之。绝大多数已经出版的"大中华文库"之译本都限于国内发行，而国内读者主要限于相关研究人员，结果自然是多数典籍译本"束之高阁于各地高校的图书馆里，无人问津，无人借阅"（许多、许钧，2015：13）。然而，在中华民族伟大复兴道路上所进行的典籍外译绝不能限于个人的学术研究，相反肩负着推进中国文化"走出去"的历史使命，如果限于研究人员或束之高阁于图书馆而无人借阅，显然是无法完成其历史使命的。甚而有学者尖锐地指出，"大中华文库"系列丛书"不论从图书版式、开本、编排、装帧等方面，还是从内容设计上，主要定位的目标群体还是本国读者"（黄书芳，2015：63）。进而言之，"大中华文库"出版规划的初衷是明确的，也即"向全世界展示，中华民族五千年的追求，五千年的梦想，正在新的历史时期重放光芒"（杨牧之，2010：8），因此想方设法让典籍在国外图书市场闪耀光芒以吸引更多的外国读者争相关注乃至购买和阅读才是正道。然而后续的具体实施过程，包括其版式、装帧、编排乃至内容取舍等方面显然是盯着国内图书市场及其利益回收的，在某种意义上显然背叛了其初衷，出现上述的奇怪后果就不足为怪了。推而广之，由国人译介的典籍大都存在上述效果堪忧的现实问题，亟须认真研究并及时拿出解决措施来。另一方面，前文已经论及令人担忧的典籍译介效果实是前三个问题导致的结果或窘境，反而论之，前三个具体问题实是摆脱典籍译介效果堪忧之窘境的具体途径。鉴于前面的行文中已有相关深入论述，此处也就无须赘述了。

第七章　由《淮南子》英译本悟典籍译介之"门"

第一节　"门槛"于典籍译介之启示

　　基于前文论述，摆脱典籍对外译介效果堪忧的窘境大致有三条途径，即大力提高正文翻译质量、适度增加副文本厚度和高度重视出版推介策略。又，基于前文对比分析马译本 *The Huainanzi* 和翟译本 *Huai Nan Zi* 在英语世界的出版和接受情况，基本可以推断马译本要好于翟译本，其根本原因之一就是马译本提供了种类较为齐全、内容较为适当、篇幅较为适度的副文本，从而为预期读者提供了阅读中国典籍所缺少但也是必须具备的文本语境。

　　"副文本"这个术语由法国文论家热拉尔·热奈特于1979年首倡，对应的法语单词即"le paratexte"，后经英语"paratext"转译而来；副文本理论也主要是由热奈特在其"跨文本三部曲"[①]中加以构建和阐释。热奈特所倡副文本理论的启蒙意义在于，把传统文论中处于边缘地位的序言、题词、插页、跋乃至附属性的非语言要件等统统整合成副文本，比肩传统文论研究阵地也即作品之正文（本），抑或说副文本理论实是传

[①] 即热拉尔·热奈特于1979—1997年间出版的三本相关专著，分别是 *The Architext: An Introduction*（1979）、*Palimpsests: Literature in the Second Degree*（1982）和 *Paratexts: Thresholds of Interpretation*（1997）。

统文论之外的另一新天地。所谓"副文本"，内涵上是指"文本周围的所有边缘性或补充性资料"（Genette，1988：63）；由此可以推断副文本的外延应该极其宽泛，主要包括标题、插图、献辞、题词、前言、注释、作者访谈、官方概要、通信、有意或无意泄露的秘闻、组合、分段等（Genette，1988：63）。此处需要深入强调两点：（1）刚才对副文本外延的囊括是不周延的，这也符合热奈特所倡副文本理论的精神，因为他本人也强调"副文本并非一个界定明晰的范畴，而是一个富有弹性的空间"（Genette，1988：63）。可以这么说，副文本与正文本相对，应当包括所有正文本之外且有助于呈现正文（本）的一切材料，而且可以依据不同目的及标准做不同分类。常见的分类主要体现在时间和空间上：依据副文本和（正）文本面世的先后时间关系，副文本可以分为前副文本、原创副文本或后副文本，分别表示在文本之前、与文本同时或在文本之后产出的副文本，如常见的序跋属于原创副文本，而再版前言则属于后副文本。依据副文本和（正）文本之间的空间关系，副文本可以分为内文本和外文本，分别表示（正）文本空间内部的或外围的副文本，常见的前言、注释、附录等属于内文本，而另行"露面"的访谈、对话、信札、日记等则属于外文本。其实，前言、注释、附录乃至访谈、对话、信札、日记等都有按其空间位置进行界定的痕迹。为便于集中对比研究马译本 *The Huainanzi* 和翟译本 *Huai Nan Zi* 的副文本，本章暂且选定内文本范畴之下的装帧、序言、注释和附录四小类副文本；另一方面，为有效探讨典籍译本"走出去"的窘境，宜将副文本外延拓宽至外文本，并可另行分类。（2）研究副文本的初衷，是要充分认识并挖掘其潜在功能，以与正文本一起与读者分享。在某种意义上，功能亦是审视副文本的核心层面；反过来具体而言，副文本饰于（正）文本周围，"不管有何美学意图，其要害并非要让文本周围看上去美观，而是要确保文本命运和作者目的一致"（Genette，1997：407）。于典籍译本而言，其副文本的功能主要预期于以下三个方面：一是要推动典籍及其文化能够在异域他乡独放异彩；二是要促进典籍译本能够为异域读者接受；三是要确保译者翻译初衷能够实现。这三个预期功能是一致的，其中第一个侧重于作者视角，第三个侧重于译者视角，第二个侧重于译本视角，并由其将一与三统一起来。进而言之，译者想方设法地为典籍译本设计副文本，就是为了给预期读者提供阅读典籍所需的辅助性资料，从而赢得更多读者，让典籍在异域他乡接续生命；当然，另一方面，副文本本身也在建构一种与正文本遥相呼应且相互印证的文本语境。

　　下面主要从副文本功能的视角，着重探讨其于典籍对外译介的启示。为言说副文本及其功能，热奈特一度将 1987 年出版的专著命名为 *Seuils*。十年后该书由简·勒温（Jane E. Lewin）译成英文在剑桥大学出版社出版，即大家所熟知的 *Paratexts: Thresholds of Interpretation*（1997）。语义上，法语单词"seuils"相当于英语"thresholds"或汉语"门槛"，所言"seuils"、"thresholds"或"门槛"都是隐喻措辞，是在功能层面喻指"副文本"。细心的读者可能会发现，翻译成英文本出版时书名已由 *Seuils* 修改成 *Paratexts: Thresholds of Interpretation*，究其原因是读者群发生了实质性的变化。应该说，*Seuils* 是副文本理论趋于成熟的标志性著作，在此之前，热奈特还撰写并发表了多篇相关论文，产生了较大的影响。进而言之，由于热奈特的系统研究和持续倡导，法国文论界人士相对较为熟悉副文本相关理论，该法文本的书名也就直接定为 *Seuils*——虽言"门槛"却也不至于将预期读者挡在门槛之外。然而，勒温将 *Seuils* 译成英文出版时，面对的却是副文本故乡，即法国之外的英语国家读者，对副文本理论的认知显然不及于法国读者，若真不增不减地译成 *Thresholds* 恐怕很难引起预期读者积极关注、购买乃至阅读，抑或极有可能把预期读者挡在门槛之外了。因此，勒温果敢地将"Thresholds"降低至副标题的位置，并直接将该隐喻的本体即

"Paratexts"用作标题。勒温对标题进行调整的这种操作完全符合副文本理论：标题亦属副文本范畴，其功能是帮助预期读者尽可能高效地抓住文本主旨，也即向预期读者提供便于进入正文进行阅读及理解的门槛。译本在副标题中保留喻体"Thresholds"，一可维持原作书名的大致面貌，二可在一定程度上确保书名的既定功能。然而预期的英语国家读者当年毕竟不太熟悉法国文论家热奈特倡导的副文本理论，于是重新寻出本体"Paratexts"并上升为书名，可直接、有效地告之读者该书的主旨。

巧合的是，本书所论《淮南子》被译成英文出版时，马绛等汉学家也是采用同样的思路和策略，将书名调整为 *The Huainanzi: A Guide to the Theory and Practice of Government in Early Han China*。这样一来，通过直接音译书名基本维持了典籍原名的面貌，通过增设副标题 *A Guide to the Theory and Practice of Government in Early Han China* 能帮助读者瞬间大致把握典籍的主旨即"中国汉代早期统治理论和实践指南"，甚至连刘安编著《淮南子》的初衷，也即供刘彻统治帝国时用作参考，也一并和盘托出，从而为预期英语读者打开典籍进行翻阅和理解提供了适宜的"门槛"。要而言之，所增副标题实是对书名 *"The Huainanzi"* 的进一步阐释，很好地起到了凸显文本主旨的功能。反观翟译本，直接将书名音译为 *Huai Nan Zi*，若国人去读自是没有什么问题，毕竟道家在中国传统文化中乃妇孺皆知的诸子百家之一，而《淮南子》又可视为集道家之大成。问题在于翟译本是英译本，其预期读者当以英语国家读者为主，否则就有悖于译介《淮南子》的初衷。然而，绝大多数英语国家读者对中国典籍往往是一知半解，若是很少了解《淮南子》又不会汉语拼音，那么音译"*Huai Nan Zi*"犹如不译，对他们而言没有任何功用：所表语音他们读不出来，表意更是无从谈起。在这种情况下，增设副文本进行额外阐释是必要的，如"A great book centered on Daoist thought""A compendium of ancient Chinese essays"等措辞。然而，书名题于封面，于封面之上就赫然为书名增设注释，视觉上不雅，习惯上亦是没有前例，权宜之策恐怕仍是添设上佳的副标题。

第二节 典籍译介出去众妙之"门"

前述热奈特专著 *Seuils* 被勒温译成英文出版时，书名随之被调整为 *Paratexts: Thresholds of Interpretation*；中国典籍《淮南子》被马绛等译成英文出版时，书名亦随之被调整为 *The Huainanzi: A Guide to the Theory and Practice of Government in Early Han China*。这两部法、汉经典被译介成英文本时，书名都分别增设了相应的副标题，足以说明译介过程中副文本所能发挥作用的巨大空间，以及副文本本身所具备的强大功能。热奈特采用隐喻措辞，把副文本称为"门槛（threshold）"，实乃神来之笔，非常形象地再现出副文本的强大功能。笔者思考至此，自然而然地联想到了老子对"道"和"名"、"无"和"有"的经典阐述："道可道，非常道。名可名，非常名。无名，天地之始。有名，万物之母。故常无欲，以观其妙。常有欲，以观其徼。此两者，同出而异名，同谓之玄。玄之又玄，众妙之门"（老子，2019：2），于是决定将"thresholds"在行文中据实表述为"门槛"，而在章节标题中则形象地措辞为众妙之"门"①，从而既能让行文通俗易懂，又能让章节标题富有灵气，兼而凸显出副文本的强大功能和无限魅力。

需要点明的是，无论是行文中的"门槛"或标题中的众妙之"门"，还

---

① 确切地说，众妙之"门"形式上是老子的语言，笔者仅仅从内容上赋予新意罢了，当然是受到了老子及其智慧的启迪。

是法文中的"seuils"或英文中的"thresholds"，其在各自所属的汉语、法语、英语语言文化中都有两个基本意义，一个是本义，一个是喻义，从而使得措辞有一语双关之效果。仅就汉语语言文化而言，"门槛"本指"门框下部挨着地面的横木"（中国社会科学院语言研究所，2016：891），而"门"则实指"房屋、车船或用围墙、篱笆围起来的地方的出入口"（中国社会科学院语言研究所，2016：890），但两者在现实语言生活中都可喻指进入某范围的标准或条件，也可喻指窍门，只是在使用倾向上"门槛"和"门"可能稍有差异。一言以蔽之，本书所论"门"或"门槛"都实际影射包括标题、序跋、插图、注释等在内的副文本，同时寓意这些副文本构成读者涉猎正文本（如中国文化典籍）的便利条件，当属典型的意义双关——这种双关在热奈特使用法文"seuils"或相应英译文"thresholds"都同样地存在。另外，章节标题中的"门"，基于老子言"众妙之门"的语言构式，更能彰显另外一个喻义，即"窍门"，非常强烈地暗示副文本也是中国文化典籍有效译介出去的窍门或门径。从这个意义上，章节标题的众妙之"门"之意义相当丰富，可以说是一语三关，只是最后一个喻义仅是强烈暗示，而不宜展开深入论述罢了。这也是本章标题及本章第二节标题弃"门槛"而用众妙之"门"的原因之一。

　　总而言之，国人对外译介典籍时，就要像重视典籍正文一样重视相伴随的副文本或"门槛"，要充分借力于它。然而，"门槛"种类繁多，限于篇幅无法一一道尽，倒是热奈特在罗列副文本外延时提及作者和编辑门槛（authorial and editorial）、传媒相关和私人门槛（media related and private）以及文本生产和接受之物质手段相关门槛（those related to the material means of production and reception）（Genette，1988：63）给人以启迪。不妨以此为起点，着重探讨典籍翻译出版行为或过程所涉主要角色如何把好"门槛"，以赢得更多预期读者眷顾典籍译本。

（一）作者乃至编者有天职创设"门槛"，以引领预期读者步入其精心构筑的文化殿堂。作者因著书立说而得名，笼统地说是文学、艺术或科学作品的创作者，具体而言则是基于自己独立构思，并运用自己技能及方法直接从事文学、艺术创作或者科学创造活动的人。是故，现实生活中或知识产权法律上作者一般是直接的版权负责人，而且有的国家明确规定作者需为自然人。仅就文学和艺术而言，作者存在的全部意义就是为特定人群乃至人类社会写出作品，其天职就是创作。当然，作者必须心怀读者，"在写作过程中必须考虑目标读者的接受心理、接受能力和审美情趣，并尽力满足他们的需要"（栾雪梅、卞建华，2018：94）；另一方面，作为作品的创作人，作者比任何人都要熟悉其作品的主旨精神及其内在脉络，自然也就比任何人都有资质和能力宣扬其作品。进而言之，作者努力去宣扬作品，想方设法去吸引读者关注乃至把读者引入作品，也是作者的部分天职——这也是作者著书立说之初衷。作者宣扬作品、帮助读者的重要途径就是为正文本创设副文本。以热奈特为首的副文本理论倡导者已经把副文本的外延拓展得很宽泛，作者在创设"门槛"方面当大有可为。例如，亲自撰写序言、直接添加注释、请人代为插图、加入首发仪式、组织创作漫谈等。对于典籍而言，作者大都驾鹤西去，创设"门槛"之天职也就戛然而止；但是典籍再版时，作者创设"门槛"之天职是可以由同为版权责任人的相关人士代为执行。另有必要补充强调三点：（1）作者原先创设的"门槛"，尤其是内文本，典籍再版时应完整保留下来，否则应予以详细说明。（2）典籍再版时，其版权负责人大都是汇编者或校编者，应部分地肩负起作者缺席的重担，需要根据时代变化及预期读者变化而负责增设必要的"门槛"，尤其是内文本。（3）典籍译介时，所据底本原设的"门槛"，尤其是作者创设的内文本应予以保留。否则应予说明，无论是删减、修改或增设副文本，都应交代清楚。以此考察《淮南子》两译本：马译本 *The Huainanzi* 在前言中清楚地交代其底本是香港中文大学中国古籍研究中心①刘殿爵教授编撰的"先秦两汉古籍逐字索引丛刊"之《淮南子逐字索引》，并明确表示"当我们接受刘氏的校正时，便不多加评论；但是当我们与其校本有出入时，就得在注释中说明原因"（John S. Major, Sarah A. Queen, et al. 2010: 36—37）。再观翟译本 *Huai Nan Zi*，没有交代其底本是哪个版本，更遑论作者或校编者所设"门槛"的保留、增删和完善了。

（二）译者有职责修彻"门槛"，以帮助译语读者跨越语言文化之障碍，同时得保持作者所筑文化殿堂之原貌——译介初衷亦常在于此。客观而言，译者是译本的版权责任人，作者则是原本的版权责任人，两者在担负职责或义务方面有着很大的相似性，在创设副文本方面亦是如此。前文已经论述，作者必须要有读者意识，在创作作品时要心怀读者。翻译也具有创作的成分，译者同样要有读者意识，只是在翻译作品时心怀的主要是译语读者而非源语读者，同时还要尽可能地维持原文面貌及其作者意图——两边兼顾地去进行"创作"即翻译，实属不易。仅就译者有职责添设并完善副文本而言，仍有类似于作者的较大空间，可以亲自撰写译序、直接添加译注、补充译者后记、请人代为插图、加入首发仪式、组织译介漫谈等。有必要强调的是，译者不辞辛劳地修彻"门槛"都是为了帮助译语读者步入原文之文化殿堂，因之译介典籍时尤要注意以下三点：（1）要充分意识到典籍对外译介之文化使命。中国典籍对外译介，于中国文化是传播异域，于异域文化亦是不断丰富，不能完全以市场利润空间为唯一追求。进而言之，在译本中保留原作"门槛"并增设相应"门槛"当是上策，不为特定目的一般不宜编译或改译。（2）要

---

① 中国古籍研究中心：2005年成立，隶属香港中文大学中国文化研究所，其前身即刘殿爵教授和陈方正博士联手于1988年开创的汉达古文献资料库。2011年香港中文大学校董会议决定，为纪念已故世界知名学者刘殿爵对中国古籍研究中心所做杰出贡献，将中国古籍研究中心冠名为"刘殿爵中国古籍研究中心"。

充分意识到译语读者是迥然不同的读者群体。中国典籍大多产生年代较远，其内容与文风距当代中国读者实情有些遥远，更遑论当代欧美读者了。反而言之，译语读者阅读中国典籍，需要穿越不同语言文化之空间和相隔上千年之时间，故十分有必要为之增设和完善一定规模的适当副文本。（3）要充分意识到客观把握译语读者实际接受能力、阅读心理及审美品位的难度之大。目前译介典籍的群体主要是国内学者和国外汉学家，相较而言国人译本在海外鲜有人问津，在某种程度上不是因为语言能力不过关，而是因为没有准确把握好译语读者的实际接受能力、阅读心理和审美品位等。以此观察《淮南子》两译本：马译本 The Huainanzi 仅就"门槛"之内文本而言，就有详细致谢、译本前言、篇章导读、注释、索引、插图、附录、索引和"亚洲经典译丛"书目，乃至于封面给书名配备副标题 "A Guide to the Theory and Practice of Government in Early Han China"、于封底请知名汉学家麦吉尔大学教授叶山（Robin D. S. Yates）写评论，足见译者为读者修彻"门槛"之用心。相较而言，翟译本 Huai Nan Zi 提供的副文本种类就少得多了，仅有前言和注释；篇幅上，翟译本序言[①]共有 12721 个单词，马译本序言[②]共有 79044 个单词，两者相距甚远。另外，翟译本注释共有 581 条，马译本注释则达 1855 条；翟译本注释全部为夹注（581 条），马译本绝大多数为脚注（1851 条），在注释用词总量上差距则更大。

　　（三）编辑乃至出版社有责任装饰"门槛"，既为译本招徕异域读者，又为异域读者进入原作之文化殿堂提供便利。热奈特（Genette，1997：

---

① 含有翟译本提供的"大中华文库"总序（杨牧之撰）和《淮南子》前言（翟江月撰），仅计英文篇幅。

② 含有马译本提供的致谢（Acknowledgments）、译本前言（Introduction）、篇章导读（Chapter's Introduction），用词总量同翟译本。

16-36）在《副文本：阐释的门槛》开篇章节 ① 专门探讨了"出版商内文本（The publisher's peritext）"，包括版式（Formats）、系列（Series）、封面及其附属文本（The cover and its appendages）、扉页及其附属文本（The title page and its appendages）、排版（Typesetting）、印刷（printings）等。进而言之，这类副文本"由排字工人和印刷工人实际操作，但最终由出版商拍板，也可能咨询过作者了"（Genette，1997：16）。顺着这个思路进一步思考，就会发现在出版商及作者与排字及印刷工人中间还存有一个非常重要的角色，即编辑。编辑尤其是责任编辑，在作品封面设计、印刷排版、丛书系列等方面往往拥有重要的话语权，向上基本影响出版商的决策，在征得出版商同意后向下又可直接指导排印工人具体操作。因此，责任编辑往往是作品出版的第一责任人，负责具体的运作，而出版商仅是最终责任人，承担最后的法律责任。从这个意义上说，编辑尤其是责任编辑直接影响乃至决定了在空间上或物质手段上作品以何种面貌呈现于读者乃至公众，而且编辑亦是出版商麾下骨干力量，故将热奈特探讨的所有"出版商内文本"都纳入编辑乃至出版社所要装饰"门槛"之范畴。对于典籍译本而言，编辑尤要充分考虑译语读者的审美品位和阅读习惯，在热奈特所言版式、系列、封面及其附属文本、扉页及其附属文本和排版印刷等方面很好地融入译语文化氛围，当然在考虑封面装帧时还是要考虑如何才能烘托出原作主题。现以此观察编辑为《淮南子》两译本装饰了哪些"门槛"：马译本 *The Huainanzi* 封面图文并茂，其图是汉代文物，大幅的女俑搭配着小幅的铜镜，既错落有致，又能体现出汉代文化；其文含有较为全面的图书信息，大幅的书名搭配着小幅的副标题，兼有作者和译者署名，还附有知名汉学家的长篇好评。

---

① 第一章为"前言（Introduction）"，第二章即"出版商内文本（The publisher's peritext）"。

相应地，翟译本 *Huai Nan Zi* 封面采用"大中华文库"系列图书的统一设计，整个封面及封底用黄河壶口瀑布为背景，象征着"文化长河的浩浩荡荡"（杨牧之，2007：26）；其文仅有"大中华文库／汉英对照"的中英文和书名《淮南子》的中英文。整体而言，马译本责任编辑装饰的种种"门槛"比较适合译语读者的审美品位、阅读习惯和接受能力，翟译本责任编辑装饰的种种"门槛"相对较为适合国人的审美品位、阅读习惯和接受能力。仅以封面背景为例，马译本选择了汉代文物，与《淮南子》所代表的汉代道家文化密切相关，其女俑头像和铜镜拓印一看便知与东方古代文明相关；翟译本选用黄河壶口瀑布，与《淮南子》及汉代文化无甚联系，更遑论读懂"文化长河的浩浩荡荡"的象征意义了——笔者也是查阅了"大中华文库"工作委员会主任杨牧之先生的言论才如梦初醒，更遑论英语读者了。就向外译介典籍而言，翟译本编辑乃至出版社负责所装饰的种种"门槛"，有些还真未必能招徕英语读者，并为其进入《淮南子》文化殿堂提供便利。因此建议，典籍向外译介时相关编辑乃至出版商负责装饰的"门槛"也即热奈特所言的"出版商内文本"，务必要有出版前的市场调研、操译语为母语之学者的参与和把关，从而使得装饰起来的诸种"门槛"能够招徕更多的译语读者。

（四）媒体有使命摇旗呐喊，为读者决定跨越"门槛"从而步入作品所精心构筑的文化殿堂创造良好氛围。热奈特论述副文本外延时，曾依据所处空间位置把副文本分为内文本（peritext）和外文本（epitext）。所谓"外文本"，是指"与同册书内的文本无物质空间相连的任何副文本，但实际上在几乎无限制的物质和社交空间进行流通，因此外文本会处于该图书之外的任何空间，当然也不排除其后期进入内文本"（Genette，1997：344），如回忆录、访谈、报道、谈话记录、信函及日记等。此外，热奈特还进一步把外文本分为公众外文本（public epitext）和私人外文本（private epitext），并在各自之下又有进一步细分，暂不赘述。基于这些论述可以推论：（1）有必要足够重视先前被忽略的外文本。外文本处于书本之外，往往被传统文本研究所忽略，但实际上外文本与附于书中的内文本同是副文本的重要成员，抑或说"副文本即内文本加外文本"（Genette，1997：5），而且外文本能够进入书内成为内文本。（2）有必要从媒体层面提升外文本的实际影响力。空间上外文本脱离作品正文及其内文本，因而理论上可无限制地流通，但实际上也因没能附粘于作品而随图书一起发行，使得其流通以及实际影响相对有限，如回忆录、访谈、信函及日记等。如果媒体能够积极行动从而参与进来，使得相关外文本能够在一定范围内"发表"，如广播、电视、杂志、报纸、手机、互联网乃至自媒体及一些特定户外媒体（如路牌灯箱的广告位）等选用一些回忆录、访谈、信函、日记、消费点评等，就会迅速扩大读者规模，从而迅速提升相关外文本的影响力。进一步分析，内文本所能发挥影响的空间和外文本所能发挥影响的空间在很大程度上是相互补充的，也就是说内文本是随着作品的传播而产生影响的，作品所不及的空间却往往可由外文本占领并产生影响。

现以此观察马译本 The Huainanzi 的相关外文本：（1）书评。此处采用宽泛意义上的书评，不局限于正式发表于期刊的书评。就目前所能搜集到的书评而言，一是前文所论 9 篇同行专家的正式书评，二是亚马逊等网站所展示的编辑推荐评论（Editorial Reviews）如下 [1]：

Review 1: An excellent and richly annotated translation. (Moss Roberts *Journal of the American Oriental Society*)

---

[1]　https://www.amazon.com/Huainanzi-Practice-Government-Translations-Classics/ dp/0231142048/ref=sr_1_1?ie=UTF8&qid=1539445624&sr=8-1&keywords=The+huain anzi&dpID=41FW6avCbGL&preST=_SY291_BO1,204,203,200_QL40_&dpSrc=srch, retrieved on 14th October, 2022.

Review 2: Users of this magnificent contribution to the study of Chinese thought will find here almost everything imaginable. (Russell Kirkland *Religious Studies Review*)

Review 3: It is a major accomplishment in every sense of the term. (Mark Csikszentmihalyi *Journal of Chinese Studies*)

Review 4: In sum, this volume bringing to annotated translation all 21 chapters of the *Huainanzi* will invaluably ease and enhance the work of future scholars. (Benjamin E. Wallacker *Journal of Asian History*)

Review 5: [An] epochal achievement... The *Huainanzi* vibrates with the authors' intellectual confidence... this translation of the *Huainanzi* is a convenient and reassuring shortcut into the heart of traditional China. (Barbara Hendrischke *Monumenta Serica*)

Review 6: This English version earns for the *Huainanzi* the widespread recognition as an epochal classic that it deserves, and at the same time provides a resource for specialists. The translations are carefully thought out but evocative. (*China Review International*)

上述网站评论多来源于期刊的正式书评，但是经编辑精挑细选之后集中展现于网络，其引介、佐证和引诱作用丝毫不亚于内文本，更为重要的是，此时图书还没有被读者拿到手中，相关内文本暂时没有发挥的空间和可能。另外，译本封底载有国际著名汉学家叶山的推荐评论——当然这属于内文本，然而一旦出现在相关网站或海报等媒体上，就会以外文本的身份实际发挥作用了。（2）论坛。目前所能搜集到的相关论坛主要是两个：一是井底之蛙博客群（froginawell.net），主要刊载中、日两国历史相关的学术评论；二是经纬大道博客群（warpweftandway. com），主要刊载有关中国哲学与比较哲学的学术评论。两个博客群分别以"Huainanzi"[①]和"Huainanzi Translation and Some Questions about Translation"[②]为题载有一些相关《淮南子》及其英译本 *The Huainanzi* 的信息，因其所用语言为英语以及其评论含有一定学术性，而在英语读者群内产生了一定影响。颇值一提的是，两个博客群均邀请 *The Huainanzi* 译者参与进来，并与读者进行学术性沟通交流，在一定范围内提升了马译本的影响。（3）翻译出版简介。客观而言，涉及马译本 *The Huainanzi* 翻译出版情况简介的有内文本即译本致谢及前言，也有相关外文本如前述亚马逊网站所展示的简介，现摘部分实录为下文：

> The product of twelve years of scholarship, this remarkable translation preserves The Huainanzi's special rhetorical features, such as parallel prose and verse, and showcases a compositional technique that conveys the work's powerful philosophical appeal. This path-breaking volume will have a transformative impact on the field of early Chinese intellectual history and will be of great interest to scholars and students alike.

这里尤要提及马译本出版社即哥伦比亚大学出版社对 *The Huainanzi* 翻译情况的简介——相信许多预期读者都会到该出版社网页了解其翻译出版情况乃至相关原作的一些内容。现将其页面截图如下（见图 7-1）：

[①]　cf. http://www.froginawell.net/china/2010/07/huainanzi/, retrieved on 14th October, 2022.

[②]　cf. http://warpweftandway.com/2010/04/23/huainanzi-translation-and-some-questions-about-translation/, retrieved on 14th October, 2022.

The Huainanzi

Edited and translated by John S. Major, Sarah A. Queen, Andrew Seth
Meyer, and Harold D. Roth. With additional contributions by Michael
Puett and Judson Murray

Columbia University Press

MAIN　REVIEWS　CONTENTS　EXCERPT　LINKS　AWARDS

Compiled by scholars at the court of Liu An, king of Huainan, in the
second century B.C.E, *The Huainanzi* is a tightly organized, sophisticated
articulation of Western Han philosophy and statecraft. Outlining "all that a
modern monarch needs to know," the text emphasizes rigorous self-
cultivation and mental discipline, brilliantly synthesizing for readers past
and present the full spectrum of early Chinese thought.

The Huainanzi locates the key to successful rule in a balance of broad
knowledge, diligent application, and the penetrating wisdom of a sage. It
is a unique and creative synthesis of Daoist classics, such as the *Laozi* and
the *Zhuangzi*; works associated with the Confucian tradition, such as the
Changes, the *Odes*, and the *Documents*; and a wide range of other
foundational philosophical and literary texts from the *Mozi* to the *Hanfeizi*.

The product of twelve years of scholarship, this remarkable translation
preserves *The Huainanzi*'s special rhetorical features, such as parallel
prose and verse, and showcases a compositional technique that conveys

图 7-1　哥伦比亚大学出版社推介 *The Huainanzi* 译本的页面

有以下几点值得借鉴：一是以图文并茂的方式展现马译本的翻译出
版简况乃至原作的主要内容等，主要包括书名、译者、出版、原作及翻
译简介等方面的信息。二是采用超链接方式提供更多且可选的详细信息，
如上图左侧中上部的选项板，浏览者可根据实际需求点击简况（MAIN）、
评论（REVIEWS）、目录（CONTENTS）、摘录（EXCERPT）、链接
（LINKS）或获奖（AWARDS）。如，点击"LINKS"就会出现"Web
Features: Follow a discussion on Warp, Weft, and Way"，继续点击"Warp,
Weft, and Way"就会链接到前文所言经纬大道博客群（warpweftandway.
com）相关《淮南子》翻译及其相关问题的一些学术评论，能够给浏览
提供更多的信息。仔细观察还会发现，先前所述亚马逊网站相关 *The
Huainanzi* 的简介文字与此处哥伦比亚大学出版社提供的简介一模一样，
可见原出版社所提供信息之重要与权威。（4）读者评论，相关情况已在
前文"两译本读者圈接受情况"中详细论述，不宜重复。需要强调的是，

良好的读者评论更容易在预期读者群中赢得关注、信任乃至共鸣，可望有效提升作品的影响力。

（五）读者有必要跨越前述诸多"门槛"，从而较为顺利地步入作品精心构筑的文化殿堂，这既是购买作品之初衷，又是文化传承之必需。当然，副文本的功能是帮助呈现正文本，其"协调的是正文本和读者之间的关系"（耿强，2016：105）。进而言之，前文所言的那些"门槛"都是为正文本服务的，最终都会指向读者，因为正文本实际能传播到哪里和实际能发挥多大效用最终都要依靠读者的实际阅读。在这个意义上，译语读者有必要跨越译介的诸多"门槛"，从而较为顺利地步入原作精心构筑的文化殿堂，阅读、感悟乃至活用于个人生活及其人生，这既是购买译作之初衷，又是原著及其文化传播之必需，甚至还是丰富译语读者及译语文化之必需。但是另一方面，读者是这些"门槛"的服务对象，并不意味着读者无法参与这些"门槛"的创设。相反，读者有可能想方设法地通过各种途径来参与创设这些"门槛"，其所带来的影响应是独特的，更容易在预期读者群中赢得关注、信任乃至共鸣，如在前文"媒体有使命摇旗呐喊"部分言及的论坛、用户评论等。需要补充的是：（1）读者参与创设的"门槛"一般应属外文本范畴，因为读者阅读自是在作品问世之后，其时内文本业已定形，但是不能因此而否定相关外文本的意义。理论上，内文本与外文本共同构成副文本，两者外延不同，所发挥效用的空间不仅迥异，而且互补。（2）读者参与创设的"门槛"大都流通空间有限，若要提升其影响力则需要媒体积极造势。例如，几位乃至几十位读者举办一次读书论坛，于其他读者而言亦可视为作品之外文本，其影响因有限时空相对要小于图书之内文本；相反，如能把读书论坛的学术性言论加以提炼，再通过报纸、杂志乃至博客、微博、微信等自媒体传播开来，其实际影响力将不可小觑。

综合以上《淮南子》英译论述来看，马译本 *The Huainanzi* 之种种

"门槛"相较于翟译本 *Huai Nan Zi* 之"门槛",数量上要多、质量上要优,相对便于英语读者登堂入室,从而有效、充分地阅读。其中,编者、译者、编辑乃至出版社方面,两译本之相关"门槛"各有特色,但在整体数量、质量及接受效果等方面马译本的确要更优一些。媒体和读者方面,马译本还惊现了一些"门槛",而翟译本迄今尚未发现。前文观察马译本 *The Huainanzi* 相关外文本时特别指出,亚马逊等网络上的一些书评摘录、出版简介等文字直接来源于出版译本的哥伦比亚大学出版社,足以说明原出版社宣传对于推介作品之重要性和权威性。让人遗憾的是,在广西师范大学出版社官网上竟然检索不到相关其宣传翟译本《淮南子(汉英对照)》的只言片语,甚至也检索不到相关"大中华文库"的宣传页面,毕竟广西师范大学出版社着实负责出版了"大中华文库"的数部典籍译本。究其原因,"许多人思维定势,一谈到走出去就是讲翻译的方法和技巧,总是过于关注翻译作品文本"(朱安博、顾彬,2017:119),从而忽略了翻译及翻译正文之外的问题,所论副文本即是其中重要一环。

　　本章作为结语部分,仍是受热奈特所倡副文本理论启迪,但抛开了其基于各种标准对副文本进行分类的研究思路,而是以典籍翻译出版行为或过程可能涉及的主要角色作为考察对象逐一展开,其目的就是要深入阐明相关作者、编者、译者、编辑、出版社、媒体乃至读者在典籍译介和传播过程中如何在副文本环节充分发挥各自的作用,从而为译介出去的典籍尽可能地赢得更多读者眷顾,同时期望能为中国典籍乃至中国文化成功"走出去"提供些许启迪。

图表目录

图 1-1 1979—2021 年《淮南子》研究文献发表趋势 ················· 39

图 1-2 1979—2021 年《淮南子》研究文献安徽省内主要来源分布 ········ 44

图 1-3 1979—2021 年《淮南子》研究文献主要主题共现矩阵 ············· 70

图 7-1 哥伦比亚大学出版社推介 The Huainanzi 译本的页面 ·············224

表 1-1 1934—1978 年《淮南子》研究文献统计 ·················11

表 1-2 1979—2021 年《淮南子》研究文献资源类型分布统计 ············· 41

表 1-3 1979—2021 年《淮南子》研究文献来源统计（TOP 40）·········· 42

表 1-4 1979—2021 年《淮南子》研究文献学科统计（TOP 40）·········· 48

表 1-5 1979—2021 年《淮南子》研究文献学科及所属专辑统计············ 52

表 1-6 1979—2021 年《淮南子》研究文献作者统计（TOP 40）·········· 55

表 1-7 1979—2021 年《淮南子》研究基金统计（TOP 26）·············· 59

表 1-8 资助《淮南子》研究的省厅级及以上的基金项目统计 ·········· 63

表 1-9 1979—2021 年《淮南子》研究文献主要主题统计（TOP 40）····· 66

表 1-10 《淮南子》研究文献主要主题年度交叉分析 ·············· 72

表 5-1 《淮南子》译本书评一览 ·····························166

表 5-2 （美国）亚马逊网用户相关马译本评论一览 ··············172

表 5-3 （美国）亚马逊网用户相关《淮南子》四本同类著作评论一览·····180

表 5-4 （中国）亚马逊网用户相关"大中华文库"评论一览·················183

参考文献

Ames, Roger T., *The Art of Rulership: A Study of Ancient Chinese Political Thought*, Honolulu: University of Hawaii Press, 1983.

Ames, Roger T. and D. C. Lau, *Yuan Dao: Tracing Dao to Its Source*, New York: Ballantine Books, 1998.

Appiah, Kwame Anthony, "Thick Translation", In Lawrence Ventui, ed., *The Translation Studies Reader*, London: Routledge, 2000.

Balfour, Frederic H., *Taoist Texts: Ethical, Political, and Speculative*, London: Trubner, 1884.

Csikszentmihalyi, Mark, "The Huainanzi", *Journal of Chinese Studies*, No.1, 2012.

Genette, Gérard, "The Proustian paratexte", *SubStance*, No.2, 1988.

Genette, Gérard. Jane E. Lewin (tr.), *Paratexts: Thresholds of Interpretation*, Cambridge: Cambridge University Press, 1997.

Genette, Gérard. Marie Maclean(tr.), "Introduction to the paratext", *New Literary History*, No.2, 1991.

Hermans, Theo, "Cross-cultural translation studies as thick translation", *Bulletin of the School of Oriental and African Studies*, No.3, 2003.

Hornby, A. S., *Oxford Advanced Learner's English-Chinese Dictionary* (the 8th Edition), The Commercial Press/ Oxford University Press, 2014.

Larre, Laude, Isabelle Robinet and Elisabeth Rochat de la Vallée, *Les grands traités du Huainan Zi*, Paris: Institut Ricci, 1993.

Le Blanc, Charles and Rémi Mathieu (trs. and eds.), *Philosophes taoïstes II:*

Huainan zi, Paris: Éditions Gallimard, 2003.

Le Blanc, Charles, *Huai-nan Tzu: Philosophical Syntheses in Early Han Thought: The Idea of Resonance (Kan-ying) with a Translation and Analysis of Chapter Six*, Hong Kong: Hong Kong University Press, 1985.

Major, John S., *Heaven and Earth in Early Han Thought: Chapters Three, Four, and Five of The Huainanzi*, Albany: State University of New York Press, 1993.

Major, John S., "Review of Philosophes Taoïstes II: Huainan zi by C. Le Blanc", Asian Folklore Studies, No. 2, 2004.

Major, John S., Sarah A. Queen, Andrew S. Meyer and Harold D. Roth (trs. & eds.), *The Huainanzi*, New York: Columbia University Press, 2010.

Major, John S., Sarah A. Queen, Andrew S. Meyer and Harold D. Roth (trs. & eds.), *The Essential Huainanzi*, New York: Columbia University Press, 2012.

Morgan, Evan S., *Tao, the Great Luminant: Essays form the Huai Nan Tzu*,1933. Reprint, Taibei: Cheng Wen, 1974.

Muhawi, Ibrahim, "Towards a Folkloristic Theory of Translation", In Theo Herman ed., *Translating Others* (Vol. II) , Routledge, 2014.

Munday, Jeremy, *Introducing Translation Studies: Theories and Applications*, London and New York: Routledge, 2001/2008.

Nord, Christiane, "Paratranslation—a new paradigm or a reinvented wheel?", *Perspectives: Studies in Translatology*, No. 4, 2012.

Parker, Edward Harper, *Studies in Chinese Religions*, London: Chapman and Hall, Ltd. 1910.

Pomeranceva, Larisa E., *Pozdnie daosy o prirode obščestve I iskustve "Huainan'czy"*, Moscow: University of Moscow, 1979.

Roberts, Moss, "Review of the Huainanzi", *Journal of the American Oriental Society*, No. 2, 2010.

Sellmann, James D., "The Huainanzi and The Essential Huainanzi of Liu An, King of Huainan", *DAO*, No. 12, 2013.

Shuttleworth, Mark and Moira Cowie. Tan, Zaixi and Wang Kefei (trs.), *Dictionary of Translation Studies*, Manchester: St. Jerome Publishing, 1997.

Sivin, Nathan, "A new View of the Huainanzi", *China Review International*, No. 4, 2011.

Wallacker, Benjamin E., "Review of The Huainanzi", *Journal of Asian History*, No. 2, 2011.

Wallacker, Benjamin E., *The Huai-nan-tzu, Book Eleven: Behavior, Culture and the Cosmos*, New Haven: American Oriental Society, 1962.

Zhai Jiangyue and Mou Aipeng (trs.), *Huai Nan Zi*, Guilin: Guangxi Normal University Press, 2010.

艾永明、朱永新:《〈淮南子〉中的犯罪心理学思想》,《苏州大学学报》1988 年 3 期。

白庆新、刘秀慧:《〈淮南子〉在汉初文学的地位及影响》,《黑河学刊》2020 年 1 期。

班固:《汉书》,北京:中华书局,2005 年。

卞崇道:《东亚哲学史上西周思想的意义——透视"哲学"用语的定译理念》,《杭州师范学院学报》(社会科学版)2007 年 6 期。

卞崇道、王青主编:《明治哲学与文化》,北京:中国社会科学出版社,2005 年。

蔡翔宇:《于大成及其经学之研究——以〈理选楼论学稿〉为例》,《台北市立教育大学学报》2007 年 1 期。

蔡新乐:《翻译如何"厚重"?——西奥·赫曼斯"厚重翻译"批判》,《外语教学》2013 年 3 期。

蔡志全:《"副翻译":翻译研究的副文本之维》,《燕山大学学报》(哲学社会科学版)2015 年 4 期。

曹晋:《〈淮南子〉的民俗学价值》,《民俗研究》1997 年 4 期。

曹明伦:《谈谈译文的注释》,《中国翻译》2005 年 1 期。

陈炳迢:《辞书编纂学概论》,上海:复旦大学出版社,1991 年。

陈鼓应注译:《老子今注今译》,北京:商务印书馆,2016 年。

陈广忠:《淮南子科技思想》(增订本),北京:中国文史出版社,2017 年。

陈广忠译注:《淮南子译注》(全二册),上海:上海古籍出版社,2016 年。

陈广忠译注:《淮南子》,北京:中华书局,2012 年(a)。

陈广忠校理:《淮南鸿烈解》,合肥:黄山书社,2012 年(b)。

陈广忠主编:《淮南子研究书目》,合肥:黄山书社,2011 年。

陈广忠:《〈淮南子〉治国“同”、“异”论》,《安徽大学学报》(哲学社会科学版)
    2008 年 6 期。

陈广忠:《试析刘安冤案》,《安徽大学学报》(哲学社会科学版)2007 年 4 期。

陈广忠译注:《淮南子译注》,长春:吉林文史出版社,1990 年。

陈广忠:《〈淮南子〉的倾向性和淮南王之死》,《江淮论坛》1981 年 1 期。

陈辉:《〈淮南子〉社会思想研究》,安徽大学博士学位论文,2013 年。

陈静:《自由与秩序的困惑——〈淮南子〉研究》,昆明:云南大学出版社,
    2004 年。

陈静:《“无为”思想的发展——从〈老子〉到〈淮南子〉》,《中华文化论坛》1996 年
    2 期。

陈丽桂:《新编淮南子》,台北:台湾编译馆,2002 年。

陈丽桂:《〈淮南子〉研究八十年》,林徐典编:《汉学研究之回顾与前瞻》(下
    册),北京:中华书局,1995 年。

陈丽桂:《八十年来〈淮南子〉研究目录》,《中国书目季刊》1991 年 3 期。

陈丽桂:《〈淮南鸿烈〉思想研究》,台湾师范大学博士学位论文,1983 年。

陈丽华:《〈淮南子〉研究初探》,《兰台世界》2007 年 20 期。

陈青远:《〈淮南子〉对〈老子〉的继承和发展》,安徽大学硕士学位论文,2011 年。

陈述军:《大中华文库汉英对照版〈红楼梦〉正文疏漏研究》,《红楼梦学刊》2016 年
    2 期。

陈述军:《大中华文库汉英对照版〈红楼梦〉副文本指误》,《红楼梦学刊》2015 年 1 期。

陈甜:《中国文化"走出去"翻译方法研究——文化翻译的可操作性研究》,《湖南社会科学》2017 年 2 期。

陈香:《〈大中华文库〉汉英对照版 110 种即将出齐》,《中华读书报》2011 年 3 月 23 日 001 版。

陈晓隽、吴光辉:《"Philosophy"翻译的学际诠释与境位反思》,《学术月刊》2016 年 3 期。

陈一平:《淮南子校注译》,广州:广东人民出版社,1994 年。

陈颖:《〈淮南子〉引〈论语〉考》,《淮南师范学院学报》2012 年 6 期。

陈云会:《〈淮南子〉在英语世界的译介》,《华西语文学刊》2016 年 1 期。

陈云会:《再现伦理视阈下〈淮南子〉首个英文全译本研究》,西南交通大学硕士学位论文,2015 年。

成家:《惹祸的"石头"》,《文史月刊》2010 年 6 期。

川津康弘:《〈淮南子〉认识论研究——以把握本质的方法为中心》,西北大学博士学位论文,2008 年。

辞海编辑委员会:《辞海》(缩印本),上海:上海辞书出版社,1980 年。

崔兰海:《安徽廉政史初探》,《阜阳师范学院学报》(社会科学版)2015 年 5 期。

戴黍:《经典的源流及其意义——从思想史的角度看〈淮南子〉》,《学术研究》2005 年 6 期(a)。

戴黍:《〈淮南子〉治道思想研究》,广州:中山大学出版社,2005 年(b)。

戴黍:《国外的〈淮南子〉研究》,《哲学动态》2003 年 4 期。

邓联合:《"逍遥游"释论:庄子的哲学精神及其多元流变》,北京:北京大学出版社,2010 年。

邸维寅:《〈淮南子〉与〈论语〉文艺思想比较研究》,安徽大学硕士学位论文,2011 年。

丁立福、胡庚申:《问题导向·知行并举·综观整合·对外传播——第六届海峡

"两岸四地"翻译与跨文化交流研讨会综述》,《中国翻译》2015 年 6 期。

丁立福:《论〈淮南子〉译介研究新成果及其汉英平行语料库研制》,《安徽理工大学学报》(社会科学版)2020 年 6 期(a)。

丁立福:《国内外〈淮南子〉英译出版及学界接受对比研究——以国内全译本 *Huai Nan Zi* 和国外全译本 *The Huainanzi* 为例》,《安徽理工大学学报》(社会科学版)2020 年 4 期(b)。

丁立福:《中、外英译〈淮南子〉副文本风格对比研究》,上海外国语大学博士学位论文,2019 年(a)。

丁立福:《论中国典籍译介之"门槛"——以〈淮南子〉英译为例》,《北京社会科学》2019 年 6 期(b)。

丁立福:《〈淮南子〉对外译介传播研究》,《中国石油大学学报》(社会科学版)2016 年 3 期(a)。

丁立福:《中国文化走出去大背景下典籍顺译范例:〈淮南子〉翻译研究》,《安徽理工大学学报》(社会科学版)2016 年 1 期(b)。

丁立福:《国外首部〈淮南子〉英语全译本研究》,《淮南师范学院学报》2015 年 3 期。

丁原明:《〈淮南子〉对〈管子〉四篇哲学思想的继承和发展》,《管子学刊》1995 年 3 期。

董小改:《论〈淮南子〉民本思想及其对当今廉政文化建设的启示》,《河西学院学报》2014 年 6 期。

董小改:《〈淮南子〉神话探析》,《新乡学院学报》(社会科学版)2012 年 1 期。

董晓萍:《历史经典中的民俗母题》,《北京师范大学学报》(社会科学版)2019 年 5 期。

董志铁:《论〈淮南子〉对〈吕氏春秋〉推类理论的继承和发展》,《人文杂志》1989 年 3 期。

杜晓:《试论译学词典的附录设置原则——兼评国内常见的几部译学辞典》,《长春大学学报》2011 年 5 期。

杜绣琳:《论〈淮南子〉文本结构蕴含的创作理念》,《沈阳农业大学学报》(社会科学版)2016 年 4 期。

杜雨璇:《图里操作规范观照下的〈淮南子〉约翰·梅杰译本研究》,电子科技大学硕士学位论文,2020 年。

段峰:《深度描写、新历史主义及深度翻译——文化人类学视阈中的翻译研究》,《西华师范大学学报》(哲学社会科学版)2006 年 2 期。

段永升:《天人思想与西汉文学》,陕西师范大学博士学位论文,2016 年。

方川:《叔敖为负虞丘荐 循吏持廉致死终——〈淮南子〉中勤政廉政典型孙叔敖简论》,安徽省《淮南子》研究会等编:《〈淮南子〉廉政思想研究》,安徽人民出版社,2013 年。

方川:《刘安对"淮南文化"发展贡献论略》,《学术界》2011 年 2 期。

方川:《试论〈淮南子〉中的"自然"审美观》,《淮南子研究》编委会编:《淮南子研究》(第三卷),黄山书社,2009 年。

方川:《〈淮南子〉与"淮南学"》,《淮南师范学院学报》2007 年 6 期。

方川:《〈淮南子〉成语典故初探》,《淮南子研究》编委会编:《淮南子研究》(第一卷),黄山书社,2006 年。

方娟:《〈淮南子〉中儒墨形象研究——兼与〈庄子〉〈韩非子〉比较》,西南大学硕士学位论文,2015 年。

方娟:《21 世纪〈淮南子〉与先秦诸子关系研究综述》,《西南农业大学学报》(社会科学版)2013 年 5 期。

冯庆华:《思维模式下的译文句式:〈红楼梦〉英语译本研究》,上海:上海外语教育出版社,2015 年。

冯闻文:《秦汉特殊社会福利研究》,武汉大学博士学位论文,2016 年。

高汉声:《论〈淮南子〉关于性、欲、情的心理学思想》,《江西师范大学学报》1984 年 1 期。

高巍然:《"治国有常,利民为本"——谈〈淮南子〉的理政治国思想》,《中国党政干部论坛》2007 年 9 期。

高旭、孟庆波:《日本学界的〈淮南子〉研究述略》,《国际汉学》2019 年 3 期。

高旭、孙功:《论〈淮南子〉的廉政观及当代价值》,《石河子大学学报》(哲学社会科学版) 2013 年 5 期。

高旭:《〈淮南子〉与"淮南子文化""淮南文化""淮河文化"关系刍议》,《淮南日报》2021 年 5 月 14 日 003 版。

高旭:《〈淮南子〉"太上之道"诠义》,《中国社会科学报》2020 年 10 月 27 日 002 版(a)。

高旭:《因顺自然:〈淮南子〉道家内圣外王之学》,《中国社会科学报》2020 年 6 月 9 日 002 版(b)。

高旭:《论茅盾的〈淮南子〉研究及学术史意义》,《南昌大学学报》(人文社会科学版) 2020 年 5 期(c)。

高旭:《〈淮南子〉"论道"之美及其思想史意义——兼与〈庄子〉比较》,《中国美学研究》2020 年 1 期(d)。

高旭:《大道鸿烈——〈淮南子〉汉代黄老新"道治"思想研究》,成都:巴蜀书社,2020 年(e)。

高旭:《汉代道家的历史宏声——说〈淮南子〉的"大"》,《秦汉研究》2018 年 00 期(a)。

高旭:《道论天下:〈淮南子〉思想史论》(全二册),天津:天津人民出版社,2018 年(b)。

高旭:《中国古代国家治理观念的汉代"黄老"展观——〈淮南子〉行政管理思想论纲》,《武汉科技大学学报》(社会科学版) 2015 年 6 期。

高旭:《民为兵本,兵胜在政——〈淮南子〉战争观之"民本"意蕴发微》,《船山学刊》2013 年 4 期。

高旭:《〈淮南子〉的忧乐观及其廉政思想》,《廉政文化研究》2012 年 6 期。

高卓、李好:《读〈读书杂志〉札记一则——浅议"離"与"(禹隹)"》,《汉字文化》2017 年 12 期。

葛刚岩:《从对勘角度论今本〈文子〉与〈淮南子〉的关系》,《人文论丛》2005 年

00 期。

耿强:《翻译中的副文本及研究:理论、方法、议题与批评》,《外国语(上海外国语大学学报)》2016 年 5 期。

龚留柱:《〈吕氏春秋〉和〈淮南子〉的军事思想比较》,《河南大学学报》(社会科学版)2003 年 3 期。

古红云:《中国语言文化的传播者——访三位俄罗斯女汉学家》,《国际人才交流》1998 年 6 期。

谷中信一、孙佩霞:《论西汉黄老道家的去向——以〈淮南子·道应训〉所引〈老子〉为中心》,《文史哲》2016 年 3 期。

关亚婷:《今本〈文子〉抄袭〈淮南子〉手法探析》,华中师范大学硕士学位论文,2018 年。

郭景红:《中国文化走出去新态势考察》,《对外传播》2015 年 7 期。

郭梨华:《〈文子〉哲学初探——以不见于〈淮南子〉之资料为主的讨论》,《思想与文化》2009 年 00 期。

郭芹纳:《训诂学》,北京:高等教育出版社,2005 年。

韩子满:《罗什译经与中国文学外译的译者选择》,《中国外语研究》2014 年00 期。

何宁:《淮南子集释》,北京:中华书局,1998 年。

何亦邨:《〈淮南子〉审丑美学面面观——〈淮南子〉美学思想中的审丑思想》,《艺术百家》2013 年 S1 期。

洪森:《〈淮南子〉的文学性研究》,山东师范大学硕士学位论文,2014 年。

胡安江、胡晨飞:《再论中国文学"走出去"之译者模式及翻译策略——以寒山诗在英语世界的传播为例》,《外语教学理论与实践》2012 年 4 期。

胡安江:《中国文学"走出去"之译者模式及翻译策略研究——以美国汉学家葛浩文为例》,《中国翻译》2010 年 6 期。

胡奂湘:《〈淮南子〉的人体观和养生思想》,《孔子研究》1992 年 2 期。

胡苗:《中美图书编辑活动比较研究》,武汉大学硕士学位论文,2004 年。

胡锐:《当前法国的道教研究: 学者、源流、观点及方法》,《宗教学研究》2014 年
　　2 期。

胡适:《中国中古思想史长编》(第五章《淮南王书》), 合肥: 安徽教育出版社,
　　2006 年。

胡勇:《中国哲学体用思想研究》, 南京大学博士学位论文, 2013 年。

华学诚汇证, 王智群、谢荣娥、王彩琴协编:《扬雄方言校释汇证》(上下册),
　　北京: 中华书局, 2006 年。

黄国文:《典籍翻译: 从语内翻译到语际翻译——以〈论语〉英译为例》,《中国
　　外语》2012 年 6 期。

黄书芳:《话语权视阈下中华文化典籍翻译出版走出去的若干思考》,《中国出版》
　　2015 年 7 期。

黄小芃:《再论深度翻译的理论和方法》,《外语研究》2014 年 2 期。

霍耀宗:《〈月令〉与秦汉社会》, 苏州大学博士学位论文, 2017 年。

季羡林:《从〈大中华文库〉谈起》,《群言》1995 年 8 期。

贾娴:《〈黄老帛书〉与〈淮南子〉无为思想比较研究》, 河北师范大学硕士学位
　　论文, 2013 年。

姜李勤:《再辩〈文子〉与〈淮南〉——由文本解析推测抄袭关系》,《荆楚学术》
　　2017 年 4 期。

姜望琪:《再论术语翻译的标准——答侯国金(2009)》,《上海翻译》2010 年 2 期。

姜望琪:《论术语翻译的标准》,《上海翻译》2005 年 S1 期。

蒋洪峰:《〈淮南子〉单音节词的同义关系格式》,《现代语文》(语言研究版)2006 年
　　9 期。

金春峰:《〈淮南子·主术训〉的治国思想》,《安徽大学学报》(哲学社会科学版)
　　2008 年 6 期。

金宏宇等:《文本周边——中国现代文学副文本研究》, 武汉: 武汉大学出版社,
　　2014 年。

金洁、吴平:《基于〈骆驼祥子〉英译本序言的译者翻译理念及其主体性研究》,

《浙江大学学报》（人文社会科学版）2016年5期。

康桂英、高旭:《略论〈淮南子〉的"无为而治"思想》,《湖州师范学院学报》2013年5期。

来永红:《论道家治国治身治心思想体系——以〈老子〉、〈管子〉、〈吕氏春秋〉和〈淮南子〉为中心》,《兰州大学学报》（社会科学版）2013年3期。

赖升宏:《论〈淮南子〉对〈庄子〉在礼学思想方面的阐发》,《诸子学刊》2018年2期。

老子:《道德经》,徐华注评,南京:凤凰出版社（原江苏古籍出版社）,2019年。

〔法〕雷米·马蒂厄:《西方人如何理解中国》,《文汇报》2013年2月5日012版。

冷金兰:《〈淮南子〉无为思想研究》,安徽大学硕士学位论文,2011年。

李丹河:《也谈李译〈喧哗与骚动〉》,《中国翻译》1993年4期。

李红霞、张政:《"Thick Translation"研究20年:回顾与展望》,《上海翻译》2015年2期。

李惠芬、赵强:《〈庄子〉、〈淮南子〉论美思想的变与通》,《齐齐哈尔大学学报》（哲学社会科学版）2013年1期。

李黎:《〈淮南子〉美学思想研究——天人合一"四象"分析》,首都师范大学硕士学位论文,2008年。

李旻、马颖:《汉初六十年的"无为"思想变迁——以〈黄老帛书〉与〈淮南子〉为视角》,《枣庄学院学报》2018年6期。

李旻:《〈淮南子〉对传统"民本"思想的继承与创生》,《哈尔滨师范大学社会科学学报》2021年2期。

李旻:《论淮南子政治哲学的施政原则》,《学术探索》2017年2期（a）。

李旻:《〈淮南子〉军事哲学中的"民本"思想探析》,《齐齐哈尔大学学报》（哲学社会科学版）2017年2期（b）。

李明滨:《俄罗斯年谈中俄文学交流》,《国外文学》2007年2期。

李明军:《天人合一与中国文化精神》,济南:山东人民出版社,2015年。

李明山：《论刘安〈淮南子·兵略训〉的民本思想》，《韶关学院学报》2010 年
　1 期。

李姗姗：《习近平"文化走出去"战略思想研究》，《中华文化论坛》2017 年 6 期。

李书慧：《〈淮南子〉中的西王母形象分析》，《淮南师范学院学报》2020 年 3 期。

李素军：《论〈淮南子〉内圣外王体系中"势"的承转作用》，《商丘师范学院学
　报》2020 年 4 期。

李伟荣：《中国文化"走出去"的外部路径研究——兼论中国文化国际影响力》，
　《中国文化研究》2015 年 3 期。

李小二：《〈淮南子〉道家思想及其转向研究》，杭州师范大学硕士学位论文，
　2012 年。

李秀华：《〈淮南子〉对无为概念的新定义及理论贡献》，《海南大学学报》（人文
　社会科学版）2017 年 5 期。

李秀华：《并存不废，会通所长——〈淮南子〉治国思想论析》，《辽宁大学学报》
　（哲学社会科学版）2009 年 5 期（a）。

李秀华：《〈淮南子〉书名演变考论》，《西南交通大学学报》（社会科学版）2009 年
　5 期（b）。

李延飞：《〈淮南子·天文训〉音乐史料研究》，温州大学硕士学位论文，2016 年。

李雁：《〈红楼梦〉法译本的"深度翻译"及其文化传递》，《外语教学与研究》
　2014 年 4 期。

李玉用、刘柯言：《〈淮南子〉中的管理智慧探微》，《管子学刊》2014 年 1 期。

李悦：《安乐哲对〈淮南子·主术〉政治哲学的研究》，黑龙江大学硕士学位论
　文，2020 年。

李志强：《谈〈淮南子〉英译中的训诂问题》，《北方工业大学学报》2016 年 2 期。

梁启超：《清代学术概论》，上海：上海古籍出版社，2000 年。

梁启超：《中国近三百年学术史》，北京：中华书局，1992 年。

梁启超：《梁启超论清学史二种》，上海：复旦大学出版社，1985 年。

林超：《〈淮南子〉中的法律思想》，西南政法大学硕士学位论文，2009 年。

林飞飞、高旭:《〈淮南子〉生态伦理思想探析》,《鄱阳湖学刊》2013 年 3 期。

林飞飞:《〈淮南子〉的治国思想研究》,山东师范大学硕士学位论文,2009 年。

林飞飞:《〈淮南子〉的战争观》,《辽宁教育行政学院学报》2008 年 3 期。

林琳:《〈黄帝内经〉与〈淮南子〉比较研究》,辽宁中医学院(现改名为辽宁中
　　医药大学)博士学位论文,2003 年。

林宛莹:《传统的再生:中国文学经典在马来西亚的伦理接受》,华中师范大学博
　　士学位论文,2014 年。

刘爱敏:《〈管子〉四篇哲学思想对〈淮南子〉的影响》,《船山学刊》2015 年
　　3 期。

刘安等编著:《淮南子》(第 1 版),高诱注,庄逵吉校,上海:上海古籍出版社,
　　1989 年。

刘朝晖:《评〈红楼梦〉两个英译本的可接受性——以美国亚利桑那州立大学学
　　生的抽样调查为例》,《中国翻译》2014 年 1 期。

刘承华:《"感应论"音乐美学的理论自觉——〈吕氏春秋〉〈淮南子〉〈乐记〉的
　　论乐理路》,《音乐研究》2018 年 2 期。

刘道超:《论汉代择吉民俗的发展及其特征》,《广西师范大学学报》(哲学社会科
　　学版)2006 年 1 期。

刘殿爵:《〈淮南子〉韵读及校勘》,香港:香港中文大学出版社,2013 年。

刘殿爵:《淮南子逐字索引》,香港:商务印书馆(香港)有限公司,1992 年。

刘康德:《〈吕氏春秋〉〈淮南鸿烈〉合论》,《南京师范大学文学院学报》2006 年
　　2 期。

刘康德:《淮南子直解》,上海:复旦大学出版社,2001 年。

刘丽、刘玮玮:《〈淮南子〉的气论及其医学养生思想》,《中华中医药杂志》2019 年
　　6 期。

刘睿、刘卉:《中国古代天文术语的英译策略——以约翰·梅杰翻译的〈淮南
　　子·天文训〉为例》,《西部学刊》2020 年 9 期。

刘睿:《基于语料库计量语言特征的译者风格研究——以〈淮南子·时则训〉三

译本为例》,《文化学刊》2020 年 10 期。

刘晟、焦波:《地方文化走出去迎来"开门红"》,《中国文化报》2015 年 2 月 2 日 004 版。

刘伟、王宏:《中国典籍英译:回顾与展望:王宏教授访谈录》,《外文研究》 2013 年 1 期。

刘文典:《刘文典全集》(卷四),合肥:安徽大学出版社、昆明:云南大学出版 社,1999 年。

刘文典:《淮南鸿烈集解》,北京:中华书局,1989 年。

刘兴海:《〈淮南子〉中的音乐美学思想》,《大众文艺》2013 年 3 期。

刘秀慧、白庆新:《司马迁〈史记〉创造精神——兼谈渭南"三圣"的创造精 神》,《绥化学院学报》2012 年 2 期。

刘洋:《齐齐哈尔流人文化走出去策略研究》,《理论观察》2012 年 3 期。

刘泽权、刘艳红:《典籍外译"走出去"的思考与对策——以〈红楼梦〉为例》, 《中国矿业大学学报》(社会科学版)2013 年 1 期。

〔澳〕柳存仁:《海外道家文化研究简介》,陈鼓应:《道家文化研究》(第十四辑), 北京:生活·读书·新知三联书店,1998 年。

卢琰、侯茜、董娜、曲倩倩:《〈黄帝内经·素问〉英语译文中括号的使用探讨》, 《中国中西医结合杂志》2017 年 10 期。

鲁人:《〈淮南子〉社会历史观初探》,《齐鲁学刊》1980 年 1 期。

〔英〕鲁惟一:《中国古代典籍导读》,李学勤等译,沈阳:辽宁教育出版社, 1997 年。

陆耿:《〈淮南子〉养生主张的终极目标》,《淮南师范学院学报》2021 年 1 期。

陆耿:《〈淮南子〉与淮南文化旅游发展》,《安徽理工大学学报》(社会科学版) 2019 年 4 期。

栾雪梅、卞建华:《从〈苏东坡传〉看作者和译者的读者意识》,《外国语言与文 化》2018 年 2 期。

罗毓平:《〈淮南子〉的哲学思想》,陕西师范大学博士学位论文,2012 年。

吕书宝:《论〈淮南子〉的文学价值》,《东北师大学报》(哲学社会科学版)2007
　　年2期。

吕锡琛、龙国智:《〈淮南子〉用人伦理思想探微》,《湘潭大学社会科学学报》
　　2003年5期。

吕锡琛:《〈淮南子〉心理学思想及其现代意义》,《自然辩证法研究》2000年
　　11期。

吕有云:《道教政治管理之道研究》,四川大学博士学位论文,2004年。

马启俊:《从成语看〈淮南子〉对〈庄子〉的继承与发展》,《安徽理工大学学报》
　　(社会科学版)2021年1期。

马启俊:《〈淮南子〉中的〈老子〉异文比较研究》,《新乡学院学报》2017年
　　8期(a)。

马启俊:《〈淮南子〉中的〈庄子〉12条异文比较研究》,《淮南师范学院学报》
　　2017年2期(b)。

马庆洲:《六十年来〈淮南子〉研究的回顾与反思》,《文学遗产》2010年6期。

马庆洲:《淮南子考论》,北京:北京大学出版社,2009年。

马庆洲:《〈淮南子〉研究》,北京大学博士学位论文,2001年。

马新义:《舜之韶乐及其起源地杂谈》,山东省大舜文化研究会:《2009年中国
　　(诸城)大舜文化学术研讨会论文集》,山东诸城,2009年。

马雪平:《〈淮南子〉寓言研究》,福建师范大学硕士学位论文,2017年。

马育良、郭文君:《辨析对治:〈淮南子〉的廉政思想》,《淮南师范学院学报》2015年
　　1期。

梅磊:《〈淮南子〉中的生态意蕴及其现代解读》,武汉科技大学硕士学位论文,
　　2009年。

孟庆波、高旭:《西方汉学中的〈淮南子〉翻译与研究——基于英文书籍的文献
　　史考察》,《国际汉学》2018年3期。

孟祥运:《〈淮南子〉与〈孙子兵法〉军事思想探析》,《孙子研究》2018年
　　6期。

莫楠:《〈淮南子〉伦理思想：道、儒、法之融合》,《南昌大学学报》(人文社会
　　科学版)2017年6期。

牟钟鉴:《〈吕氏春秋〉与〈淮南子〉思想研究》,济南:齐鲁书社,1987年
　　(2013年由人民出版社再版)。

〔日〕楠山春树:《淮南子》(新释汉文大系),东京:明治书院,1979—1988年。

聂麟枭、聂中庆:《〈庄子〉〈文子〉〈淮南子〉重文研究》,《辽东学院学报》(社
　　会科学版)2015年6期。

潘存娟:《〈淮南子〉与〈老子〉"道生万物"模式之比较》,《陕西教育学院学报》
　　2007年1期。

潘秋平、张晓利、段晓华:《〈黄帝内经〉与〈淮南子〉养生思想比较》,《广州中
　　医药大学学报》2014年2期。

潘文国:《中籍外译,此其时也——关于中译外问题的宏观思考》,《杭州师范学
　　院学报》(社会科学版)2007年6期。

彭君华:《略谈刘文典对〈淮南鸿烈〉的贡献》,《安徽师范大学学报》(人文社会
　　科学版)2001年3期。

漆子扬:《刘安及宾客著述考略》,《古籍整理研究学刊》2006年1期。

漆子扬:《刘安与〈淮南子〉》,西北师范大学博士学位论文,2005年。

齐勇锋、蒋多:《中国文化走出去战略的内涵和模式探讨》,《东岳论丛》2010年
　　10期。

祁海文:《〈淮南子〉与儒道礼乐美学的会通与融贯》,《社会科学辑刊》2019年
　　3期。

钱善刚:《人学视域下〈淮南子〉的家庭思想》,《南通大学学报》(社会科学版)
　　2017年4期。

钱善刚:《〈淮南子〉生命哲学论》,《合肥师范学院学报》2001年5期。

强星星:《〈淮南子〉法治理念思想与实践探究》,《淮南师范学院学报》2015年
　　4期。

邱均平、马力、杨强:《数字出版环境下书后索引发展研究》,《图书馆杂志》2016年

3 期。

沈京杰:《〈淮南子〉的生态思想及其当代价值》,《安徽理工大学学报》(社会科
　　学版)2019 年 5 期。

时钟涛、朱惠娟:《互联网 + 视域下宁波地方文化走出去的路径解析》,《戏剧之
　　家》2017 年 23 期。

[汉]司马迁:《史记》,韩兆琦主译,北京:中华书局,2012 年。

斯洪桥:《〈淮南子〉的天人观及其生态价值》,《河北师范大学学报》(哲学社会
　　科学版)2014 年 4 期。

宋辉、付英楠:《〈淮南子〉的养生思想》,《西安石油大学学报》(社会科学版)
　　2015 年 6 期。

宋辉、宋晓璐、王林:《〈淮南子〉的民本思想评议》,《西安石油大学学报》(社
　　会科学版)2013 年 2 期。

宋克宾:《律源自然、律度适度、律数趋匀、律历合一——〈吕氏春秋〉〈淮南
　　子〉律学思想"四维"特征》,《星海音乐学院学报》2014 年 4 期。

宋晓春:《论典籍翻译中的"深度翻译"倾向——以 21 世纪初三种〈中庸〉英译
　　本为例》,《外语教学与研究》2014 年 6 期。

宋志明:《中国传统哲学通论》(第 3 版),北京:中国人民大学出版社,2013 年。

苏晓威:《〈文子〉与〈淮南子〉关系再认识——以其与〈淮南子〉相同故事内容
　　的研究为中心》,《中国典籍与文化》2015 年 4 期。

苏晓威:《〈文子〉与〈淮南子〉关系再认识——以〈文子〉古文书写系统为中
　　心》,《中国国家博物馆馆刊》2013 年 1 期。

孙彬:《论西周从"philosophy"到"哲学"一词的翻译过程》,《清华大学学报》
　　(哲学社会科学版)2010 年 5 期。

孙纪文:《淮南子研究》,北京:学苑出版社,2005 年。

孙纪文:《〈淮南子〉研究》,福建师范大学博士学位论文,2004 年。

孙新文:《回顾与展望:2006—2016 中国数字出版》,《山东理工大学学报》(社
　　会科学版)2018 年 2 期。

孙迎春编著：《张谷若翻译艺术研究》，北京：中国对外翻译出版公司，2004 年。

谭小菊、张焱：《生态翻译学视角下〈淮南子〉养生术语英译比较研究》，《海外英语》2019 年 8 期。

谭小菊：《"整合适应选择度"标准下〈淮南子〉中医养生术语英译比较研究》，西安理工大学硕士学位论文，2019 年。

唐赤蓉：《〈淮南子〉的养生理论》，《宗教学研究》2003 年 1 期。

唐国军：《政治多元：汉初中央与诸侯王国政治理论的分殊》，《广西社会科学》2011 年 6 期。

唐劭廉、吕锡琛：《尊天保真，贱物贵身，外物反情——〈淮南子〉道德心理学思想解读》，《自然辩证法研究》2004 年 4 期。

唐劭廉、吕锡琛：《〈淮南子〉道德认知图式省察》，《道德与文明》2002 年 2 期。

唐述壮：《〈淮南子〉的"生态智慧"对美丽中国建设价值探究》，《西南林业大学学报》（社会科学）2018 年 6 期。

唐兴来、朱玉胜：《〈淮南子〉社会管理思想研究及启示》，《第九届国家高级检察官论坛论文集》，黑龙江大庆，2013 年。

汪庆华：《传播学视域下中国文化走出去与翻译策略选择——以〈红楼梦〉英译为例》，《外语教学》2015 年 3 期。

汪仁学：《翻译图书索引制作的一种方法》，《中国编辑》2008 年 6 期。

［魏］王弼注，楼宇烈校释：《老子道德经注校释》，北京：中华书局，2008 年。

王传旭、方川：《"淮南"与"淮南文化"》，《淮南师范学院学报》2006 年 6 期。

王辉：《盛名之下，其实难副——〈大中华文库·论语〉编辑出版中的若干问题》，《华中科技大学学报》（社会科学版）2003 年 1 期。

王军：《〈淮南子〉庄逵吉注研究》，安徽大学硕士学位论文，2003 年。

王卡点校：《老子道德经河上公章句》，北京：中华书局，1993 年。

王磊：《〈淮南子〉与〈吕氏春秋〉传承关系考论》，山东大学硕士学位论文，2014 年。

王力主编：《古代汉语》，北京：中华书局，1999 年。

王森:《〈山海经〉与〈淮南子〉之神话比较研究》,西北师范大学硕士学位论文, 2015 年。

王沁凌:《〈淮南子·齐俗训〉政治思想浅议》,《船山学刊》2015 年 5 期。

王瑞芹:《汉代民俗文化观念对造物设计的影响——以徐州出土汉代造物设计为 例》,《江苏师范大学学报》(哲学社会科学版) 2017 年 1 期。

王守华:《西周》,铃木正、卞崇道等:《日本近代十大哲学家》,上海:上海人民 出版社,1989 年。

王水香:《先秦两汉涉医文学研究》,福建师范大学博士学位论文,2016 年。

王硕:《"虚"之精要乃在"极"——对〈老子〉〈孙子〉〈淮南子〉的"虚"观念 进行梳理》,《白城师范学院学报》2017 年 1 期。

王四达:《"治在道,不在圣"——一个失落的传统:道法家政治哲学发微》,《哲 学研究》2013 年 6 期。

王维:《对〈淮南子〉中儒道音乐美学思想的理论反思》,《交响(西安音乐学院 学报)》2015 年 4 期。

王文东:《〈淮南子〉对道家生态伦理观的积极阐释》,《阴山学刊》2014 年 1 期。

王效峰:《如何"无为"?——论〈淮南子〉的"因"与"执后"》,《咸阳师范学 院学报》2021 年 1 期。

王雪明、杨子:《典籍英译中深度翻译的类型与功能——以〈中国翻译话语英译 选集〉(上)为例》,《中国翻译》2012 年 3 期。

王雅坤、耿兆辉:《中国文化走出去的影响因素及路径选择》,《河北学刊》2013 年 3 期。

王翊、张瑞娥、韩名利:《〈淮南子〉汉英平行语料库建设及应用前景》,《安徽理 工大学学报》(社会科学版) 2021 年 1 期。

王宇祯:《〈淮南子〉环境伦理思想解析》,《南京林业大学学报》(人文社会科学 版) 2018 年 4 期。

王云度:《〈淮南子〉论养生》,《南都学坛》1995 年 4 期。

王运红:《〈淮南子·主术训〉之法律起源观》,《法制博览》2016 年 32 期。

王中江:《道与事物的自然:老子"道法自然"实义考论》,《哲学研究》2010 年 8 期。

魏家海:《〈楚辞〉翻译注释的文化功能》,《西安外国语大学学报》2017 年 1 期。

魏义霞:《近代哲学视界中的〈淮南子〉》,《哲学动态》2012 年 7 期。

吴方桐:《〈淮南子〉的"无为"哲学》,《华中师院学报》(哲学社会科学版) 1984 年 2 期。

吴明风:《黄老之学与汉初政治》,杭州师范大学硕士学位论文,2020 年。

夏依甜:《〈淮南子·主术训〉中的君主治理之道》,《才智》2013 年 17 期。

夏征农主编:《辞海》,上海:上海辞书出版社,1999 年。

萧晓阳:《端午考原》,《苏州大学学报》(哲学社会科学版) 2005 年 4 期。

颉玉燕:《〈吕氏春秋〉〈淮南子〉校读研究》,西北师范大学硕士学位论文,2015 年。

谢璐、陈宏光:《〈淮南子〉的法律思想及其现实意义》,《湖北警官学院学报》 2012 年 2 期。

谢璐:《"无为"而治中的"有为"之治——〈淮南子(主术训)〉中的社会治理之道》,《长春工业大学学报》(社会科学版) 2012 年 2 期。

谢娜:《〈淮南子〉美学思想述论》,安徽大学硕士学位论文,2012 年。

谢双峥:《古代四时养生思想的历史发展及文献研究》,江西中医药大学博士学位论文,2020 年。

谢天振:《中国文学走出去:问题与实质》,《中国比较文学》2014 年 1 期。

谢昭新:《论胡适对〈淮南子〉思想研究的开创性贡献》,《江淮论坛》2012 年 1 期。

邢勤锋、张飞霞、郭丽娜:《"淮南子"文化体系重构研究——基于"强人"的视角》,《安徽理工大学学报》(社会科学版) 2017 年 3 期。

熊月之:《从晚清"哲学"译名确立过程看东亚人文特色》,《社会科学》2011 年 7 期。

徐复观:《中国人性论史(先秦篇)》,上海:上海三联书店,2001 年。

徐剑:《论〈淮南子〉的军事思想》,华中师范大学硕士学位论文,2007 年。

徐岚：《试论〈淮南子〉的"无为而治"》，华中科技大学硕士学位论文，2019 年。

徐雁：《"两个批评学者"与"五十个书评家"——有关〈图书评论与阅读推广〉的知识解说》，《图书馆建设》2017 年 12 期。

徐要龙：《淮南学派与董仲舒道术观比较研究》，河南大学硕士学位论文，2020 年。

许多、许钧：《中华文化典籍的对外译介与传播——关于〈大中华文库〉的评价与思考》，《外语教学理论与实践》2015 年 3 期。

许多：《中国当代文学在西方译介与接受的障碍及其原因探析》，《外国语（上海外国语大学学报）》2017 年 4 期。

许抗生：《老子研究》，台北：水牛出版社，1999 年。

许匡一：《〈淮南子〉分音词试释》，《武汉教育学院学报》1996 年 2 期。

许匡一译注：《淮南子全译》，贵阳：贵州人民出版社，1993 年。

［汉］许慎：《说文解字》，［宋］徐铉等校，上海：上海古籍出版社，2007 年。

薛冬艳：《声生于日，律生于辰——阐发先秦、两汉二分、三分生律思维》，《中国音乐》2018 年 2 期。

薛正兴：《〈古代汉语〉注释原则及疑义讨论——与赵克勤、许嘉璐同志商榷》，《徐州师范学院学报》1985 年 1 期。

闫楷文：《〈淮南子〉管理思想探求》，《改革与开放》2010 年 6 期。

闫顺玲：《文化视野下的汉字审美——汉字是汉文化的载体》，《汉字文化》2018 年 12 期。

闫伟：《〈淮南子〉生死哲学论析》，《淮南师范学院学报》2019 年 1 期。

严三九、刘峰：《中国文化"和谐"价值理念及其国际传播路径探析》，《新闻与传播研究》2013 年 7 期。

燕国材：《再评〈淮南子〉的心理思想》，《心理科学通讯》1988 年 1 期。

杨栋、邱阳：《试论帛书〈黄帝四经〉对〈淮南子〉的影响》，《关东学刊》2016 年 6 期。

杨栋：《〈淮南子〉成书中的文本问题》，《中国社会科学报》2018 年 3 月 2 日 004 版。

杨栋:《二十世纪〈淮南子〉研究》,东北师范大学硕士学位论文,2007年。

杨凯:《"丰厚翻译"视角下的约翰·梅杰〈淮南子〉英译本研究》,《湘南学院学报》2016年6期。

杨柳:《〈淮南子〉政治伦理思想研究》,河北大学硕士学位论文,2017年。

杨牧之(总序),翟江月、牟爱鹏英译:《淮南子(汉英对照)》,桂林:广西师范大学出版社,2010年。

杨牧之:《新中国古籍整理出版工作回顾与展望》,《中国出版史研究》2018年1期。

杨牧之:《国家"软实力"与世界文化的交流——〈大中华文库〉编辑出版启示》,《中国编辑》2007年2期。

杨牧之:《迎接新世纪文明的太阳——〈大中华文库〉总序》,《出版广角》2000年8期。

杨萍:《汉初黄老治国思想研究》,山东大学硕士学位论文,2019年。

杨石磊、何艳珊:《化技术为道术——〈淮南子〉音乐表演美学思想探赜》,《南京艺术学院学报(音乐与表演)》2020年4期。

杨永发、郭芹纳:《论注释内容的系统与注释的层次》,《陕西师范大学学报》(哲学社会科学版)2009年3期。

姚雪:《一样的图书,不一样的评论——10本图书的Amazon.com和Amazon.cn评论比较研究》,《出版广角》2013年7期。

姚治中:《淮南狱辨正》,《安徽史学》2001年4期。

叶君远(序),李明军:《天人合一与中国文化精神》,济南:山东人民出版社,2015年。

叶涛:《翻译书的索引及索引控制翻译法》,《科技与出版》2012年11期。

殷丽:《中医药典籍国内英译本海外接受状况调查及启示——以大中华文库〈黄帝内经〉英译本为例》,《外国语(上海外国语大学学报)》2017年5期。

应克荣、方川:《〈淮南子〉赋笔特征论略》,《阜阳师范学院学报》(社会科学版)2018年5期。

应克荣、方川:《略论〈庄子〉浪漫精神对〈淮南子〉的影响》,《阜阳师范学院学报》(社会科学版) 2017 年 5 期。

应克荣:《〈淮南子〉廉政观及当代价值》,《黄山学院学报》2015 年 1 期。

应克荣:《试论〈淮南子〉饮食与养生》,《淮南师范学院学报》2012 年 6 期。

赢商荟老魏:《亚马逊:如何判断一款产品的销量?》,2018 年 3 月 28 日,http://www.maijia.com/info/446998。

于大成:《淮南鸿烈论文集》,台北:里仁书局,2005 年。

于大成:《六十年来之淮南子学》,于大成、陈新雄:《淮南子论文集》(第一辑),台北:西南书局有限公司,1979 年。

于大成:《淮南子今注今译》,台北:台湾商务印书馆,1977 年。

于会歌:《当代中国社会认同:历史代际、文化记忆与虚拟地理》,《青海社会科学》2017 年 4 期。

于首奎:《〈淮南子〉政治思想刍议》,《东岳论丛》1989 年 5 期。

袁可嘉:《论译注和加注的原则》,《翻译通讯》编辑部编:《翻译研究论文集》(1949—1983),北京:外语教学与研究出版社,1984 年。

袁行霈主编:《中国文学史》(第一卷主编:聂石樵、李炳海),北京:高等教育出版社,2003 年。

翟江月、牟爱鹏英译:《淮南子(汉英对照)》,桂林:广西师范大学出版社,2010 年。

张纯林:《淮南人坚定文化自信的根源——习近平用典〈淮南子〉启示录》,《淮南日报》2021 年 2 月 5 日 003 版。

张纯林:《〈淮南子〉生态自然观的哲学思考》,《淮南日报》2020 年 3 月 3 日 003 版。

张方:《〈淮南子〉"根心说"音乐思想研究》,南京艺术学院硕士学位论文,2020 年。

张丰乾:《试论竹简〈文子〉与今本〈文子〉的关系——兼为〈淮南子〉正名》,《中国社会科学》1998 年 2 期。

张亘稼:《〈淮南子〉论人性的弊端》,《宝鸡文理学院学报》(社会科学版)2014 年 6 期。

张弘:《新闻出版总署副署长邬书林谈书后索引》,《中国索引》2012 年 2 期。

张弘:《〈淮南子〉和谐发展生态论》,《济南大学学报》(社会科学版)2004 年 5 期。

张建设:《探究制胜之道,揭示战争规律——读〈孙子兵法〉与〈淮南子·兵略训〉》,《孙子研究》2018 年 6 期。

张进:《新历史主义与历史诗学》,北京:中国社会科学出版社,2004 年。

张静亚:《〈淮南子〉音乐美学思想的矛盾统一性》,河南大学硕士学位论文,2010 年。

张凯辰:《传统首饰工艺点翠在现代首饰设计中的创新研究》,西安工程大学硕士学位论文,2014 年。

张立文:《冲突与医治:〈淮南子〉化解危机的哲学》,《江海学刊》2010 年 1 期。

张佩瑶编著:《中国翻译话语英译选集》,上海:上海外语教育出版社,2006/2010 年。

张萍:《中国传统文化下内部控制模式的探索》,南京大学博士学位论文,2017 年。

张倩:《中国文学走出去的飞散译者模式探索——以童明英译木心短篇小说集〈空房〉为例》,《外语教学》2015 年 3 期。

张双棣:《淮南子校释》(增订本),北京:北京大学出版社,2013 年。

张思齐:《英国道教学成长时期的历史和特点》,《西南民族大学学报》(人文社科版)2010 年 1 期。

张维新:《〈淮南子〉的生态自然观及其现代启示》,《前沿》2010 年 9 期。

张文琪:《〈淮南子〉文学研究》,西北师范大学硕士学位论文,2012 年。

张文涛:《史学史视野下的〈竹书纪年〉辨析》,《郑州大学学报》(哲学社会科学版)2016 年 6 期。

张西平:《中国古代文化典籍域外传播研究的门径》,《中国高校社会科学》2015 年 3 期。

张小娥：《〈淮南子〉英译对比研究——以〈女娲补天〉文本探究为例》，《青年文学家》2020 年 27 期。

张小宁：《试论〈淮南子〉的君主观》，《重庆交通大学学报》（社会科学版）2010 年 2 期。

张晓红、刘金龙：《典籍英译对外出版的读者定位——以〈三国演义〉的英译为例》，《中国出版》2015 年 14 期。

张永芳：《西汉刘安论养生》，《华夏长寿》1997 年 5 期。

张运华、何国庆：《〈淮南子〉儒道结合的养生论》，《吉首大学学报》（社会科学版）1996 年 3 期。

张运华：《〈淮南子〉的"无为"理论》，《西北大学学报》（哲学社会科学版）1996 年 2 期。

张子贺：《〈淮南子〉：淮南独具的文化瑰宝》，《淮南日报》2006 年 10 月 30 日 003 版。

章艳、胡卫平：《文化人类学对文化翻译的启示——"深度翻译"理论模式探索》，《当代外语研究》2011 年 2 期。

章媛：《西译文本对老子"道法自然"误读考辨》，《宗教学研究》2012 年 2 期。

赵敦华：《四十年来西方哲学问题争论发凡》，《学术交流》2019 年 3 期。

赵长江、刘艳春：《中国典籍翻译与研究的现状、研究问题及未来展望》，《燕山大学学报》（哲学社会科学版）2014 年 4 期。

赵长江：《19 世纪中国文化典籍英译研究》，南开大学博士学位论文，2014 年。

赵克勤、许嘉璐：《谈〈古代汉语〉（王力主编）文选的注释原则——兼答薛正兴同志》，《社会科学战线》1981 年 4 期。

赵妙法：《〈淮南子〉的"自然无为"说及其后现代意义——兼与任继愈、李泽厚两先生商榷》，《安徽大学学报》2006 年 6 期。

赵威：《淮南成语典故的文化内涵与现代启示》，《淮南日报》2021 年 6 月 10 日 A02 版。

赵欣：《〈淮南子〉的宇宙论、生命论、艺术论研究》，山东大学博士学位论文，

2010 年。

赵亚宏、孙文采:《"民俗"的出源及其文化内涵与功能》,《华夏文化论坛》2013 年
　　2 期。

赵勇:《"深度翻译"与意义阐释:以梭罗〈瓦尔登湖〉的典故翻译为例》,《外语
　　与外语教学》2010 年 2 期。

赵自勇:《〈淮南子〉对上古神话的整理》,《安徽史学》2009 年 4 期。

赵宗乙:《〈淮南子·时则训〉语辞札记》,《泉州师范学院学报》2009 年 3 期。

赵宗乙:《〈淮南子·地形训〉语辞札记》,《漳州师范学院学报》(哲学社会科学
　　版)2008 年 4 期。

赵宗乙:《〈淮南子·天文训〉语辞管见》,《闽西职业技术学院学报》2007 年
　　3 期(a)。

赵宗乙:《〈淮南子·原道训〉语辞管见》,《漳州师范学院学报》(哲学社会科学
　　版)2007 年 2 期(b)。

赵宗乙:《〈淮南子·俶真训〉语辞札记》,《集美大学学报》(哲学社会科学版)
　　2007 年 1 期(c)。

赵宗乙:《淮南子译注》,哈尔滨:黑龙江人民出版社,2003 年。

郑开:《黄老政治哲学阐幽》,《深圳社会科学》2019 年 4 期。

〔马来西亚〕郑良树:《淮南子斠理》,台湾大学硕士学位论文,1967 年(1969 年
　　由台北嘉新水泥公司文化基金会排印出版)。

中国社会科学院语言研究所:《现代汉语词典》(第 7 版),北京:商务印书馆,
　　2016 年。

周大璞主编,黄孝德、罗邦柱分撰:《训诂学初稿》,武汉:武汉大学出版社,
　　2007 年。

周方珠:《厚翻译述评》,《宿州学院学报》2011 年 1 期。

周桂钿:《中国传统哲学》,福州:福建教育出版社,2017 年。

周领顺、强卉:《"厚译"究竟有多厚?——西方翻译理论批评与反思之一》,《外
　　语与外语教学》2016 年 6 期。

周敏、浮琪琪:《数字化出版助力中国文化"走出去"的现状及问题探析》,《科技与出版》2015 年 7 期。

周婷:《〈淮南子〉山水观及其审美意义探析》,《宗教学研究》2017 年 2 期。

周维新:《翻译与注释》,《中国翻译》1985 年 2 期。

周雅娟:《重视辞书索引 提高图书质量》,《出版广角》2014 年 12 期。

周叶君:《〈淮南子〉对老庄思想的继承与发展》,安徽大学博士学位论文,2012 年。

朱安博、顾彬:《中国文学的"世界化"愿景——德国汉学家顾彬访谈录》,《吉首大学学报》(社会科学版)2017 年 3 期。

朱立元主编:《当代西方文艺理论》,上海:华东师范大学出版社,2005 年。

朱炜:《俞樾与浙江官书局》,《图书馆研究与工作》2015 年 1 期。

朱晓晖:《〈淮南子〉与屈赋比较研究》,安徽大学硕士学位论文,2012 年。

朱旭强:《颛顼帝喾乐名考辨》,《云南艺术学院学报》2005 年 1 期。

朱永新、范庭卫:《〈淮南子〉人力管理的心理学思想》,《心理科学》1999 年 5 期。

跋

真心话，关注《淮南子》进而开拓《淮南子》翻译研究，主要是责任使命和现实担当使然。我 2000 年从安徽师范大学毕业来淮南师范学院从事外语教学，除时常为《英语世界》《大学英语》《科技英语学习》译些短文外，并无特定的翻译研究领域；稍后因攻读硕、博士学位和晋升职称，确实广泛涉猎过中外翻译史及其诸派翻译理论，然而撰写特定学术论文却大都是一时兴起所致。是故，笔者前期的学术论文虽差强人意，研究主题却忽东忽西，由此想到周围朋友常说我是性情中人，可谓较好地佐证了古人"文如其人"的远见卓识。兴许是后浪推前浪，自己逐渐被推至需要肩负起当前责任的前沿；又兴许是身处淮南王故里，现实需要自己担当起研究《淮南子》对外传播及其翻译的使命。这种隐约可触的使命感，让自己的研究目光最终落于淮南王留给淮南人的丰厚遗产，即《淮南子》。

其时，有关《淮南子》翻译研究的课题并非没有学者试探过，但均因可以想象的难度而作罢。其难度具体表现在：典籍文本本身博大庞杂而难以把握，国内外尚无相关翻译研究可供借鉴，就连英语全译本也是迟至 2010 年才面世。话说回来，有了使命、有了担当，便可不计难度之大小，只顾埋首耕耘。于是乎，除却追求名利之浮躁，静下心来逐字咀嚼原文，逐句研读译文，进而推敲译介之得失，偶有欣喜便提笔落墨……蓦然回首，寒来暑往已有十度春秋，论文课题已然日积月累。时被派出参会，偶被呼为"《淮南子》翻译研究大咖"，大惊之余诚惶诚恐，方知《淮南子》翻译研究已然从无到有，涉猎学人已由一人壮大为数人，便深感欣慰。

其间，明知蜀道难偏向蜀道行的使命以及板凳需坐十年冷的坚守，使得笔者多次扮演了第一个吃螃蟹的角色，如第一个全面聚焦《淮南子》译介研究，第一个深入研究《淮南子》英语全译本，第一个主持《淮南子》翻译研究的省部级课题，第一个对比研究《淮南子》英译副文本风格并以此为题完成博士学位论文，第一个研制《淮南子》英汉双语平行语料库……至于小论文，有交流，有发表，也有获奖，亦有一定规模且成一定体系，基本具备学术著作的框架和潜质。真正促成并启动学术著作《〈淮南子〉传承与译介研究》交付及出版的是申请并获批的2019年安徽省哲学社会科学规划后期资助项目"《淮南子》传承与译介研究"。

其实，后期资助项目申请时著作《〈淮南子〉传承与译介研究》业已成形，尤其是译介部分较为全面整合了笔者研究《淮南子》译介十余年来的重要成果（2019年博士学位论文除外）。然而，笔者素有文章不写半句空的学术志向及追求，在得知项目"《淮南子》传承与译介研究"获批后仍然顿感压力倍增，故在书稿完成后又用了两年多时间进一步修订，且时常请教方家以求完善。因此，《〈淮南子〉传承与译介研究》能够付梓，得益于笔者十余年来对《淮南子》翻译研究的坚守与积淀，得益于方家近年来对笔者翻译研究尤其是《淮南子》翻译研究的指导与点拨。感谢硕士研究生学习期间解放军外国语学院孙致礼教授、严辰松教授、韩子满教授、蔡金亭教授、吴南松博士、全亚辉博士等指导我走上翻译理论与实践之路；感谢博士研究生学习期间上海外国语大学查明建教授、张健教授、赵蓉晖教授、孙会军教授、肖维青教授、鲍晓英教授、章艳教授、吴珺如副教授、李美副教授等热情指教，促使我开辟出《淮南子》译介研究的一小片天地；感谢上海外国语大学冯庆华教授指导我完成了博士学位论文，感谢华东师范大学窦卫霖教授和上海对外经贸大学温建平教授等对完善博士学位论文建言献策，由此深入到中外《淮南子》英译本风格对比研究的全新领域；感谢安徽省《淮南子》研究会陈广忠名誉会长和方川会长提携之情，并引领我立于《淮南子》研究的深厚土壤；此外，尤要感谢直接或间接评阅拙作《〈淮南子〉传承与译介研究》的专家学者，主要有北京大学胡壮麟教授、清华大学胡庚申教授、上海外国语大学韩子满教授、华东师范大学张春柏教授、安徽师范大学张德让教授、安徽大学朱玉彬教授、安徽省《淮南子》研究会会长方川教授、复旦大学陶友兰教授、合肥工业大学韩江洪教授、安徽工业大学曹瑞澜教授、安徽理工大学高旭教授、河北师范大学李正栓教授、西安外国语大学黄焰结教授、深圳大学陈东成教授、中国科学技术大学邢鸿飞副教授、香港岭南大学陈德鸿教授、澳门理工学院蒋骁华教授、台湾长荣大学董大晖教授和台湾东吴大学曾泰元副教授等，还有美国汉学家马绛教授、康涅狄格学院桂思卓教授、纽约城市大学麦安迪教授和布朗大学罗浩教授等。上述学者专家的悉心指导、热情鼓励与诚心相助使得研究渐趋深入，使得拙作渐趋完善，也结晶析出我们之间永恒的友情，在此一并向他们致以最诚挚的谢意！

本书是安徽省哲学社会科学规划后期资助项目"《淮南子》传承与译介研究"的最终研究成果。良师益友中，积极参与申请项目的有丁大琴、葛瑞峰、韩子满、梁倩、任梦晓、何佳佳等老师，积极献言并提供帮助的有陈年红、程刚、李琳琦、陈明生、陈永红、朱其永、孙大军、单杰、廖军和、夏维奇、孙业国、张文凤、方秀才、方川、高旭、王奕璇、李安华、邓高胜等老师，热情帮忙校阅书稿的有葛瑞峰、望经纬、梁倩、何佳佳、刘延等老师和我的研究生汤靖同学，最后尤要感谢商务印书馆认真负责的张艳丽女士、薛亚娟女士等。他们都为项目申请、研究开展、书稿完善或编辑出版付出了诸多努力，我当永记心中！

拙作基本定稿之后，领衔翻译 The Huainanzi 的美国著名汉学家马绛教授欣然拨冗作序，并随着书稿逐次完善而数易其序。随后，上海外国语大学博士生导师韩子满教授从地方文化及典籍译介视角提出了一些相关译介批判、内容精简等修改建议，安徽省《淮南子》研究会会长方川教授则从《淮南子》研究的视角提出了一些研究视角拓展、框架统一和谐等修改建议，合力使得拙作内容和形式都有了较大的提升，而且两位会长都乐意从百忙中挤出时间细读书稿，进而为之撰写适当的序言。三位大家与其说为笔者作序，毋宁说是为拙作宣传，是对笔者的栽培与提携。笔者感动之余，深感三生有幸：三位欣然为之作序的大家分别代表了国外汉学家、国内地方文史专家和《淮南子》研究专家的视角和眼光，他们在序中所言合起来就能给拙作一个相对全面且适当的科学评价，于笔者、于读者是何其幸哉！

最后，需要感谢给予我无限信任和支持的家人。父亲丁祖义先生和母亲席宝娣女士，虽目不识"丁"却教我为人诚信、遇事努力，构成我一路前行的原动力；妻子丁大琴贤惠麻利并心甘情愿地相夫教子，儿子丁宇航也能如愿向优秀看齐，使得我在学术追求的道路上可以心无旁骛，做一个纯粹的学人。

本书撰写及其内容研究都是一种尝试，抑或说创新，疏漏或不妥之处在所难免，祈望广大读者朋友不吝批评与指正，以待将来再版时进一步更正与完善，把《淮南子》乃至传统典籍为底蕴的中国优秀文化更有效地译介出去，以期在世界文化大花园中争奇斗艳！

丁立福

2023 年 10 月 1 日 初稿

2024 年 1 月 16 日 定稿

于淮南王故里梅园小区寓所

图书在版编目（CIP）数据

《淮南子》传承与译介研究 / 丁立福著. — 北京：商
务印书馆，2024
ISBN 978-7-100-23172-5

Ⅰ.①淮… Ⅱ.①丁… Ⅲ.①《淮南子》—研究
Ⅳ.① B234.45

中国国家版权馆 CIP 数据核字（2023）第 204346 号

《淮南子》传承与译介研究

丁立福 著

商 务 印 书 馆 出 版
（北京王府井大街36号　邮政编码100710）
商 务 印 书 馆 发 行
北京顶佳世纪印刷有限公司印刷
ISBN 978-7-100-23172-5

2024 年 2 月第 1 版　　　开本 787×1092　1/16
2024 年 2 月北京第 1 次印刷　印张 19¼

定价：108.00 元